LA COOPERACIÓN DEL LAICO EN LA POTESTAD DE RÉGIMEN: ¿PARTICIPACIÓN O AYUDA? CANON 129 § 2

María Victoria ÁLVAREZ DEL CASTILLO

Tesis Doctoral defendida en la Facultad de Teología "San Dámaso" por Dª María Victoria Álvarez del Castillo, el 17 de julio de 2024, ante el Tribunal que abajo consta. Esta Tesis Doctoral ha sido vista y aprobada por el Director y Censor.

Presidente: Dr. D. Juan Manuel Cabezas Cañavate
Director: Dr. D. Francisco César García Magán
Censor: Dr. D. Pablo Eduardo Lamata Molina

Jerte, 10
E – 28005 Madrid

ISBN : 978-84-10270-06-0
D L : M-26005-2024

Impreso en papel 100% procedente de bosques gestionados de acuerdo con criterios de sostenibilidad.

LA COOPERACIÓN DEL LAICO EN LA POTESTAD DE RÉGIMEN: ¿PARTICIPACIÓN O AYUDA? CANON 129 § 2

María Victoria ÁLVAREZ DEL CASTILLO

Madrid 2024

Declaración de originalidad de la Tesis Doctoral

Yo, María Victoria Álvarez del Castillo alumno de la Facultad de Derecho Canónico de la UESD, declaro:

a) Que el trabajo depositado es un trabajo original en todas y cada una de sus partes, sin que haya recurrido en él a ningún tipo de plagio o fraude académico o intelectual.
b) Que, en caso de ser detectado plagio o cualquier otro tipo de fraude académico o intelectual en el trabajo depositado, la responsabilidad sobre el mismo es exclusivamente mía.
c) Ser consciente de que la detección de plagio o cualquier otro tipo de fraude académico o intelectual en el trabajo depositado puede conllevar automáticamente la sanción establecida en Reglamento de Disciplina y Ética Universitarias de la UESD, C. 3. d)

ÍNDICE

SIGLAS Y ABREVIATURAS

AAS	*Actae Apostolicae Sedis*
AT	Antiguo Testamento
c./cc.	Canon/ cánones
cap.	Capítulo
CCL	*Corpus Cristianorum*. Serie latina
CD	Decreto *Christus Dominus*
Cfr.	Confrontar
CIC 17	*Codex Iuris Canonici* (27. V. 1917)
CIC 83	*Codex Iuris Canonici* (25. I. 1983)
Col.	Columna
Com. Ex.	Comentario exegético
Comm.	*Communicationes,*
Const. Ap.	Constitución Apostólica
d. D.	*Distincio*
DGDC	Diccionario General de Derecho Canónico
DH	DEZINGER, H., HÜNERMAN, P., *El Magisterio de la Iglesia. Enchiridion symbolorum deifintionum et declarationum de rebus fidei et morum,* Barcelona 1999

dir./dirs.	Director/Directores
Div	*Divinitas*
ed.	Editor
EThL	*Ephemerides Thologicae Lovaniensis*
Ibid.	En la misma obra citada
Ibidem.	En la misma página de la obra citada
LG	Constitución Dogmática *Lumen gentium*
loc.	Lugar
MIDI	Mitis Iudex Dominus Iesus
n.	Número
nn	Números
pag.	Página
PB	Constitución Apostólica *Pastor Bonus*
PE	Constitución Apostólica *Praedicate Evengelium*
P.G.	J. P. MIGNE, *Patrologiae Cursus Completus,* Serie Griega
P.L.	J. P. MIGNE, *Patrologiae Cursus Completus,* Serie Latina
PRMCL	*Periodica de Re Morali, canonica, Liturgica*
q.	cuestión
REU	Constitución Apostólica *Regimini Ecclesiae universae*
RGCR	Reglamento General de la Curia Romana
SC	Sources cretiennes
ss.	siguientes
t.	tomo
Vol.	Volumen

INTRODUCCIÓN

La Iglesia es una, santa, católica y apostólica en la que se integran el elemento divino, dado por su Fundador, Cristo, y el elemento humano, formado por todos los bautizados, tal y como dice la Constitución Dogmática sobre la Iglesia Lumen Gentium en su número 8. La Iglesia es constituida por Cristo como pueblo, como sociedad y como toda sociedad necesita una organización y unos órganos de gobierno.

Según se recoge en el canon 207 del Código de Derecho Canónico, los bautizados se dividen en dos grupos: los que han recibido el sacramento del orden, llamados clérigos, y los que no han recibido el orden sagrado o laicos. Los primeros forman la jerarquía y constituyen el gobierno de la Iglesia. A la cabeza de la jerarquía y de todo el pueblo de Dios se encuentra el Romano Pontífice, Sucesor de Pedro, y el colegio de obispos, que se encuentran en comunión con Él.

Sin embargo, la Iglesia no es sólo el cuerpo jerárquico, además está formada por todos los fieles que han recibido el Bautismo, que es puerta de todos los sacramentos y que no han recibido el sacramento del orden. Este grupo de fieles son constituidos como pueblo de Dios y ostentan el sacerdocio común.

El gobierno de la Iglesia o potestad de gobierno, potestad de régimen o de jurisdicción, llamada así indistintamente, en principio, pertenece a la jerarquía de la Iglesia. El canon 129 § 1 establece que son sujetos hábiles de esta potestad los sellados por el orden sagrado. Incluso, el canon 274 especifica que sólo los clérigos pueden obtener oficios para cuyo ejercicio se requiera la potestad de orden o la potestad de régimen eclesiástico.

De este modo, puede parecer, en principio, que sólo los clérigos pueden ostentar el gobierno de la Iglesia. Sin embargo, hay que hacer alguna matización ya que, a pesar que el canon 129 § 1 establece que los sujetos hábiles para el gobierno son los clérigos, es decir, los sellados con el orden sagrado, el parágrafo 2 del mismo canon tipifica que el laico puede cooperar en el ejercicio de dicha potestad.

En relación a esta cooperación del laico se ha podido ver a lo largo de la Historia de la Iglesia hasta la actualidad, que ha habido excepciones en las que alguien, que no estaba sellado con el orden sacerdotal, ha ejercido oficios que conllevaban la potestad de gobierno. Tenemos el caso del arcediano, de las abadesas o del juez canónico.

Incluso el canon 274 y el 129 § 1 aunque aparentemente limitan la potestad de régimen a los clérigos, sin embargo, éstos no adquieren esa potestad de manera inmediata al recibir el orden sacerdotal, sino que para que un clérigo pueda ejercer dicha potestad, se requiere la asignación específica de un oficio a través de la llamada *misio* canónica.

De tal manera, que la potestad de orden puede ejercerse válidamente e inmediatamente tras la ordenación y no se necesita ningún permiso específico de la autoridad, en todo caso, se podría ejercer de manera ilícita, pero siempre válida, salvo el caso del sacramento de la Penitencia que se requiere licencia para confesar por parte de la autoridad.

En cambio, no sucede así con la potestad de jurisdicción, es decir, si un varón bautizado es ordenado no puede de manera inmediata ejercer actos de gobierno; si lo hace, éstos serían inválidos, ya que se necesita la asignación de un oficio eclesiástico concreto que le delimite sus derechos y obligaciones en este sentido.

Además, la potestad de régimen se ejerce dentro de un territorio donde se delimita su ejercicio, normalmente donde se está incardinado. Sin embargo, no ocurre así con la potestad de orden, es decir, un sacerdote o un obispo pueden ejercer su potestad sacramental diciendo misa o confesando en cualquier lugar o territorio, incluso fuera de su diócesis y sus actos serían válidos; no es el caso de la potestad de régimen ya que ese mismo obispo o ese sacerdote no podrían realizar actos de gobierno fuera de su propio territorio, serían inválidos.

En consecuencia, puede entenderse que los clérigos pueden ser sujetos pasivos de los cargos que impliquen el ejercicio de ambas potestades, de gobierno y de orden.

Por otro lado, orden y jurisdicción son dos cosas distintas, al separarlas, podría pensarse que un laico pudiera ejercer un oficio que sólo conllevara potestad de régimen. Por supuesto, no podría ostentar un oficio en el que fuera necesaria la potestad de orden. Aunque, hay que matizar, como veremos después, que parte de la doctrina considera que orden y jurisdicción se identifican.

Viendo todo esto y la posibilidad de cooperación que da el canon 129 § 2 al laico en el ejercicio de la potestad, este trabajo se plantea precisamente esto mismo, hasta qué punto el laico puede ejercer la potestad de gobierno en la Iglesia.

Para ello, en primer lugar, empezaremos con una explicación de lo que es la potestad de régimen, definición, naturaleza, clases, tipos y cómo se transmite, junto con una explicación del oficio eclesiástico al que va vinculado el ejercicio de la potestad de gobierno.

En el capítulo II se analizarán las doctrinas de transmisión de la potestad, ya que según se realice esa transmisión de la potestad, por el orden sacerdotal o por la *missio canonica*, se puede dar opción o no al laico para ejercer un oficio que lleve consigo la potestad de régimen.

En los capítulos III y IV se ha realizado un recorrido histórico que recoge no sólo como se ha desarrollado el concepto de potestad, sino como los laicos han participado, a lo largo de la Historia y por diversas circunstancias, en la potestad de régimen. Se parte desde los primeros tiempos de la Iglesia, con las persecuciones a los cristianos, pasando por el principio de libertad religiosa de Constantino; el Decreto de Graciano; Decretales; el Patronato Regio; el Concilio de Trento; hasta la Codificación de 1917. Se hará un análisis del Concilio Vaticano II en este sentido, es decir, que establece el Concilio en relación a la potestad y su ejercicio, hasta la reforma del Código con la promulgación del Código de Derecho Canónico de 1983 y posterior análisis del canon 129.

En el capítulo V, se contemplan distintos oficios eclesiásticos ejercidos por personas que no habían recibido el sacramento del orden a lo largo de la historia de la Iglesia, desde el arcediano; distintas abadesas en España, Francia e Italia; el juez eclesiástico y el laico en la curia romana, donde se analiza la Constitución Apostólica *Pastor Bonus,* las reformas realizadas por el Papa Francisco en los distintos dicasterios, alguno de los cuales están presididos en la actualidad por un laico, y la última reforma de la curia con la Constitución Apostólica *Praedicate Evangelium* donde se establece expresamente que un laico puede presidir un dicasterio de la Curia romana.

A continuación, para terminar en el capítulo VI se procederá con las conclusiones.

I. LA POTESTAD DE RÉGIMEN: NOCIÓN Y NATURALEZA

1. ORIGEN Y CONCEPTO DE POTESTAD EN LA IGLESIA CATÓLICA

La Iglesia católica ha sido constituida por Cristo, su Fundador, como una sociedad que requiere de una organización humana. El Concilio Vaticano II enseña que la Iglesia, como sacramento de unión con Dios y de la unidad de todo el género humano, ha sido establecida en el mundo por Cristo como un organismo visible[1].

La Iglesia católica, por tanto, no es cualquier realidad social, sino que es una realidad compleja ya que en ella están unidos el elemento divino y el humano[2]. Como indica A. Viana[3]:

> "Un puro espiritualismo no tendría cabida en la Iglesia, pues ella no es solamente una comunidad de culto y doctrina sino también una institución llamada a vivir el tiempo de la Historia con la asistencia del Espíritu Santo y la unidad fortalecida por el derecho. En la Iglesia

---

1 Concilio Vaticano II, *Lumen gentium,* 1.

2 Cfr. *Ibid.*, 1.

3 A. Viana, "Participación de los fieles laicos en la potestad de los dicasterios de la Curia romana", en: *Ius et Iura,* (Granada 2010), 1.

deben darse también las relaciones de mandato y obediencia, superior y súbdito, que son propias de todo gobierno no meramente exhortativo sino también vinculante".

Dentro de esta organización eclesial, se encuentra la jerarquía de la Iglesia que por su misma naturaleza es constitutiva de potestad. Según la enseñanza que se ha mantenido inmutable desde los tiempos apostólicos hasta nuestros días, la sagrada potestad que compete a la autoridad de la Iglesia no se fundamenta en la delegación o en el pacto de los miembros que la forman si no que deriva directa e inmediatamente de Cristo que, al fundar la Iglesia, estableció las líneas esenciales e inmutables de su constitución[4].

El origen de la potestad de régimen en la Iglesia católica se encuentra en la Sagrada Escritura. Jesucristo, Hijo de Dios hecho hombre, recibe de Dios Padre toda potestad para ejercer su misión, y se la confía a Pedro y a los Apóstoles, así como a sus sucesores. Cristo les confiere todos los poderes necesarios para el cumplimiento de su misión[5]. Por tanto, la potestad de régimen en la Iglesia es de institución divina e independiente de cualquier poder humano, de hecho, como dice De Paolis: "la potestad de gobierno es indispensable para toda sociedad que quiera perseguir eficazmente sus fines"[6].

Esa acción fundacional directa de Cristo ha de ser completada por la propia Iglesia, organizando dicho ejercicio de poder a todos los niveles y determinando de modo concreto los derechos y obligaciones de los fieles dimanantes de los principios de derecho divino[7].

Nada impide, que el concreto ejercicio de las diversas funciones de la potestad de jurisdicción sea confiado a órganos específicos y diversos si se dan las condiciones necesarias y legítimas. A través de la acción de Cristo sobre la

---

4 Cfr. G. Feliciani, *Elementos de Derecho Canónico,* (Navarra 1980), 77.

5 Cfr. Mt 9, 6; 10, 1; 16, 18-20; 18, 18; Lc 10, 19; 20, 2; Jn 17, 2; 20, 23.

6 V. DE Paolis, *Normas generales,* (Madrid 2013), 421.

7 Cfr. E. Molano, *Introducción al estudio del Derecho Canónico y del Derecho Eclesiástico del Estado,* (Barcelona 1984), 124.

sociedad eclesiástica, se atribuyen poderes y potestades que tienen fundamento sacramental y que son de derecho divino, ahí se encuentran los principios de organización eclesiástica y los principios para el ejercicio de poder en la Iglesia, principios que se han ido desarrollando a través de los siglos y de las necesidades que han ido surgiendo. De hecho, hay que decir, que "la fuente de derecho humano más importante de la Iglesia es aquella que deriva del ejercicio de la potestad de jurisdicción, pues tal potestad se ha entregado a la Iglesia precisamente para su régimen y gobierno"[8].

El término *sacra potestas* se encuentra en algunos textos del Concilio Vaticano II. En la Constitución dogmática Lumen gentium en su número 10, en el contexto de la distinción entre el sacerdocio común y el ministerial se afirma: "el sacerdocio ministerial, por la potestad sagrada de que goza, forma y gobierna el pueblo sacerdotal, confecciona el sacrificio eucarístico en la persona de Cristo y lo ofrece a Dios en nombre de todo el pueblo "; el n.18 que señala que "los ministros, que poseen la sagrada potestad, están al servicio de sus hermanos, a fin de que todos cuantos pertenecen al pueblo de Dios y gozan, por tanto, de la verdadera dignidad cristiana, tendiendo libre y ordenadamente a un mismo fin, alcancen la salvación". Éstos y otros textos similares (Cfr. LG 27; PO 2, 12) suelen considerarse expresivos de un concepto unitario y jerárquico de la potestad eclesiástica[9].

En la interpretación más común, la *sacra potestas* se identifica con la función pastoral en sentido amplio, es decir, la potestad que corresponde a los ministros sagrados y más concretamente a la jerarquía, porque se trata de la potestad que Cristo trasmitió a sus Apóstoles y a sus sucesores para que, en su nombre, enseñaran, santificaran y gobernaran la Iglesia. La *sacra potestas* incluye, por tanto, el triple *munus* de enseñar, santificar y gobernar confiado por Cristo a los Apóstoles, "se trata de tres funciones de una única potestad que es la potestad del Padre dada a Cristo Jesús, es una única potestad que, aunque se

---

8 Cfr. Feliciani, *Elementos de Derecho*, 80.

9 Cfr. A. Viana, *Organización del Gobierno en la Iglesia*, (Pamplona 1997), 40.

diferencia por el objeto inmediato de ejercicio (enseñar, santificar y gobernar), de hecho, está siempre presente de algún modo en su totalidad"[10].

De esta manera, la potestad es una por ser de Cristo y es sagrada y sobrenatural por esta misma razón y porque, además, se ejerce en la Iglesia. Es la misma potestad divina dada a la Iglesia y puesto que su fin es sobrenatural, la potestad es divina también en su naturaleza; además una sociedad sobrenatural como la Iglesia tiene que ser gobernada por una potestad sobrenatural[11]. Hay que añadir que esta potestad se ha conferido para realizar ministerios diversos, de tal manera que la misma persona puede desempeñar varios ministerios, de santificación, de enseñanza o de gobierno[12].

La *sacra potestas* incluye la función de enseñar, de santificar y de regir. La función de enseñar (*munus docendi*) consiste en la predicación del Evangelio y la educación en la fe. Es decir, está relacionada con el anuncio de la buena nueva de Cristo, a fin de que sea escuchada y puesta en práctica; a su significado en las circunstancias de lugar y tiempo; al cuidado para que produzca frutos a lo largo de los siglos y, por último, se refiere a la vigilancia de los errores que se puedan cometer[13].

En el Código de Derecho canónico, la función de enseñar es recogida en el Libro III donde se trata del ministerio de la Palabra divina, de la actividad misional de la Iglesia, de la educación católica, de los instrumentos de comunicación y de la profesión de fe. En la actualidad, esta función cobra mucha importancia y se hace muy extensa, debido a las nuevas formas de comunicación a través de las redes sociales, a las nuevas tecnologías y a internet.

La función de santificar (*munus* sanctificandi) se realiza mediante los actos de culto divino, entre los que se encuentra particularmente el Sacrificio

10 De Paolis, *Normas*, 421.

11 Cfr. *Ibid.*, 422.

12 Cfr. G. Ghirlanda, *El Derecho en la Iglesia misterio de comunión. Compendio de Derecho Eclesial*, (Milán, 1990), 317.

13 Cfr. LG 25.

Eucarístico y los demás sacramentos[14]. En el Código de Derecho canónico es tratada en el Libro IV donde se encuentran los sacramentos, los demás actos de culto divino, de los santos, las imágenes y las reliquias, y por último, del voto y del juramento.

Finalmente, la función de gobernar (*munus regendi*), que es la que nos ocupa, asegura la dirección y guía de la comunidad manifestándose de múltiples maneras que van, desde la exhortación y el ejemplo, al ejercicio de la llamada potestad de gobierno[15]. Esta función, por tanto, constituye un aspecto de la sagrada potestad que es el referido al gobierno de la Iglesia como sociedad[16].

Siguiendo el esquema de la Constitución Apostólica *Lumen gentium* cabría esperar que en el Código de Derecho canónico, después del Libro II, sobre el pueblo de Dios, después del Libro III, sobre la función de enseñar y del Libro IV, que contempla la función de santificar, hubiese un libro sobre la función de gobernar.

Esto no es así, ya que la función de gobernar no tiene un Libro propio, si no que se la nombra como tal y viene situada en el Código de Derecho canónico en primer lugar en el Libro I de Normas generales y, además, la función de gobernar se va a encontrar distribuida y desarrollada a lo largo de todo el Código ya que la potestad de régimen (*potestas regiminis)*, potestad de jurisdicción (potestas iurisdictionis) o también llamada potestad de gobierno de la Iglesia, los tres conceptos se utilizan indistintamente, aunque aparece como concepto y tipología en el Libro I, De las Normas Generales, en el Título VIII, De la Potestad de Régimen, y es tipificada en el canon 129 y siguientes del CIC; sin embargo, sus funciones se extienden a través de todo el CIC, como por ejemplo la función judicial que aparece en el Libro VII.

---

14 Cfr. LG 26.

15 Cfr. LG 27.

16 Cfr. VIANA, *Organización del,* 40.

Este modo de distribución, según el prefacio del Código, parece obedecer a la utilidad práctica para que el nuevo Código sea utilizado y comprendido, no sólo por los expertos sino por los pastores y los fieles[17].

El CIC no da una definición de potestad de gobierno, por lo que, para obtener un concepto de potestad de régimen, acudimos a las definiciones que se realizan en doctrina.

J. García Martín dice que es "la pública potestad ordenada al gobierno de otros, potestad que contiene el conjunto de las potestades y facultades mediante el cual los fieles son gobernados autoritativamente para la consecución del bien supremo: la salvación de las almas"[18].

A. Viana habla de que potestad de jurisdicción en sentido estricto es "un aspecto de la función de gobierno que consiste en la capacidad jurídica pública, de institución divina y regulación eclesiástica, de dirigir la vida social de la Iglesia para el fin sobrenatural de sus miembros mediante la emisión de mandatos y decisiones legislativas, ejecutivas y judiciales"[19].

E. Labandeira la explica de la siguiente manera: "el poder público de origen divino por el que se regula la estructura social de la Iglesia, así como la situación y actividad de sus miembros en orden al fin sobrenatural"[20].

El Diccionario General de Derecho Canónico define la voz potestad de régimen como: "la capacidad aneja por el derecho divino a los oficios capitales, y participada según el derecho humano por otros oficios y personas, de guiar a los fieles en la Iglesia hacia su fin sobrenatural, especialmente con mandatos y decisiones legislativas, administrativas y judiciales"[21].

Todas estas definiciones tienen algo en común: que la potestad de régimen se ocupa de toda la estructura del gobierno de la Iglesia para guiar a los

---

17 Cfr. De PAOLIS, *Normas,* 419.

18 J. García Martin, *Normas Generales del Código de Derecho Canónico,* (Valencia 2010), 392.

19 Viana, *Organización del,* 43.

20 E. Labandeira, *Tratado de Derecho Administrativo Canónico,* (Pamplona 1988),123.

21 A. Viana, "Potestad de régimen", en : J. Otaduy - A. Viana - J. Sedano, *Diccionario General de Derecho Canónico,* (Pamplona 2012), vol. VI, 299.

fieles a su fin sobrenatural, que es, tal y como dice el último canon del CIC, canon 1752[22] ,es la salvación de las almas.

Hay varios tipos de potestad de régimen previstas en el canon 131:

> "§ 1. La potestad de régimen ordinaria es la que va aneja de propio derecho a un oficio; es delegada la que se concede a una persona por sí misma, y no en razón de su oficio.
>
> § 2. La potestad de régimen ordinaria puede ser propia o vicaria.
>
> § 3. La carga de probar la delegación recae sobre quien afirma ser delegado".

Por tanto, según este canon por un lado está la potestad de régimen ordinaria es la que va aneja a un oficio, y puede ser propia, la que se ejerce en nombre propio; o vicaria, la que se ejerce en nombre de otro.

Por otro lado, se encuentra la potestad de régimen delegada que es la que se concede a la persona de una forma personal, no por el oficio.

Dos características[23] se desprenden del § 1 de este canon en relación con la potestad de régimen ordinaria, que es la que va aneja a un oficio:

En primer lugar, la vinculación de la potestad con un oficio (que veremos más tarde): la anexión de la potestad al oficio significa que la potestad ordinaria no subsiste separada o independientemente del oficio, no subsiste en sí misma y no se concede separadamente del oficio a una persona. En consecuencia, si se pierde el oficio, se pierde la potestad (canon 143 § 1). Cualquier manifestación de la potestad ordinaria exige la titularidad de un oficio eclesiástico, teniendo en cuenta que no todos los oficios conllevan el ejercicio de la potestad de régimen.

En segundo lugar, esta vinculación de la potestad ordinaria con un oficio es establecida *ipso iure,* es decir, el oficio es constituido tanto por disposición

---

22 C. 1752 CIC: En las causas es de aplicación el canon 1747, guardando la equidad canónica y teniendo en cuenta la salvación de las almas, que debe ser siempre la ley suprema en la Iglesia.

23 Cfr. García Martín, *Normas generales,* 410-411.

divina como eclesiástica, y tanto por derecho universal o particular. Por derecho divino se encuentra el oficio del primado del Romano Pontífice y, por derecho eclesiástico, están todos los demás oficios. La anexión de la potestad al oficio significa que cada uno de los oficios eclesiásticos es configurado con derechos y obligaciones propios, es decir, que por constitución tal potestad compete al oficio y le configura.

A su vez, la potestad ordinaria puede ser propia o vicaria, como tipifica el § 2. Es propia cuando se ejerce no sólo por derecho propio en virtud del oficio, sino también en nombre propio; y es vicaria porque dicha potestad es ejercida en nombre de otro, por ejemplo, la de la Curia romana, los Vicarios, Prefectos...

Además de la potestad ordinaria, nos encontramos, como hemos visto, con la potestad delegada. En este caso y tal y como establece el canon 131, la potestad delegada es una concesión directa a la persona, independientemente del oficio. Requiere dos personas: una superior, el sujeto primario titular de la potestad que hace la concesión, y la persona que la recibe directamente[24].

2. TIPOS DE POTESTAD DE GOBIERNO

La unidad genérica de la potestad de jurisdicción, de régimen o de gobierno, se divide, como se recoge en el canon 135 § 1[25], en tres especies que tienen su esfera material propia:

---

24 *Ibid.*, 418.

25 C. 135 § 1 CIC: La potestad de régimen se divide en legislativa, ejecutiva y judicial.
§ 2. La potestad legislativa se ha de ejercer del modo prescrito por el derecho, y no puede delegarse válidamente aquella que tiene el legislador inferior a la autoridad suprema, a no ser que el derecho disponga explícitamente otra cosa; tampoco puede el legislador inferior dar válidamente una ley contraria al derecho de rango superior.
§ 3. La potestad judicial que tienen los jueces o tribunales se ha de ejercer del modo prescrito por el derecho, y no puede delegarse, si no es para realizar los actos preparatorios de un decreto o sentencia.

a) Potestad legislativa, cuyo objeto es la creación del mundo legislativo, dictando leyes que determinen, fundamenten y protejan los derechos subjetivos y tracen las obligaciones de cada uno, disponiendo incluso, sanciones penales;
b) Potestad judicial, cuya misión es la aplicación autoritativa del mundo legislativo. Emitiendo sentencias que reconozcan y protejan concretamente los derechos fijados por la ley, disponiendo de los medios para ello, aplicando, si es necesario, sanciones para su actuación y que defiendan las obligaciones correspondientes;
c) Potestad ejecutiva o administrativa cuya finalidad es la aplicación vital del mundo de las leyes en la vida de la Iglesia. Dictando disposiciones para la interpretación y la aplicación de las leyes, la ejecución de las sentencias y administrando los bienes temporales de la Iglesia[26].

La separación de poderes constituye un principio fundamental del moderno estado de derecho para la mejor distribución del poder y evitar que se concentre todo en la misma persona. Aunque el derecho canónico no contempla una separación en sentido estricto ya que el Romano Pontífice y los Obispos en sus diócesis son simultánea y originariamente legisladores, jueces y administradores[27].

No hay separación de poderes en la Iglesia, como se acaba de decir, lo que sí realiza el derecho de la Iglesia es una distinción de poderes en cuanto a su ejercicio. De tal modo que se establece una diferencia entre quien tiene el poder de legislar; quien detenta el poder de juzgar; quien es titular del poder de

---

§ 4. Respecto al ejercicio de la potestad ejecutiva, obsérvense las prescripciones de los cánones que siguen.

26 J. I. ARRIETA, "Comentario al canon 129", en: A. BENLLOCH POVEDA (dir.), Código de Derecho Canónico, Edición bilingüe, fuentes y comentarios de todos los cánones, Edicep, Valencia, 2006; GHIRLANDA, *El Derecho en la Iglesia*, 515.

27 Cfr. VIANA, *Organización del*, 52.

ejecutar las leyes en el gobierno de la Iglesia y quien lleva a la práctica el ejercicio de esos poderes, es decir, no es lo mismo tener la titularidad de un poder que llevarlo a la práctica. Por ejemplo, el Obispo diocesano tiene la potestad de juzgar, sin embargo, la ejerce a través del vicario judicial y de los jueces, principalmente o la mayoría de las veces.

La potestad de jurisdicción tiene su fundamento ontológico-sacramental en el sacramento del orden, que capacita y habilita para el ejercicio del *munus sanctificandi, docendi et regendi,* y la consagración episcopal y la comunión jerárquica incorpora al Colegio Episcopal, cuya Cabeza es el Obispo de Roma. Tanto el Romano Pontífice separadamente, como el Colegio Episcopal con y bajo su Cabeza, son sujetos del poder supremo y pleno en la Iglesia Universal[28].

Sin embargo, es discutido en doctrina si esta potestad de jurisdicción es conferida sólo por el sacramento del orden o si su trasmisión se realiza mediante la misión canónica, que explicaremos más adelante. En todo caso, parece claro que el ejercicio de la potestad de gobierno en la Iglesia debe estar institucionalizado y que los actos de jurisdicción requieren para su validez la titularidad de un oficio en la Iglesia. Otra cosa es que para la titularidad de diversos oficios se requiera haber recibido el sacramento del orden[29].

3. SUJETOS DE LA POTESTAD DE GOBIERNO EN LA IGLESIA

3.1. SUJETOS EN LA IGLESIA

La libertad cristiana es la llamada del hombre a la unión con Dios, consecuentemente, la libertad lo es como caridad, servicio y amor. En última instancia, es la tarea de reproducir la caridad de Cristo y llevar a cabo su misión

28 Cfr. MOLANO, *Introducción al estudio,* 126.

29 Cfr. *Ibid.,* 121.

en este mundo, por lo que podemos concluir que la verdadera libertad del fiel y la de todo hombre consiste en la participación de la misión de Cristo[30].

La voluntad constituyente de Cristo se manifiesta en la institución de los sacramentos, en la determinación de los principios básicos de la organización eclesiástica y en el depósito de la fe. Los sacramentos más importantes, desde el punto de vista jurídico y para el tema que nos ocupa, son el bautismo y el orden sacerdotal. Ambos sacramentos imprimen carácter y causan un efecto jurídico de capital importancia a los sujetos en la Iglesia[31].

En relación al bautismo, la participación en la misión de Cristo comienza y tiene lugar por la recepción del sacramento, tal y como lo recoge el canon 204 § 1 CIC:

> "Son fieles cristianos quienes, incorporados a Cristo por el bautismo, se integran en el pueblo de Dios, y hechos partícipes a su modo por esta razón de la función sacerdotal, profética y real de Cristo, cada uno según su propia condición, son llamados a desempeñar la misión que Dios encomendó cumplir a la Iglesia en el mundo".

El bautizado, por tanto, queda configurado con Cristo por medio del Espíritu Santo y, consecuentemente, hecho partícipe de la misión de Cristo, de tal manera que los fieles obtienen el sacerdocio común de la Iglesia cuando reciben este sacramento.

Por tanto, por el bautismo el hombre se incorpora a la Iglesia como sociedad y le otorga capacidad jurídica propia del fiel cristiano con derechos y obligaciones que le corresponden según su propia condición. La capacidad jurídica del bautizado es el fundamento de aquellos poderes jurídicos, cuyo ejercicio mediante actos jurídicos de autonomía, puede ser el origen y fuente de relaciones jurídicas reconocidas por el ordenamiento[32].

---

30 Cfr. J.F. Martínez Sáez, *La misión de Cristo y los fieles en el CIC,* (Toledo 2004), 64.

31 Cfr. Molano, *Introducción al estudio,* 118.

32 Cfr. Molano, *Introducción al estudio,*119.

Por su lado, el sacramento del orden, tal y como hemos explicado, establece la distinción de fieles dentro la Iglesia: el que recibe dicho sacramento se llama clérigo y el que no lo recibe, es laico.

La distinción entre clérigo y laico aparece desde el inicio de la Iglesia. El término laico aparece por primera vez en la Carta de Clemente Romano a los Corintios escrita hacia el año 96-97:

> *"Poiché al sommo sacerdote sono assegnate funzioni liturgiche propie, e ai sacerdote è attribuito un proprio posto; ai leviti spetano servici propri e il laico è tenuto ai precetti che lo riguardamo"*[33].

Este término "laico" es considerado, por un lado, como adjetivo para indicar las obligaciones de los laicos en contraposición a lo que corresponde a obispos, sacerdotes y diáconos, y por otro lado, como sustantivo, contrapuesto al término clérigo.

Progresivamente, se va asistiendo a una diferenciación dentro de un pueblo, el de la Iglesia, originariamente unitario, es decir, que se ha generado en torno a la persona de Cristo, a su seguimiento y al de sus discípulos. De las sucesivas fuentes primitivas de la historia de la Iglesia, se desprende una característica básica de la sociedad cristiana que es la *inaequalitas* que se debe a la distinción de los fieles entre dos clases de miembros: los clérigos y los que pertenecen al resto del pueblo cristiano.

Dicho término, laico, se encontrará ya bastante extendido en el siglo III, tanto en Oriente como en Occidente ya que, a lo largo de este siglo, cuando la Iglesia aparece suficientemente estructurada, nace un laicado cada vez más distinto y distanciado del clero, sobre todo a partir del año 313 con el principio de libertad religiosa decretado por el emperador Constantino. El ingreso en el pueblo de los creyentes en Cristo se realizaba mediante el bautismo,

---

33 R. Interlandi, Potestà sacramentale e potestà di goberno nel primo millennio. Esercizio di ese e loro distinzione, (Roma 2016), 15, Nota a pie de página 1.

convirtiéndote con la recepción del sacramento en "laico", indicando con tal término el estatus de miembro ordinario de la Iglesia[34].

Tal distinción ha llegado hasta nuestros días y establecida por el Código de Derecho canónico. En primer lugar, recogiendo lo que dice el CIC en su canon 1008 vemos lo que es un clérigo o ministro sagrado:

> "Mediante el sacramento del orden, por institución divina, algunos de entre los fieles quedan constituidos ministros sagrados, al ser marcados con un carácter indeleble, y así son consagrados y destinados a servir, según el grado de cada uno, con nuevo y peculiar título, al pueblo de Dios".

Según el canon, el sacramento del orden incorpora a la jerarquía de orden en la Iglesia y destina a los sujetos que lo reciben a ejercer el triple *munus* de Cristo, de un modo distinto a como destina el bautismo[35].

En segundo lugar, la concreta distinción entre los que han recibido o no el sacramento del orden, es recogido por el canon 207 § 1 del CIC: "Por institución divina, entre los fieles hay en la Iglesia ministros sagrados, que en el derecho se denominan también clérigos; los demás se denominan laicos".

Por tanto, por un lado, están los clérigos como ministros sagrados que son fieles que han recibido el sacramento del orden, es decir, diáconos, que son palabra y de la caridad; presbíteros y Obispos que actúan en nombre de Cristo Cabeza, formando lo que es la Jerarquía de la Iglesia (canon 1009 § 3 CIC).

Por otro lado, están los fieles laicos considerados por el canon como "*ceteris*", "los demás", por lo tanto, el laico es el fiel que no está sellado por el orden sagrado, aunque por el bautismo recibe el sacerdocio común de todo fiel.

El sacerdocio ministerial y el sacerdocio común de los fieles difieren esencialmente en que el sacerdocio ministerial se ejerce *in nomine Christi capiti*

34 Cfr. *Ibid.*, 16-17.

35 Cfr. MOLANO, *Introducción al estudio*, 119.

por los que han recibido el sacramento del orden; sin embargo, como dice el Concilio Vaticano II, se ordenan el uno al otro ya que el sacerdocio ministerial está al servicio del sacerdocio común[36].

Aplicando la misión de Cristo por la participación en su misión, sea por parte de la Iglesia como del *christifidelis,* resulta un esquema fundamental de la voluntad salvífica de Dios manifestada y realizada en Cristo y que da, en consecuencia, una impronta *cristológica* esencial tanto a la estructura ontológica del *christifidelis* como a la de la Iglesia, pues no se puede prescindir jamás de esta realidad como condición sustancial para el cumplimiento de su misión de continuar la obra salvífica de Cristo[37].

La figura del *christifideles,* considerando su dimensión ontológica, se describía tradicionalmente en base a la participación en el *sensus fidei*[38] y en el sacerdocio común de todos los cristianos[39], como elementos objetivos y, en cambio, como elemento subjetivo, la condición de *filiorum Dei* que incluía el ejercicio de los carismas recibidos[40].

Para explicar el *cómo* de la participación de todos los *christifideles* en modo diferenciado en la única misión de Cristo, el Concilio Vaticano II abandona, al menos aparentemente, el esquema del *sensus fidei* y el sacerdocio común de los fieles, para seguir otro enfoque: el de los *tria munera Christi,* asimilando a cada *munus* uno de los elementos constitucionales de la Iglesia: palabra-sacramento-oficio.

Con este esquema no se producen diferencias dentro de la Iglesia, sino que se respeta en modo absoluto el principio de igualdad radical de todos los fieles y de la igual dignidad de su acción en cuando a la misión, a la vez, se establece la posibilidad de que cada *christifidelis* decida, en uso de su libertad, su

---

36 Cfr. LG 10.

37 Cfr. V. Fagiolo, "Il munus docendi: I canoni introduttivi del III libro del Codex e la dottrina conciliare sul magisterio autoritativo della Chiesa", *Monitor Ecclesiaticus* 112 (1987) 27-29.

38 Cfr. LG 12.

39 Cfr. LG 10.

40 Cf. Martínez Sáez, *La misión de Cristo*, 67.

grado de participación en la Iglesia. Según el Concilio Vaticano II, se da entre todos los fieles una verdadera igualdad en lo que respecta a su dignidad y a su acción común para la edificación del Cuerpo de Cristo[41] como miembros del Pueblo de Dios. Este principio se encuentra recogido en el canon 208[42].

La participación en la misión de Cristo, por tanto, se realiza así según la modalidad y circunstancias personales de cada fiel, es decir, según la *condicio* de cada uno a la que se refieren los cánones 96[43] y 204[44].

3.2. SUJETOS DE LA POTESTAD DE RÉGIMEN

Para ser sujeto de la potestad de régimen en la Iglesia es necesario en primer lugar, haber recibido el bautismo, que le otorga al fiel la capacidad jurídica para ser titular de derechos y obligaciones[45]; y en segundo lugar, el sacramento del orden que destina a los sujetos que lo reciben a la titularidad del triple *munus* y a su participación en la jerarquía de la Iglesia[46].

---

41 Cfr. LG 32.

42 C. 208 CIC: Por su regeneración en Cristo, se da entre todos los fieles una verdadera igualdad en cuanto a la dignidad y acción, en virtud de la cual todos, según su propia condición y oficio, cooperan a la edificación del Cuerpo de Cristo.

43 C. 96 CIC: Por el bautismo, el hombre se incorpora a la Iglesia de Cristo y se constituye persona en ella, con los deberes y derechos que son propios de los cristianos, teniendo en cuenta la condición de cada uno, en cuanto estén en la comunión eclesiástica y no lo impida una sanción legítimamente impuesta.

44 C. 204 § 1 CIC. Son fieles cristianos quienes, incorporados a Cristo por el bautismo, se integran en el pueblo de Dios, y hechos partícipes a su modo por esta razón de la función sacerdotal, profética y real de Cristo, cada uno según su propia condición, son llamados a desempeñar la misión que Dios encomendó cumplir a la Iglesia en el mundo.

45 C. 96 CIC: Por el bautismo, el hombre se incorpora a la Iglesia de Cristo y se constituye persona en ella, con los deberes y derechos que son propios de los cristianos, teniendo en cuenta la condición de cada uno, en cuanto estén en la comunión eclesiástica y no lo impida una sanción legítimamente impuesta.

46 C.1009 § 3 CIC: Aquellos que han sido constituidos en el orden al episcopado o del presbiterado reciben la misión y la facultad de actuar en la persona de Cristo Cabeza; los diáconos, en cambio, son habilitados para servir al pueblo de Dios en la diaconía de la liturgia, de la palabra y de la caridad.

Confirmando esto, el canon 129 § 1 establece que los sujetos de la potestad de régimen son los que han recibido el sacramento del orden. Este canon dice:

> "§ 1. De la potestad de régimen, que existe en la Iglesia por institución divina, y que se llama también potestad de jurisdicción, son sujetos hábiles, conforme a la norma de las prescripciones del derecho, los sellados por el orden sagrado".

Puede parecer, por tanto, que sólo los ordenados son sujetos de la potestad de régimen, es decir, el gobierno de la Iglesia tendría como raíz la potestad de orden. Sin embargo, hay que hacer algunas matizaciones. Como dice J. García Martín lo que hace este canon es distinguir entre potestad de gobierno y potestad de orden, ya que por el orden sagrado se habilita a una persona para recibir la potestad de gobierno, pero el sacramento por sí solo, no da automáticamente dicha potestad si no que es necesario la provisión de un oficio para poder ejercerla[47]. Por ejemplo, un clérigo por sí sólo no podría ejercer el oficio de juez en un Tribunal canónico, necesitaría la formación adecuada y requerida para este oficio[48].

Por otro lado, los grados del sacramento del orden son tres, episcopado, presbiterado y diaconado, habiendo un orden jerárquico entre ellos, por lo que no todos son sujetos hábiles a todos los grados de la potestad de gobierno. Por ejemplo, un diácono no puede recibir la potestad que compete a un párroco, como un párroco no puede recibir la potestad que corresponde al obispo diocesano.

Una vez dicho esto, hay que contemplar que el canon 129 § 2 añade la cooperación de los laicos en esta potestad:

---

47 Cfr. García Martín, *Normas generales,* 394-399.

48 C. 1421 § 3 CIC: Los jueces han de ser de buena fama, doctores o al menos licenciados en derecho canónico.

> § 2. En el ejercicio de dicha potestad, los fieles laicos pueden cooperar a tenor del derecho.

El orden sagrado habilita al que lo recibe para recibir la potestad de régimen, según el § 1 del canon 129; sin embargo, no sólo no niega la idoneidad del laico para ejercer la potestad de gobierno, sino que en su parágrafo 2 establece que puede cooperar en dicho ejercicio. De hecho, el canon 228 establece que:

> Los laicos que sean considerados idóneos tienen capacidad de ser llamados por los Pastores para aquellos oficios eclesiásticos y encargos que pueden cumplir según las prescripciones del derecho.

Esta cuestión es el centro de este trabajo. Lo que vamos a analizar es en qué medida puede un laico ser titular de un oficio que conlleve potestad de régimen y hasta qué punto llega esa cooperación de la que habla el canon 129 § 2, es decir, la cooperación del laico es tal y como lo define la Real Academia Española "obrar juntamente con otro y otros para un mismo fin"[49] y, por tanto, un laico puede ser titular de un oficio que lleva consigo la potestad de gobierno o sólo es una mera ayuda y sólo los que han recibido el orden sagrado son los titulares de oficios de gobierno en la Iglesia.

Para analizar esta cuestión hay que tener en cuenta cómo se transmite esa potestad de la que estamos hablando, es decir, lo que vamos a cuestionar es si la titularidad de la potestad se transmite, únicamente a través del sacramento del orden o si, además, esa trasmisión se puede realizar por la misión canónica o adjudicación jurídica del ejercicio de poder por parte de la autoridad competente.

Dicho de otro modo, si los titulares de esa potestad son sólo los que han recibido el orden sacerdotal o si, además, esta transmisión se puede realizar

49 REAL ACADEMIA ESPAÑOLA, *Diccionario de la Lengua Española,* (Madrid 2001), Tomo I, 22ª edición, 649.

por medio de la misión canónica a través del oficio que se le encomienda a un fiel laico y ese laico puede ejercer de ese modo la potestad de régimen.

Es necesario, por tanto, aclarar si la cooperación del laico en el ejercicio de la potestad de gobierno o de jurisdicción, tal y como lo establece el canon 129 § 2 CIC, es participación en dicha potestad o, al menos, participación en el ejercicio[50] de la misma, siempre de una manera institucionalizada dentro de la organización de la Iglesia y respetando el derecho divino, o es, en cambio, una mera ayuda que puede realizar cualquier fiel cristiano a los órganos jerárquicos.

Aunque ya hemos hecho referencia en la introducción a ello, recordamos que el método utilizado para llegar a establecer alguna conclusión en uno u otro sentido es el siguiente:

1. Se contemplarán en el capítulo II las doctrinas sobre la transmisión de la potestad. Sobre esta cuestión se recogerán tanto, las doctrinas partidarias de la potestad única, es decir, las que consideran que la potestad se transmite sólo por el orden sacerdotal y por tanto, sólo son titulares o sujetos de la potestad de régimen los que han recibido dicho sacramento; como las doctrinas que defienden la doble transmisión de la potestad o también llamada teoría de la bipartición, donde se separa el orden de la de jurisdicción, y, por medio de la misión canónica, o asignación jurídica del oficio, el laico podría acceder al ejercicio de la potestad.

2. En los dos capítulos siguientes, III y IV, como ya hemos señalado, se realizará un recorrido a través de la Historia de la Iglesia, partiendo desde los primeros tiempos, hasta llegar al momento actual. En este recorrido se trata de ver la relación del binomio orden/jurisdicción y cómo ha ido desarrollándose a lo largo de los siglos. Se ha podido comprobar, que desde el principio hay una conciencia práctica de separación entre orden y jurisdicción, aunque no había una técnica jurídica desarrollada que explicara o que estudiara la cuestión.

50 **xxxxx falta texto nota xxxxxxxx**

Además, se contemplan ejemplos históricos de cómo se ha dado esta separación.

3. En el capítulo V se recogen distintos oficios que a lo largo de los siglos se han ejercido y se ejercen en la actualidad por parte de personas que no han recibido el orden sacerdotal y que conllevan potestad de gobierno. Por ejemplo, el caso del arcediano, de algunas abadesas, del juez laico o la participación de los laicos en la Curia romana donde ejercen la potestad vicaria del Papa.

4. Y, por último, en el capítulo VI se establecerán las conclusiones.

4. EL OFICIO ECLESIÁSTICO[51]

Antes de pasar al capítulo siguiente donde comienza el recorrido histórico en el que se estudiará el binomio orden/jurisdicción, hay que contemplar la noción del oficio eclesiástico, ya que la potestad ordinaria de régimen es la que va ligada al oficio y los requisitos de idoneidad de los candidatos para poder ser titulares de dichos oficios.

El oficio es una institución prevista por el derecho para la atención estable de los fines de la Iglesia, compuesta de uno o varios titulares que son nombrados mediante la correspondiente provisión canónica. Es un instrumento general del ordenamiento canónico porque en el oficio se asienta la estructura pastoral y de gobierno de la Iglesia católica. El derecho divino y el derecho eclesiástico humano confluyen en una institución que organiza, distribuye y da estabilidad al ejercicio de los *munera Ecclesiae*.

Sin una construcción doctrinal propiamente dicha, Graciano trataba el oficio sobre todo en relación con el sacramento del orden. No ocurriría lo mismo en las decretales donde se advertía una separación sistemática entre

51 Cfr. Tomado principalmente de A. Viana, *Officium según el Derecho canónico,* (Pamplona 2020), 15-125.

el orden sagrado y la titularidad de los cargos[52]. El oficio deja de ser, ya desde entonces, una consecuencia necesaria de la recepción del orden sagrado y pasa a tener una regulación independiente, por lo que el orden y el oficio son instituciones distintas. Otra cosa distinta es que la mayoría de los oficios fueran ejercidos por clérigos.

En la evolución histórica del oficio como institución, que no vamos a tratar aquí porque no es el tema de nuestro estudio, se puede ver una gradual desvinculación del oficio respecto a la potestad ya que no todos los oficios comportan titularidad de potestad de orden o de jurisdicción, aunque los oficios más importantes llevan unida la potestad de régimen.

En efecto, y como dice A. Viana, la relación entre el oficio y la potestad eclesiástica es:

> Una realidad histórica, en buena medida paralela a la elaboración de una eclesiología excesivamente articulada sobre la base del sacramento del orden en perjuicio de la relevancia del sacramento del bautismo[53].

Según la visión tradicional, la diversidad producida en la sociedad eclesiástica por el sacramento del orden sería el presupuesto para cualquier otra consideración, por lo que el acento recaería en la diversidad personal causada por el sacramento del orden, de ahí la equivalencia práctica entre las funciones de la organización eclesiástica y las funciones clericales propias de los ordenados, según lo que a veces se ha llamado visión personalista o estamental de la organización eclesiástica.

La distinción entre la potestad derivada del orden sagrado y la potestad de jurisdicción será un elemento central en las ideas de la evolución histórica

52 La cuestión de las decretales se tratará en el capítulo III de esta tesis.

53 VIANA, *Officium*, 38. Esta relación es fundamentada por A. Viana en el apartado 4.1. El oficio como instrumento principal para la organización y ejercicio de la potestad eclesiástica de orden y de jurisdicción que se encuentra en: A. VIANA *Officium según el Derecho canónico,* (Pamplona 2020), 37-45.

del oficio, es decir, en qué medida el sacramento del orden es condición necesaria para la titularidad y el ejercicio de la potestad en la Iglesia, y eso es lo que desarrollaremos en las páginas posteriores.

El oficio eclesiástico en la legislación anterior, en el Código de Derecho canónico de 1917, era entendido en sentido amplio y en sentido estricto[54]. En sentido amplio comprendía cualquier encargo o función ejercido legítimamente para un fin espiritual. En sentido estricto se refería a un encargo constituido de manera estable, por disposición divina o eclesiástica, y conferido según las formas canónicas, que llevaba consigo el ejercicio de la potestad de orden o de jurisdicción.

Sin embargo, en la actual legislación, en el Código de 1983, por principio, oficio eclesiástico era entendido en sentido estricto[55].

El Concilio Vaticano II ha dado una sola noción de oficio eclesiástico que debe ser aplicada a todos los oficios eclesiásticos, definiéndolo como "cualquier cargo establemente conferido para cumplir un fin espiritual"[56]. De acuerdo con la disposición conciliar, la noción de oficio debía ser menos estricta y no necesariamente unida con la potestad eclesiástica[57].

La noción establecida por el Concilio Vaticano II fue aceptada como primer texto en la revisión de los trabajos del Código de 1983, pero después fue perfeccionada, hasta establecer la noción actual.

Los cánones relativos al oficio están situados dentro del Libro I dedicado a Normas generales, por tanto, el oficio es configurado como una institución general, regulada por el derecho canónico separadamente del estatuto personal

---

54 C. 145. §1 CIC 1917: Officium ecclesiasticum lato sensu est quodlibet munus quod in spiritualem finem legitime exercetur; stricto autem sensu est munus ordinatione sive divina sive ecclesiastica stabiliter constitutum, ad normam sacrorum canonum conferendum, aliquam saltem secumferens participationem ecclesiasticae potestatis sive ordinis sive iurisdictionis.

55 C. 145 §2 CIC 1917: In iure officium ecclesiasticum accipitur stricto sensu, nisi aliud ex contextu sermonis appareat.

56 Concilio Vaticano Ii, *Decreto Presbyterorum ordinis sobre el ministerio y vida de los presbíteros,* 20.

57 García Martín, *Normas generales,* 442.

de la Iglesia. La diferencia con el Código anterior es importante ya que el Código de 1917 situaba el oficio dentro de las normas de los clérigos.

Y dentro del Libro de Normas generales, el oficio es recogido en el Título IX y en el canon 145 § 1. Este canon define el oficio eclesiástico como: "cualquier cargo, constituido establemente por disposición divina o eclesiástica, que haya de ejercerse para un fin espiritual". Las principales características del oficio según esta definición son: la amplitud del concepto; la estabilidad; la constitución divina o eclesiástica y el fin espiritual.

1. La amplitud del concepto, es decir, cualquier cargo o función entra en el concepto de oficio con tal de que haya sido establemente constituido. La amplitud del concepto legal facilita la desvinculación entre oficio y potestad. Hay una diferencia, en este sentido, con el canon 145 del Código de 1917 ya que en dicha legislación el oficio en sentido estricto era considerado en relación a la potestad de orden y jurisdicción, referencia que no figura en el actual canon ya que no es necesaria la unidad entre oficio y potestad, porque por una parte la potestad puede ser ejercida sin oficio mediante la delegación y, por otra parte, a través del oficio se desempeñan no solo potestades sino funciones y servicios.

García Martín, en este sentido, citando los trabajos preparatorios del Código, dice que la nueva noción de oficio no hace mención a la participación de la potestad eclesiástica por parte de algún oficio, porque la noción no debe ser estrecha y, por consiguiente, la distinción entre oficios que llevan consigo participación de la potestad eclesiástica y aquellos que no llevan consigo tal participación, no debe ser hecha en este canon. El oficio, en cuanto a tal, no puede llevar una participación en la potestad de orden que se recibe solamente mediante un sacramento, al oficio se puede renunciar, a la potestad de orden, no[58].

Esto tiene consecuencias de gran importancia para la titularidad y el acceso a los cargos en la Iglesia, como dice A. Viana, ya que para muchos oficios

---

58 *Ibid.*, 443.

en la Iglesia no es necesario el orden sagrado, y el nombramiento de fieles laicos para algunos oficios no depende de que se resuelva la cuestión de si ellos pueden ser titulares de la potestad en la Iglesia, precisamente porque hay oficios que no la exigen[59].

2. Condición esencial para que exista el oficio eclesiástico es la estabilidad, es decir, el canon 145 § 1 se refiere a la constitución estable del oficio. Por un lado, puede ser una estabilidad objetiva, esto es que, una vez constituido el oficio, tiene existencia jurídica autónoma tanto de la autoridad que lo ha constituido como del titular; y por otro lado, se encuentra, la estabilidad subjetiva que es la estabilidad que no conlleva que el titular permanezca perpetuamente en el oficio[60].

El oficio es una institución canónica que comprende dos elementos necesarios: un elemento personal, que es el titular del oficio; y un elemento funcional, que son las tareas atribuidas por el derecho. El hecho de que el oficio sea una institución permite resolver el problema de la desatención de las funciones por muerte o incapacidad del titular, ya que, en tales casos, el derecho prevé la designación de un nuevo titular que asumirá las mismas funciones.

3. Constitución[61]. Como norma, el oficio, antes de ser concedido, debe haber sido constituido de manera que se sepa qué cosa es concedida, porque su concesión no puede ser elemento constitutivo del oficio, sino consecutivo.

La institución del oficio puede ser de derecho divino, es decir, oficios que no pueden faltar en la Iglesia, necesarios e inmutables. Son oficios que estructuran la Iglesia de forma jerárquica; y de institución eclesiástica, constituidos por la autoridad de la Iglesia, son complementarios a los de institución divina para su pleno desarrollo.

4. El último elemento del oficio es su finalidad. Según el canon 145 § 1 el oficio es constituido para un fin espiritual. Por esta razón sólo puede estar

59 VIANA, *Officium*, 97.

60 GARCÍA MARTÍN, *Normas generales*, 446.

61 *Ibid.*, 445.

orientado al fin de la Iglesia que es la salvación de las almas. Este fin espiritual puede ser inmediato, que es aquel que corresponde o conviene a todos los oficios que llevan consigo la plena cura de almas por lo que procuran el fin principal de la legislación eclesiástica, la salvación de las almas; o mediato por el que se procuran los demás oficios que contribuyen a dicho fin.

Una vez determinado lo que es el oficio y sus características, hay que precisar qué requisitos son necesarios para que una persona física de manera individual o como miembro de un colegio pueda desempeñar un oficio que conlleva potestad de régimen. Es decir, hay que establecer las condiciones de idoneidad para que una persona titular de un oficio lo haga válidamente.

Para llevar a cabo la provisión de un oficio en la Iglesia son requeridas, por parte de la autoridad, unas condiciones de idoneidad que se exigen a quien va a ser titular y a quien va a ejercer ese oficio. Estas condiciones deben ser establecidas por el derecho y en el caso de que no se cumplan, es decir, que un sujeto que va a ser titular de un oficio no tenga las cualidades exigidas, la provisión de ese oficio se considerará sin efecto, será nula, si esas condiciones son exigidas para la validez de la misma, según lo establece el canon 149 § 2[62].

La idoneidad es una categoría general que emplea el derecho administrativo canónico. Se puede definir, tal y como lo hace Viana, como "el conjunto de condiciones y cualidades personales que son necesarias según el derecho para asumir un oficio"[63].

Las condiciones de idoneidad generales son establecidas por el canon 149 en su § 1 aunque son condiciones bastantes generales. El canon dice lo siguiente:

---

62 C. 149 § 2 CIC: La provisión de un oficio eclesiástico hecha a favor de quien carece de las cualidades requeridas, solamente es inválida cuando tales cualidades se exigen expresamente para la validez de la provisión por el derecho universal o particular, o por la ley de fundación; en otro caso, es válida, pero puede rescindirse por decreto de la autoridad competente o por sentencia del tribunal administrativo.

63 VIANA, *Officium*, 260.

> § 1. Para que alguien sea promovido a un oficio eclesiástico, debe estar en comunión con la Iglesia y ser idóneo, es decir, dotado de aquellas cualidades que para ese oficio se requieren por el derecho universal o particular, o por la ley de fundación.

Dos son los requisitos que establece el canon: estar en comunión con la Iglesia y ser idóneo.

En relación al primer requisito, no es suficiente con que el candidato esté bautizado o haya recibido el sacramento del orden, sino que se precisa la comunión eclesiástica. Este requisito no se encontraba en los primeros esquemas, sin embargo, fue introducido en la redacción final del canon a petición de una Conferencia episcopal[64], aunque, no se precisó nada en el canon acerca de lo que debía entenderse por comunión. Según Arrieta, se puede deducir que la comunión con la Iglesia es unión del candidato con los legítimos pastores, por el asentimiento a su magisterio, y la participación en los medios que vivifican la comunidad eclesial[65].

García Martín es más concreto, en este sentido, y remite a los vínculos de comunión que establece el canon 205[66], es decir, vínculos de fe, de los sacramentos y del gobierno eclesiástico[67]. Para este autor, la razón jurídica de este requisito es clara, ya que, por principio, quien no está en plena comunión eclesiástica, no está sujeto a la disciplina canónica y, por tanto, no está obligado a observar las normas del Código[68]. Dado que el oficio está constituido por una serie de derechos y obligaciones, esto requiere la sumisión a las normas

---

64 García Martin, *Normas generales,* nota a pie de página 58, 456.

65 J. I. Arrieta, *Código de Derecho canónico. Edición anotada,* Comentarios a los cc.129-196, Pamplona 2018, 9ª Edición, 170.

66 C. 205 CIC: Se encuentran en plena comunión con la Iglesia católica, en esta tierra, los bautizados que se unen a Cristo dentro de la estructura visible de aquella, es decir, de los vínculos de profesión de fe, de los sacramentos y del régimen eclesiástico.

67 García Martín, *Normas generales,* 456.

68 C. 11 CIC: Las leyes meramente eclesiásticas obligan a los bautizados en la Iglesia católica y a quienes han sido recibidos en ella, siempre que tengan uso de razón suficiente y, si el derecho no dispone expresamente otra cosa, hayan cumplido siete años.

canónicas, y que no podría ser exigida a quien no está sujeto a tales normas, por lo que se puede concluir que la naturaleza del oficio eclesiástico excluye a quien no está en plena comunión con la Iglesia[69].

En este sentido, hay que decir que, incluso, para algunos oficios es necesario proclamar la profesión de fe según el canon 833.

Respecto a la idoneidad, el canon es muy general y se remite a tres fuentes de requisitos: a la ley canónica universal, a la ley particular y el derecho estatutario. Esto puede ser muy importante sobre todo a la hora respetar los carismas propios de las personas físicas o personas jurídicas, como por ejemplo institutos religiosos o universidades.

Además de lo que establece este canon, a lo largo del Código hay normas de idoneidad más concretas. Un ejemplo son los requisitos para la idoneidad de los candidatos al episcopado recogidos en el canon 378, o los requisitos para ser párroco, canon 521.

Por lo tanto, la idoneidad es un requisito exigido por el derecho universal y particular para acceder a un oficio, tanto para los que han recibido el orden sacerdotal como para los laicos.

5. CONCLUSIÓN DEL CAPÍTULO

Como hemos mencionado anteriormente, el canon 129 determina los sujetos de la potestad del gobierno en la Iglesia. El § 1 establece que son titulares de la misma los sellados por el orden sagrado, llamados clérigos. En el § 2, el canon 129 establece la cooperación de los fieles laicos (*cooperari possunt)* en el ejercicio de dicha potestad.

Aquí es donde surge el problema, porque si los sujetos hábiles para desempeñar un oficio, que lleve consigo la potestad de jurisdicción de la Iglesia, son clérigos y esto es una condición de idoneidad, ¿qué sucede con los laicos

69 García Martín, *Normas generales,* 457.

de los que habla el § 2? Se plantean, además de ésta, otra serie de preguntas: ¿es necesario el sacramento del orden, como condición de validez, para el ejercicio de la citada potestad?, ¿se identifica el sacramento del orden con la potestad o es necesario algo más?

La dificultad consiste en establecer, con la suficiente precisión, las relaciones entre el sacerdocio común y el ministerial, y el poder en la Iglesia[70], de esta forma se podrán determinar los sujetos de la jurisdicción en la misma. Hay que concretar, por tanto, si el laico tiene potestad de jurisdicción, tiene el ejercicio de la misma o simplemente es una sencilla colaboración, en la medida de su cooperación al ejercer la titularidad de un oficio que conlleva dicha potestad. Por ejemplo, en el caso de que uno o dos laicos sean nombrados jueces, si cumplen los requisitos de idoneidad requeridos, en un tribunal colegial donde otro de los jueces es clérigo ¿ambos tienen potestad de régimen? o ¿sólo la tendría el clérigo?

En conclusión, es preciso determinar:

1. Si sólo el sacramento del orden es necesario y está dentro de las condiciones de idoneidad para ejercer y ser titular en la Iglesia de la potestad de régimen,
2. Si sólo es necesaria la potestad de jurisdicción para ejercer un oficio eclesiástico que conlleve la mencionada potestad,
3. o si son necesarios ambos elementos, tanto la potestad de orden como la potestad de jurisdicción.

Para decidir sobre esta cuestión, se encuentran las distintas posiciones sobre la transmisión de la potestad de régimen, es decir, la potestad se transmite sólo por el sacramento del orden o también podría transmitirse por la misión canónica necesaria para poder ser titular de un oficio. Todo esto lo trataremos en el capítulo siguiente.

---

70 Cfr. A. Viana, *Comentario al c. 129,* en Com. Ex. Volumen I (Navarra 2002), 86.

II. DOCTRINAS SOBRE LA TRANSMISIÓN DE LA POTESTAD

INTRODUCCIÓN

El canon 129 § 1 declara como sujetos hábiles de la potestad de régimen a los sellados por el orden sagrado. A la vista de este canon, en principio, parece que se podrían excluir como sujetos de dicha potestad a los laicos. Sin embargo, como hemos visto, el § 2 del mismo canon otorga la cooperación del laico en el ejercicio de esta potestad, por tanto, se trata de ver hasta qué punto llega esa cooperación del laico.

Esta cuestión del sujeto de potestad ha sido tratada en la Iglesia a través del binomio orden-jurisdicción, es decir, si hay una separación del sacramento del orden y de la potestad de jurisdicción o por el contrario, hay una trasmisión de la potestad por medio del orden, ambos elementos están unidos.

Aunque no siempre ha habido una conceptualización teórica de este binomio por no estar suficientemente desarrollada la ciencia jurídica y tampoco ha existido una separación teórica-doctrinal del orden y de la jurisdicción hasta los tiempos modernos, sin embargo, a lo largo de la Historia y en la vida práctica de los fieles se ha ido dando una separación natural de estos dos elementos según las necesidades del momento. La evolución de este binomio se tratará en el capítulo siguiente.

A pesar de esta práctica constante en la Iglesia a lo largo de los siglos, no se ha solucionado la cuestión. Tras el Concilio Vaticano II y la promulgación del Código de Derecho Canónico en 1983, el legislador no da una respuesta definitiva a esta cuestión. El Concilio no se posiciona claramente ya que, aunque declara la sacramentalidad del episcopado, termina introduciendo la nota explicativa nº2 en la Lumen gentium por la que se requiere la misión canónica para el ejercicio del oficio, esto lo veremos en su momento.

Pero tampoco lo hace el Código de 1983, ya que no establece cómo se transmite la potestad, simplemente tipifica quién es sujeto de la misma, sin especificar ni entrar en esto. Como ya hemos dicho en el capítulo anterior, el Código en el canon 129 § 1 hace una precisión en este sentido, es decir, es sujeto de potestad quien ha recibido el sacramento del Orden. Por otro lado, no dice que el laico no lo pueda ser, es más, en el § 2 establece la cooperación del mismo en dicha potestad.

El Código parece que vuelve a delimitar lo que se considera sujeto de potestad con el canon 274 § 1 por el que, de nuevo, sólo los ordenados podrían ejercer la potestad de régimen: "Sólo los clérigos pueden obtener oficios para cuyo ejercicio se requiera la potestad de orden o la potestad de régimen eclesiástico". Sin embargo, aunque parezca que sólo los clérigos pueden ser sujetos y el canon parezca excluyente, el Código también recoge el canon 1421 § 2 donde un laico puede ser juez con permiso de la Conferencia episcopal y el renovado canon 1673 § 3 en el año 2015 con el *Motu proprio Mitis Iudex Dominus Iesus*, donde se establece que los jueces laicos pueden ser dos y sólo con el nombramiento del obispo.

Es más, a partir del mes de marzo del año 2022, se produce la última reforma de la Curia romana por el Papa Francisco donde un laico puede presidir un dicasterio o un organismo de la curia y ejercer la potestad de gobierno.

A pesar de todas estas cuestiones, la discusión sigue abierta y se centra principalmente en las distintas teorías en torno a cómo se transmite la potestad si por el orden o por la jurisdicción, que será lo que veremos en este capítulo.

Por tanto, en estas teorías se estudia y se plantea en qué medida son necesarios y se conjugan el sacramento del orden que, además de su eficacia ontológica en la persona, atribuye al sujeto una misión en la sociedad eclesiástica y le destina al ejercicio de las funciones de enseñar, santificar y regir; y la misión canónica que consiste en un acto jurídico de la autoridad por el que se confiere un oficio o se transmiten funciones con independencia del oficio a través de la delegación; ambos como instrumentos para la transmisión de las funciones públicas en la Iglesia[71]:

A partir de estos dos elementos, se dan tres respuestas en doctrina sobre la transmisión de la potestad de régimen y, por tanto, sobre quien es sujeto de la misma[72]:

1. Teorías sobre la potestad única. Estas doctrinas consideran que la potestad se confiere exclusivamente y en su totalidad por la consagración sacramental, aunque para su ejercicio sea necesaria la comunión jerárquica y la correspondiente misión canónica. En esta tesis, el sacramento del orden juega un papel primordial como fundamento, origen y causa de la potestad, mientras que la comunión jerárquica sería la condición necesaria para su ejercicio, pero no para la plena constitución de la potestad. Por tanto, en cuanto acto con relevancia jurídica, el sacramento del orden es apto también para producir los correspondientes efectos jurídicos.

2. El sacramento del orden confiere la potestad de orden, mientras que la misión canónica confiere la potestad de jurisdicción. Es la doctrina clásica desde la Escolástica medieval, y que está basada en la bipartición de potestades, distinguiendo entre potestad de orden y potestad de jurisdicción.

---

71 Cfr. VIANA, *Organización del gobierno*, 28-29.

72 E. MOLANO, *La Constitución jerárquica de la Iglesia*, (Pamplona 2013), 270-274.

3. La potestad de jurisdicción o de gobierno se confiere en parte por el sacramento del orden y en parte por la misión canónica, siendo necesaria la presencia conjunta de ambos elementos para que la potestad se constituya plenamente. Esta teoría suele distinguir entre el elemento sacramental, al que considera fundamento y causa de la estructura interna de la potestad, y el elemento jurídico-social, que daría a la potestad su estructura externa. Al dar un papel relevante al sacramento del orden, esta teoría preludia, la doctrina de la potestad única.

A continuación, veremos, más detenidamente, en qué consiste estas teorías de la transmisión de la potestad y estudiaremos diversos autores para cada una de las posturas.

1. TEORÍAS SOBRE LA POTESTAD ÚNICA

Para las teorías que defienden la potestad única, la potestad de gobierno se confiere exclusivamente y en su totalidad por la consagración sacramental. Los canonistas integrantes de esta doctrina, desde una perspectiva jurídica, opinan que, en rigor, sólo hay una potestad en la Iglesia, que es la de gobierno o jurisdicción. Las tres funciones clásicas, enseñar, santificar y gobernar, sólo pueden denominarse potestades en sentido teológico pero no jurídico[73].

Para los seguidores de esta teoría, el fundamento de la transmisión de la potestad se encuentra en el sacramento del orden. En este caso, se puede decir que la potestad de gobierno se recibe a través del sacramento por el cual los ordenados son constituidos como ministros sagrados y reciben la facultad y misión de actuar en nombre de Cristo Cabeza, quedando habilitados para ser titulares de la potestad de régimen y para ejercer los oficios que requieran la potestad de orden o la de régimen, según dice el canon 274[74]. Por medio del

73 E. Labandeira, *Tratado de Derecho Administrativo Canónico* (Pamplona 1988), 99-120.

74 C. 274 § 1 CIC: Sólo los clérigos pueden obtener oficios para cuyo ejercicio se requiera la potestad de orden o la potestad de régimen eclesiástico.

sacramento del orden sagrado, además, estos titulares de potestad dan lugar a la jerarquía de la Iglesia que se encuentra formada por obispos, presbíteros y diáconos.

La potestad sagrada, en este sentido, tendría su origen o raíz en la consagración episcopal que debe ejercerse en comunión jerárquica, mientras que la misión canónica sería la determinación jurídica de la potestad. En este caso, los laicos quedarían excluidos de todo tipo de potestad eclesiástica[75].

Entre los autores que defienden esta posición, tenemos a W. Bertrams, K. Mörsdorf, G. Philips[76], E. Corecco[77] y Eduardo Molano. A continuación, veremos algunos de ellos.

1.1. POSICIÓN DE W. BERTRAMS[78]

Defendiendo la teoría de que la potestad sólo se transmite por el sacramento del orden tenemos a W. Bertrams, el cual centra su doctrina en la siguiente síntesis: una potestad con dos estructuras. La idea original de su razonamiento consiste en que basa la potestad episcopal en la consagración y afirma que es de derecho divino. El sacramento del orden episcopal concede la plenitud del sacerdocio y es la fuente de la concesión de la jurisdicción[79]. Para ello, parte de una concreta concepción filosófica, el aristotelismo, una visión unitaria entre potencia y acto, entre cuerpo y alma, así también entre el sacramento y la capacidad de emitir actos jurídicos de potestad[80].

Bertrams no deja lugar a equívocos con respecto a la unidad de la potestad, ya que dice que Cristo es el origen y el medio para obtenerla. De tal

---

75 Cfr. G. Ghirlanda, *El Derecho en la Iglesia, misterio de comunión. Compendio de Derecho eclesial*, (Roma, 1990), 306.

76 Cfr. G. Philips, "L´Église, sacrament et mystère": *EThL* 42 (1966) 406-414.

77 Cfr. E. Corecco, "L´origine del potere di giurisdizione episcopale. Aspetti storici iuridici e metodológico-sistematici della questione": *ScCatt 96* (1968) 3-42; 107-141.

78 Tomado principalmente de A. Celeghin, *Origine e natura della potestà sacra,* (Brescia 1986), 79-108.

79 Cfr. W. Bertrams, "De quaestione circa originem potestatis iurisdictionis episcoporum in Concilio Tridentino non resoluta": *Periodica 52* (1963), 476-477.

80 Cfr. J. L. Serrano, *Palabra, Sacramento y Carisma. La eclesiología de E. Corecco*, (Roma 2012), 151-152.

manera que el medio es la consagración conferida por el sacramento del orden, fuente única de potestad.

Para W. Bertrams, la Iglesia encuentra el origen de su existencia en Cristo y, por tanto, Cristo es el origen de toda su realidad, incluyendo la potestad sacra que no va a derivar de los que forman parte de la Iglesia, sino de la voluntad de su Fundador. Él ha encargado a la Iglesia la salvación de todos los hombres y comunica la potestad de cumplir este mandato a los hombres.

Son varias las características que definen esta potestad: la unidad y la unicidad; un aspecto invisible y otro visible; diversos grados en la potestad; y la distinción de dos elementos: el orden y la jurisdicción.

En relación a la unidad y unicidad, Cristo ha querido una única Iglesia que se organice en las Iglesias particulares. En esta realidad confluyen un elemento interno y otro externo que no limitan ni dificultan su unidad profunda y perenne. Esto también lo aplica a la naturaleza del derecho y a la potestad sacra. Bertrams sostiene la unidad de la potestad y la pluralidad de funciones, diciendo que, como Cristo actuaba con un solo poder pero con pluralidad de funciones, así es el ejercicio de la potestad en la Iglesia.

Además, la potestad sacra es un conjunto de factores sobrenaturales e institucionales, partiendo de dos puntos de vista: uno teórico filosófico que sigue la línea de la distinción entre estructura interna y externa; y otro teológico, en cuando que la potestad conferida por Cristo actúa tanto en la vida interior de la Iglesia y del cristiano (potestad sacramental), como en lo que se refiere a la organización externa de la Iglesia.

La última característica de la doctrina de Bertrams es la distinción en la potestad sacra en potestad de orden y jurisdicción. Acepta esta distinción, aunque con titubeos ante una mala interpretación. Su preocupación es la distinción lógica debida a las diversas intervenciones de la comunidad cristiana que ha llevado a una separación, como afirman algunas de las doctrinas, en contraste con una verdadera interpretación histórica de la vida de la Iglesia en el primer siglo.

En la potestad sacra se distinguen, por tanto, dos elementos: el orden y la jurisdicción[81]. El origen de la potestad de orden, aceptado comúnmente, es la consagración, sin embargo, en lo referente a la potestad de jurisdicción, ha habido muchas discusiones a lo largo de la historia. Bertrams no quiere dejar lugar a equívocos y prefiere hablar de estructura interna y externa de la potestad, y no de potestad de orden y de jurisdicción. De tal manera que la estructura interna que se recibe por el sacramento pasa a ser externa y es lo que llamamos misión canónica. Aclara que no se puede decir que la jurisdicción se confiera sacramentalmente y no porque venga de otra fuente, sino porque jurisdicción sugiere una potestad ejercitable. La jurisdicción contiene la idea de una potestad conferida por el sacramento que se convierte en ejercitable con la misión canónica.

Además, Bertrams logra hacer una identificación entre la jurisdicción y la misión canónica[82] concluyendo su argumentación diciendo que la potestad conferida sacramentalmente carecía de estructura externa, y sin la jurisdicción no podía llevarse a cabo.

Por tanto, el sujeto de la potestad es quien ha recibido la consagración, aunque para ejercitarla necesita de la estructura externa con la misión canónica.

Se presenta el problema relativo a los grados del orden y la diferencia entre el episcopado, presbiterado y diaconado. Bertrams lo soluciona de la siguiente manera:

En la potestad de gobierno del obispo recibe los *tria munera* y toda la potestad, sin embargo, necesita de la estructura externa. Se distinguen, por tanto, dos elementos: la sustancia que es la estructura interna espiritual que consiste

81 *Ibid.*, Nota 21: "Hac ratione potestas episcopalis distinguitur in potestatem sacerdotalem (ordinis) et potestatem, protui vita respective verbum Domini communicatur (...) Atamen haec distinctio (technica) potestatem secundum respectivas functiones non habenda est separatio", 81.

82 Se refiere con esta identificación al problema de la administración del sacramento de la penitencia y dice que junto al poder sacramental es necesario determinar la potestad jurídica sacramental que, por la ley vigente, se llama *misio* canónica o jurisdicción. (Cfr. A. Celeghin, *Origine e natura della potestà sacra*, (Brescia 1986), 84.

en la consagración del candidato para el gobierno de la Iglesia, sociedad externa y jurídica; y la forma, o estructura externa, que consiste en la incorporación del obispo en dicha sociedad por medio de la comunión jerárquica[83], a través de la misión canónica[84].

El presbítero recibe la estructura interna y externa del mismo modo, la diferencia está en el ejercicio de la potestad de orden y de jurisdicción, ya que éstos lo ejercen siempre en ayuda al orden episcopal.

En relación al diácono, Bertrams tiene más problemas a la hora de dar su argumento, ya que el diácono recibe la imposición de manos para el ministerio; sin embargo, manifiesta que no tienen el poder en plenitud porque no reciben el orden sacerdotal; sin embargo, forman parte del orden sagrado, son un nivel permanente de la jerarquía y ejercen cierto poder. El autor no habla de ello directamente y cuando examina problemas históricos y recuerda a los Papas elegidos cuando aún eran diáconos simplemente afirma que no tenían poder en ese momento.

Por tanto, el sujeto de la potestad de régimen para Bertrams sólo lo es el consagrado, excluyendo que el laico pueda ser sujeto activo de la potestad en cuanto que no han recibido el sacramento del orden.

Otro de los problemas que se le plantea a este autor es el del juez laico ya que el *Motu Proprio* de Pablo VI *Causas Matrimoniales* de 1971 establece la posibilidad de que un laico puede ser juez en un Tribunal eclesiástico. Esta cuestión a Bertrams le crea una gran dificultad para explicar la potestad única por el hecho de que un laico pueda ejercer la potestad judicial. Para él, la interpretación debe ser hecha de modo que no se pierda el principio teológico, de tal manera que argumenta con una serie de razones:

83 Cfr. W. BERTRAMS, *De relatione inter episcopatum et primatum. Principia philosophica et theologica quibus relatio iuridica fundatur inter officium episcopale et primatiale*, (Roma 1963), 53.

84 Cfr. W. BERTRAMS, *Il potere pastorale del Papa e del Collegio dei Vescovi*, (Roma 1967), 22.

- Que el tribunal viene constituido por dos clérigos y un laico formando parte de un colegio, por lo que el laico no puede ser considerado juez en sentido pleno;
- El laico no puede ser juez único;
- En las causas de nulidad matrimonial el juez laico puede intervenir en dos planos: emitiendo un juicio matrimonio-sacramento, en este caso no podría ser juez porque se trata de juzgar un derecho sobrenatural entre las partes; o dictar sentencia sólo sobre la nulidad del contrato matrimonial, y aquí el juicio consistiría en la constatación de un hecho, más que el ejercicio de un derecho, por lo que el laico sí podría ser juez porque no hay ejercicio de jurisdicción.
- A lo largo de la historia el laico ha ejercitado la potestad pública social, que no toda esta potestad es de jurisdicción.
- Y termina diciendo, que los hechos históricos que declaran el ejercicio de potestad de jurisdicción por parte de los laicos deben ser considerados abusos.

Por tanto, a pesar del *Motu proprio*, para Bertrams los laicos no ejercerían ningún tipo de jurisdicción.

1.2. KLAÜS MÖRSDORF, REPRESENTANTE DE LA ESCUELA ALEMANA[85].

Si la metodología que usa Bertrams es filosófica, la de la escuela alemana es teológica y, como representante, destacamos a K. Mörsdorf[86].

Desde una perspectiva teológica, K. Mörsdorf sostiene la existencia de una única potestad en Cristo que el Señor transmite a la Iglesia y que es la potestad sacra de la que habla la Constitución apostólica *Lumen gentium*[87].

85 Tomado principalmente de A. CELEGHIN, *Origine e natura della potestà sacra,* (Brescia 1986), 141-160.

86 K. MÖRSDORF, " Munus regendi et potestas iurisdicitionis ", en: Acta Conventus Internationalis Canonistarum, (Roma 1968), 199-211.

87 LG, 10 y 18.

Esta potestad está fundada en la misma naturaleza divina de la Iglesia y en ella se funden los aspectos que tradicionalmente se han asignado a la potestad de orden y de jurisdicción.

A través de un doble principio, el del sacramento del orden y la misión canónica, algunos de los fieles reciben la potestad sacra para el desempeño de los *tria munera Christi*. Estos principios son inseparables, de tal modo que sólo los ordenados pueden recibir la potestad de jurisdicción[88].

Este autor encuentra la solución porque relaciona la potestad sacra con la naturaleza divina de la Iglesia que tiene su origen en Cristo mismo. Cristo detenta la potestad sacra como única potestad y se la comunica a la Iglesia para realizar el servicio que el Señor le ha encomendado.

Antes de entrar en el centro de la cuestión del origen de la potestad, Mörsdorf articula los dos elementos de la única potestad encontrando el punto de partida en la parábola de la vid (Jn 15, 1-11) donde muestra la relación entre las dos fuerzas que corren juntas: la vid y el agricultor, la primera fuerza es generadora y la segunda, la que ordena. De este modo, en la Iglesia, este autor ve en la única potestad sacra una diferencia funcional entre potestad de orden y de jurisdicción.

La potestad de orden sería el principio de vida y la potestad de jurisdicción es el principio que instaura el orden. Mörsdorf presenta una diferencia clara con funciones distintas, pero insiste en que esto no es una división, es una diferencia funcional que manifiesta una profunda coordinación de las dos potestades; por tanto, se puede hablar de una unidad en la duplicidad.

Este autor subraya otra idea para defender la unidad y la complementariedad de la potestad sagrada, con la relación entre Palabra y Sacramento, idea que proviene de la teología protestante. De tal manera, subraya que si podemos hablar de la existencia del derecho canónico, es gracias al análisis de la naturaleza intrínseca de los elementos por los cuales se realiza la revelación y la salvación: la palabra y el sacramento.

---

88 Cfr. LABANDEIRA, *Tratado*, 100.

Estos elementos son anteriores a la pura visión social de la Iglesia. Palabra y Sacramento son dos elementos que se requieren y se complementan. Por estos elementos se estructura la Iglesia y adquiere su fisonomía de instrumento de salvación y por eso se habla de la Iglesia como sacramento en el primer capítulo de *Lumen gentium*[89]. De este modo, como se relacionan Palabra y Sacramento, se complementan orden y jurisdicción.

Mörsdorf habla de una doble jerarquía de orden y de jurisdicción, en razón de la modalidad, como la palabra visible y el signo sacramental que comunica la gracia, siempre en el marco sacramental de la Iglesia. La jerarquía de orden posee su origen en el sacramento y la jerarquía de jurisdicción en la misión, por tanto, en la palabra[90]. Mörsdorf ve en el episcopado el momento supremo en el que se entrelazan la potestad de orden y jurisdicción, el obispo es la síntesis de esta unión. La unidad de ambas no es superficial por lo que no pueden distinguirse fácilmente en el ministerio del obispo. Este núcleo esencial es lo que él llama el *Grundbestand*.

Así, el obispo recibe el *Grundbestand* en donde se unen la consagración, que le da la capacidad de ordenar, consagrar y confirmar válidamente, ya que en la ordenación episcopal se recibe contemporáneamente la potestad de orden, siendo garantía de que el poder sagrado se queda siempre en la Iglesia; y la potestad de jurisdicción, a través de la adscripción a una Iglesia particular. Consagración y atribución del ministerio son procesos diferentes, no intercambiables, pero complementarios.

Por tanto, el origen de la potestad de jurisdicción no se encuentra fuera del sacramento si no que posee una parte en la consagración episcopal. Así, el sustrato que se concede en la ordenación episcopal habilita al obispo en su potestad en la iglesia universal y al interior de una estructura colegial, el colegio episcopal.

---

89 Cfr. E. Corecco, *L´origine del potere*, 128.

90 Cfr. K. Mörsdorf, "Diritto canonico sacramentale antico", 53-74.

A pesar de todo esto, Mörsdorf no aclara todas las cuestione relativas a la relación de estos dos elementos, por lo que sugiere una mayor investigación, ya que el *Grundbestand* todavía no impide la distinción entre potestad de orden y de jurisdicción. De hecho, ve el poder sagrado constituido por dos capas: por el orden sagrado y por la misión canónica. Ya que afirma que la jurisdicción eclesiástica se transmite a través de la misión canónica.

Ante esto concluye que, en cuanto al origen de la única potestad sagrada, hay dos fuentes: por un lado, la consagración que otorga la potestad de orden y el elemento unificador, que es el *Grundbestand*, y por el otro la misión canónica a la que atribuye la potestad de jurisdicción. Por tanto, este autor rechaza que toda la potestad venga dada por la consagración, ya que necesita la concesión de un oficio para que sea ejercitable. Por lo que la diferencia de grados no debe venir de la consagración, sino del oficio.

Mörsdorf no acepta que el origen de la potestad sagrada venga por una única fuente, la consagración, sin embargo, también rechaza la teoría de la separación de las dos potestades. Se trata de dos fuentes distintas para la potestad sagrada: la consagración y la misión canónica. Consecuentemente, el efecto sacramental no es producido solamente por la potestad del orden, sino que necesita esencialmente de la jurisdicción de la palabra proclamada. La complementariedad entre ambas potestades en el sistema de Mörsdorf es indiscutible. La unidad de la potestad no significa unicidad: es una potestad con dos elementos que se reclaman mutuamente, el orden y la jurisdicción, expresando la naturaleza de la jerarquía eclesiástica con su doble perfil[91].

La potestad en la Iglesia adquiere un carácter sacramental y jurídico al mismo tiempo. La Iglesia no actúa en un doble plano, uno natural y otro sobrenatural, una potestad sacramental y en consecuencia espiritual, y otra potestad jurídica y puramente humana. La distinción de las potestades responde a las diversas funciones en la Iglesia.

---

91 Cfr. K. MÖRSDORF, "Parola e Sacramento", 63.

Por lo que, en relación al sujeto de la potestad, para Mörsdorf es el que ha recibido el orden sagrado, ya que el laico, en ausencia de participación en el sacramento del orden, su participación en el poder sagrado presenta un límite infranqueable.

Sin embargo, no ignora que los laicos están abiertos a la posibilidad de ser jueces en un tribunal colegiado. Surge entonces un conflicto entre los dos términos: juez, ministerio que prevé el ejercicio del poder sagrado y laico, estado de vida que no tiene posibilidad de participar de ninguna manera en el ejercicio del poder sagrado, la consagración. Esto lo soluciona utilizando una expresión de K. Rahner[92] que afirma que un laico, incluso una mujer, obtiene la posesión de un poder litúrgico o jurídico, "deja de ser laico y se convierte en parte del clero[93]". En términos teológicos, se puede decir que el laico termina donde comienza la participación en la potestad sacra, ya sea de orden o de jurisdicción. Aunque Mörsdorf no llega a profundizar en el tema, sin llegar a conclusiones finales.

1.3. EDUARDO MOLANO[94]

Para Eduardo Molano, Cristo instituyó diversos ministerios eclesiásticos dotados de la correspondiente potestad[95] o *sacra potestad*, término que utiliza el Concilio Vaticano II para referirse a la potestad que Cristo ha legado a la Iglesia. Se trata de una participación en la misma potestad que Cristo tiene y que da a la Iglesia para que pueda llevar a cabo su misión a lo largo de los siglos. Es, por tanto, una potestad sagrada al servicio de la misión de la Iglesia, sagrada tanto por su origen, pues es dada por Jesucristo y se transmite por medio del

92 Cfr. K. Rahner, *Über das Laienapostolat. Schriften zur Theologie, II,* (Einsiedeln 1995), 340-342.

93 Celeghin, *Origine e natura della*, 153.

94 Cfr. Molano, *La Constitución jerárquica*, 269-283.

95 LG 8: Cristo Señor, para dirigir al Pueblo de Dios y hacerle progresar siempre, instituyó en su Iglesia diversos ministerios que están ordenados al bien de todo el Cuerpo. En efecto, los ministros que poseen la sagrada potestad están al servicio de sus hermanos para que todos los que son miembros del Pueblo de Dios y tienen, por tanto, la verdadera dignidad de cristianos, aspirando al mismo fin, en libertad y orden para la salvación.

sacramento del orden que Él ha instituido; como por su fin, que no puede ser otro que la *salus animarum.*

Este autor resalta como importante que el Concilio Vaticano II no utiliza los términos clásicos de potestad de orden, ni potestad de jurisdicción, sino que usa el término unitario de *"sacra potestas"* y según E. Molano, lo hace intencionadamente para referirse a una única potestad.

En contraste con el Concilio, se encuentra el Código de Derecho Canónico que no emplea este término de *"sacra potestas"*, sino que utiliza "potestad de orden" y "potestad de jurisdicción", justificando el uso de estos términos por el peso de la tradición canónica. Además, añade el autor, la intención del legislador de referirse sobre todo a esa dimensión de la *sacra potestas* que es la potestad de gobierno, como es lógico en un Código de derecho, y no a todas las dimensiones de la sagrada potestad, entre las cuales hay que incluir la de orden.

Por otra parte, piensa que si el Código sigue utilizando la vieja terminología, es porque el legislador canónico la considera compatible con la nueva; "seguramente considera que la bipartición de potestades que hacía la doctrina tradicional se refiere a dos manifestaciones diferentes de la única *sacra potestas*, cuyo uso actual puede ser lícito si se basa en una distinción sin separación"[96].

El Código sigue utilizando la distinción entre las dos potestades; sin embargo, Molano mantiene que al Código sólo le interesa lo relacionado con la función de gobierno y no tanto lo relacionado con la potestad de orden, que sólo le interesa indirectamente en cuanto que ha de ser regulada en su ejercicio por la potestad de jurisdicción. Por eso de lo que trata sobre todo es de la potestad de jurisdicción, que ahora el propio Código llama potestad de gobierno.

Todo eso nos lleva al canon 129 que afirma que, por institución divina, existe en la Iglesia una potestad de gobierno que se llama también potestad de jurisdicción. Este canon hace un cambio semántico muy significativo, dice Molano, ya que el Código no vuelve a utilizar el término potestad de jurisdicción

96 MOLANO, *La Constitución jerárquica*, 270.

y utiliza siempre potestad de gobierno para indicar que la potestad de gobierno procede de Cristo, su Divino Fundador, y no es una importación que haya sido tomada del derecho romano o del derecho civil.

El canon 129, por tanto, afirma que la potestad de gobierno existe en la Iglesia y es de institución divina, por lo que es, ante todo, participación de la potestad de Cristo y que los que están sellados por el orden sagrado son los sujetos hábiles de esta potestad.

En relación a la cooperación de los laicos del § 2 del canon, Molano dice que en este sentido se puede hablar de una graduación, tanto en la posesión como en el uso de la potestad.

El canon 274[97] parece que establece una norma general que reserva a los clérigos la titularidad de los oficios en que se ejercita la potestad de orden o de gobierno. Según esta norma general, sólo los clérigos pueden ser titulares de la potestad ordinaria, que es la que va aneja de propio derecho a un oficio (canon 131 § 1).

Por tanto, como norma general, los laicos no podrán ser titulares de la potestad ordinaria que se ejerce en esos oficios, aunque sí podrían participar en el ejercicio de la potestad que no va aneja a un oficio, como es el caso de la potestad delegada, ya que según el canon 131 § 1, la potestad delegada es la que se concede a la persona por sí misma y no en razón de un oficio.

Respecto al canon 1421 § 2 donde se recoge que el laico, con permiso de la Conferencia episcopal puede ser juez en un tribunal colegial, Molano se pregunta si se trata de una excepción a la norma general según la cual los laicos no pueden obtener oficios para cuyo ejercicio se requiera la potestad de orden o de gobierno. Sin embargo, si aceptamos esta cuestión, dice, habría que admitir que la norma del canon 274 no es de derecho divino. El autor llega a una solución diciendo que se trata de una norma de derecho divino en relación al ejercicio de la potestad de orden pero sería más dudoso en lo que se refiere

97 C. 274 § 1 CIC: Sólo los clérigos pueden obtener oficios para cuyo ejercicio se requiera la potestad de orden o la potestad de régimen eclesiástico.

al ejercicio de la potestad de gobierno. En este sentido, se puede sostener que el canon 1421 establece una excepción.

E. Molano recoge también la opinión de otros autores que consideran que el titular de esa potestad ordinaria, por tratarse de un tribunal colegial, no es el juez, sino el colegio mismo en cuanto sujeto de atribución de los actos jurídicos. Por lo que no se trataría de una excepción, sino de una colaboración en el ejercicio.

En relación a la misión canónica, este autor parte de la misión divina de la Iglesia que es su tarea de salvación, misión que la recibe por mandato de Cristo. Por eso, la misión de la Iglesia es la misma que la misión de Cristo y se realiza a través de los sacramentos.

Por otro lado, está la misión canónica que es la que está vinculada con la asignación de los oficios eclesiásticos. Esta misión canónica se relaciona con la misión divina porque es la manera de concretar la misión universal de la Iglesia en determinadas personas o materias y así, mediante la misión canónica, se confiere a las personas una función u oficio particular y concreto al servicio de esa misión universal de la Iglesia, en el caso que ese oficio lleve consigo el uso de la potestad, se autoriza también así a su titular para ejercer la potestad en ese ámbito concreto; por eso, la misión canónica lleva también consigo un permiso y autorización para ejercitar válidamente y lícitamente la potestad. No se puede ejercitar la potestad de la Iglesia al libre arbitrio sino dentro de un ámbito de competencia determinada.

2. POSICIÓN DE E. LABANDEIRA[98]

Entre las posturas con respecto a la potestad y si se puede separar o no el orden sacramental de la misión canónica, hemos recogido una postura intermedia, por la que son necesarios ambos aspectos a la hora de ser sujeto de

---

98 E. Labandeira, *Tratado de Derecho Administrativo*,107 y ss.

la potestad: tanto el orden como la misión. En este caso, vemos la postura de E. Labandeira.

El autor parte de la institución de la Iglesia por Cristo y de la transmisión de su poder a los Apóstoles. Aclara, además, que es un hecho que siempre ha habido poderes recibidos por vía sacramental, a través del orden sacerdotal, que se llaman potestad de orden, y otros recibidos por vía extrasacramental, es decir, por la misión, colación de oficio o delegación, denominados potestad de jurisdicción.

El Señor constituyó a los Apóstoles a modo de colegio y puso al frente a Pedro, y así instituyó una línea jerárquica principal sobre el episcopado y a la cabeza el Romano Pontífice. Envía a los Apóstoles haciéndoles partícipes de su poder. Éstos, para cumplir la misión que Cristo les confió, se "cuidaron de establecer sucesores en esta sociedad jerárquicamente organizada"[99]. Los Obispos son la columna vertebral de la Iglesia y por eso "perdura el oficio de los Apóstoles de apacentar la Iglesia, que debe ejercerse de modo permanente el orden sagrado de los Obispos"[100].

Para E. Labandeira el sacramento del orden no es una simple capacidad sino una participación en el poder de Cristo, como se lee en la Nota explicativa previa de la *Lumen gentium:* "en la consagración se da una participación ontológica de los ministerios sagrados" y una potestad, que no es "una participación expedita para el ejercicio. Para que tal potestad resulte expedita, debe añadirse...[101] ,es decir, que esa potestad requiere de otro elemento que la complete. Ese elemento que es necesario para completar la potestad de régimen es la misión canónica expedita, debe añadirse la determinación jurídica o canónica por la autoridad jerárquica, la cual puede constituir en la concesión de un oficio particular o en la asignación de unos súbditos"[102].

99 LG 20a.

100 *Ibid.,* 20b.

101 *Ibid.,* NEP 2b.

102 *Ibid.*

E. Labandeira llega a la conclusión que, aunque la consagración y la misión confluyen a la formación del poder de gobierno de los obispos en su plenitud, el elemento más importante es la consagración. Si bien no considera la determinación canónica como un mero elemento formal, sino como un elemento sustancial que actualiza buena parte del poder pastoral y que complementa la función de gobierno del pastor.

Respecto a los presbíteros, el orden les confiere una *sacra potestas* y una participación ontológica en los *munera Christi,* pero en grado jerárquico inferior, que los hace colaboradores del obispo. También en ellos se da una determinación canónica de funciones por vía jurídica. Pero en los casos en los que el presbítero ejerce la potestad, hay en el oficio menos determinación de poder ontológico que tiene por el sacramento y más concesión por vía jurídica de un poder que no tenía.

Para la cooperación de los laicos, la misión canónica puede, así mismo, conferirles una cierta potestad de gobierno subordinada y participada a tenor del canon 129 § 2. En estos casos no se trata de la determinación canónica de un poder sacramental, pues los laicos carecen de éste; sin embargo, no sólo pueden ser delegados, ejerciendo la potestad delegada en razón de la persona, sino conferirles algunos cargos y oficios eclesiásticos.

En conclusión, en la misión canónica de gobierno de los ministros sagrados se da una determinación-atribución de poder que, en parte, es determinación que tienen por el sacramento y, en parte, por atribución de un nuevo poder. Ahora bien, en el caso de los laicos, la misión de gobierno es sólo atribución de poder.

Labandeira también explica los términos *habilis* y *habilitas* del canon 129 § 1. La primera cuestión que plantea al respecto es si esa capacidad o habilidad es para ejercer la potestad que se tiene ya o para recibir la que no se tiene. En todo caso, debe entenderse en este canon que los ministros sagrados tienen una disposición radical para el gobierno de la Iglesia.

En cambio, el canon 129 § 2 niega esa capacidad ontológica sacramental a los laicos en nombre de Cristo, por lo que son incapaces para desempeñar los oficios capitales; sin embargo, pueden ser titulares de la potestad de gobierno a condición que no sea en nombre propio, sino una función de gobierno que no suponga capitalidad si no que suponga una cooperación con un oficio capital. En concreto, el canon 228 § 1[103] declara hábiles a los laicos para ser llamados por los pastores a desempeñar ciertos oficios que implican cierta función de gobierno.

Respecto al canon 274 § 1 según el cual "sólo los clérigos pueden obtener oficios para cuyo ejercicio se requiera la potestad de orden o la potestad de gobierno eclesiástico", en este sentido hay que decir que es una prescripción de derecho eclesiástico, aunque esto no explicaría la existencia de oficios que pueden ser ejercidos por laicos. Habría que decir que se trata de excepciones a la regla general, aunque la regla general no habla de excepciones. Quizá la solución está en una interpretación estricta de la norma, según el canon 18[104], y así los laicos no pueden ejercer oficios capitales con poder de gobierno pero pueden ser llamados por los pastores a colaborar con ellos en oficios subordinados y participativos de este gobierno.

En conclusión, E. Labandeira explica que el orden y la misión canónica son dos fuentes de potestad de gobierno en la Iglesia, que de ordinario integran la potestad de cada pastor. Pero, otras veces, el orden y la misión canónica de gobierno no van juntos, por lo que la potestad de gobierno de que goza el sujeto no es plena. Carece de plenitud en los presbíteros por falta de determinación canónica y atribución de súbditos. Carece de plenitud en los laicos porque únicamente pueden colaborar en el ejercicio de la potestad de gobierno de modo subordinado y por participación de un oficio principal.

---

103 C. 228 § 1 CIC: Los laicos que sean considerados idóneos tienen capacidad de ser llamados por los sagrados Pastores para aquellos oficios eclesiásticos y encargos que pueden cumplir según las prescripciones del derecho.

104 C. 18 CIC: Las leyes que establecen alguna pena, coartan el libre ejercicio de los derechos, o contienen una excepción a la ley, se deben interpretar estrictamente.

3. DOBLE NATURALEZA EN LA TRANSMISIÓN DE LA POTESTAD

La teoría de la bipartición[105] surge desde el inicio de la Iglesia a causa de las cuestiones que se daban en la práctica de la vida cristiana y la necesidad de solucionar los distintos problemas que iban apareciendo. De este modo, había situaciones en las que el sacramento del orden y la designación del oficio se daban en momentos distintos; por ejemplo, se podía realizar un nombramiento de un obispo, no era consagrado como tal hasta tiempo después y aun así podía ejercer ciertas funciones de gobierno; o podía darse el caso que, por algún motivo, un obispo fuera depuesto por incurrir en algún delito, por ejemplo, en herejía, perdiendo de esta forma la jurisdicción, aunque podía seguir ejerciendo el orden.

Además, se dio el caso de algunos Papas que no eran obispos en el momento de su elección y, a pesar de esta circunstancia, desde el momento de su aceptación ejercían la suprema jurisdicción pontificia antes de su consagración episcopal. Son los casos de Gregorio Magno, Gregorio VIII, Inocencio III, Gregorio X, Adriano V, Nicolás III, Martín IV, Honorio IV, Celestino V, Bonifacio VIII[106]...

Los autores que defienden la teoría de la bipartición, autores que veremos a continuación, van a distinguir entre *munus* y potestad. Estos autores afirman el origen jerárquico de la potestad de enseñar y de gobernar de los obispos, de este modo, la potestad sería transmitida por el Romano Pontífice por medio de la misión canónica a aquellos obispos que se encuentran en comunión jerárquica. El Papa recibiría la potestad primacial desde el momento de su aceptación de la legítima elección, aun cuando no estuviera consagrado obispo, y la consagración haría que dicha potestad tuviera el carácter de episcopalidad. Dado que, según esta posición, la potestad de gobernar no tendría su origen en el sacramento del orden, los laicos podrían ejercer la potestad

105 Cfr. LABANDEIRA, *Tratado de Derecho Administrativo*, 91.

106 Cfr. GHIRLANDA, *El Derecho en la Iglesia*, 302.

eclesiástica de gobierno en aquellos oficios que no requieran del sacramento del orden[107].

Es decir, que dentro de las funciones de la organización que se dan en la Iglesia están las propias de la potestad de orden, pero todas ellas se realizan por los sujetos de la organización eclesiástica en virtud de la misión recibida[108].

Por tanto, además de los autores que defienden la transmisión de la potestad solo por el sacramento del orden, existe otra corriente que defienden la separación entre el binomio orden y jurisdicción. Entre estos autores estarían A. M. Stickler[109], D. Staffa[110], A. Gutiérrez[111], J. Hervada y G. Ghirlanda... Analizamos la posición de los más característicos. Se recoge también, en este apartado, la voz de laico en relación a la participación en la potestad de régimen según el Diccionario de Derecho Canónico.

3.1. POSICIÓN DE J. HERVADA[112]

Javier Hervada parte de la idea del concepto de Iglesia como Pueblo de Dios[113] que se organiza como una sociedad orgánicamente constituida. El elemento base de su organización que sirve para comprender la condición jurídica del fiel, son los principios de igualdad fundamental, principio de variedad[114], además del principio institucional, en virtud del cual, se encuentra la jerarquía de la Iglesia y que establece una diversidad funcional en el pueblo de Dios por voluntad misma de Cristo.

Cuando la Iglesia se muestra como institución, se debe presentar como sociedad orgánicamente estructurada para que los fieles puedan conseguir los

---

107 Cfr. *Ibid*, 306.

108 Cfr. J. Hervada, *Elementos de Derecho Constitucional Canónico*, (Pamplona, 1987) 199.

109 Cfr. A. M. Stickler., "De potestatis sacrae natura et origine", *PRMLC* 71, (1982)65-91.

110 Cfr. D. Staffa, "De collegiali episcopatus ratione", *RET* 24 (1964) 254-298.

111 Cfr. A. Gutiérrez, "Collegium episcopale tamquam subiectum plenae ac supremae potestatis in universam Ecclesiam", Div 9, (1965) 421-426.

112 Cfr. Hervada, *Elementos de Derecho*, 235-246.

113 Cfr. J. Hervada - P. Lombardía, *El Derecho del Pueblo de Dios*, (Pamplona 1970) 29-34.

114 P. Lombardía, *Lecciones de Derecho Canónico*, (Madrid 1984) 81.

fines y los bienes comunes. Esta teoría fundacional puede valer para cualquier sociedad, con la diferencia que, en este caso, la determinación de estos fines y bienes no vienen dados por la base sino por su fundador, Cristo.

J. Hervada entiende por potestad la facultad o capacidad de producir unos efectos ontológicos o jurídicos, que proceden de una posición de superioridad. En este sentido, se habla de *potestas sacra* o potestad de orden, jurisdicción y magisterio. A la posición de superioridad se denomina jerarquía.

Durante siglos se ha hablado de tres potestades: la de orden, la de jurisdicción y la de magisterio. En los últimos tiempos, un sector de la doctrina ha rechazado la tripartición por entender que las tres potestades son una única potestad, la *potestad sacra,* sin división; por lo tanto, su transmisión y su ejercicio tendrían cauces similares. No habría, pues, potestad de jurisdicción vicaria ni delegada, sino distintas modalidades de *potestad sacra*[115].

Para Hervada esto plantea muchas dificultades a fin de explicar el sistema canónico de potestad de régimen, ya que no tiene en cuenta los *tria munera Christi.* Esta tripartición, que ha adoptado el Código de Derecho de 1983 en su sistematización, se ha establecido por la necesidad de distinguir distintas funciones en razón de su naturaleza, su ejercicio y sus efectos.

Un sacramento, una proposición o un juicio de verdad y una ley son actos de naturaleza distinta que requieren potestades distintas. No es igual la potestad que se requiere para consagrar el pan y el vino en la Eucaristía que la requerida para dar un precepto. Para la ley o un mandato es suficiente haber recibido la misión, para el acto sacramental se requiere la consagración personal; por eso, se puede dar potestad delegada o vicaria para un mandato, ya que basta la misión y no es así en las acciones sacramentales que se producen por la relación personal del ministro con Cristo.

Puede hablarse de unidad de oficio o de *munus,* pero hay que distinguir entre las tres potestades. Se diferencian estas potestades por su índole, por su objeto y por su posibilidad de desconcentración. La potestad de jurisdicción es

---

115 Cfr. HERVADA, *Elementos de Derecho,* 237-238.

poder de mando; sus actos son mandatos y puede desconcentrarse por diversas técnicas como la vicariedad y la delegación. La potestad de orden es poder de confeccionar los sacramentos; sus actos fundamentales son las acciones litúrgicas y no consiente la delegación. La potestad de magisterio se ocupa de decir la verdad y establecerla sin error; sus actos son la predicación, la enseñanza y la fijación de las proposiciones verdaderas en orden a la salvación.

Respecto a la potestad de jurisdicción consiste en "la potestad de dirigir el Pueblo de Dios hacia sus fines"[116]. Fue otorgada por Cristo a los Apóstoles; por lo tanto, la poseen, como órganos primarios, el Papa y el Colegio episcopal para la Iglesia universal, así como cada uno de los obispos diocesanos en el ámbito de la Iglesia particular que presiden. Todos ellos son sujetos de la potestad legislativa, ejecutiva y judicial, y poseen la jurisdicción en toda su plenitud de fuero interno y fuero externo.

Es una función de capitalidad que se ejerce en nombre de Cristo; por esa razón, la jurisdicción exige la cristoconformación con Cristo Cabeza que da el sacramento del orden. Así pues, los titulares de los órganos primarios deben estar ordenados[117].

No basta, sin embargo, cualquier grado de cristoconformación, sino aquella que corresponde a la capitalidad apostólica, esto es, la consagración episcopal, pues la Cabeza de la Iglesia universal y de las Iglesias particulares debe ser un sucesor de los Apóstoles, un Obispo. Este es el sentido primario y fundamental del c 129 § 1.

Cada sociedad necesita, además, una estructura jurídica. También la Iglesia necesita una organización típica que Hervada lo llama organización eclesiástica y la entiende como la ordenación orgánica de la dimensión oficial y pública de la Iglesia que se realiza mediante una estructura eclesial organizada a quien se atribuye el establecimiento de los cauces por los que discurre la vida social del Pueblos de Dios, la coordinación de los esfuerzos tendentes

116 *Ibid.*, 246.

117 *Ibid.*, 247.

al bien común, la facultad de decidir controversias y sobre las cuestiones coyunturales que afectan a la vida global del Pueblo de Dios y la gestión de los intereses comunes (funciones públicas)[118].

Esta descripción pone de relieve el modo más coherente, desde un punto de vista jurídico, la conformación de la Iglesia según la idea fundacional. Dos son las bases de derecho divino sobre la constitución de la Iglesia: 1. Las funciones públicas no han sido atribuidas a todo el Pueblo de Dios, sino a un *ordo* específico; 2. Sólo quienes han recibido determinados grados del orden pueden ejercer el ministerio correspondiente a esos grados. Este es el principio de jerarquía y a la conformación constitucional de la Iglesia, que de ella resulta, se la llama *constitución jerárquica de la Iglesia*[119].

Sin embargo, según entiende Hervada, hay que completar este planteamiento del principio jerárquico, ya que la organización eclesiástica no se debe confundir con el *ordo clericorum*, pues hay aspectos de la organización eclesiástica que no están en relación directa con el sacramento del orden. El *ordo clericorum* representa una línea de organización, la central, pero no la única[120].

La potestad de jurisdicción, por su índole, admite una amplia desconcentración en órganos secundarios, por vicariedad, delegación y participación *a iure*. Para ejercer estas potestades desconcentradas, ¿hace falta haber recibido la ordenación sagrada? Según Hervada la respuesta es negativa por dos razones[121]:

1. Las potestades desconcentradas son transferencias de competencias de potestades que siguen siendo radicalmente del órgano primario. La desconcentración se da en el orden al ejercicio y no a la capitalidad, por lo que no es necesario que el titular esté ordenado.

118 Cfr. Hervada, *El Derecho del,* 330.

119 Cfr. *Ibid.,* 332.

120 Cfr. *Ibid.,* 336.

121 Cfr. Hervada, *Elementos de Derecho,* 248.

2. Es habitual que los titulares de los órganos secundarios estén ordenados, pero en grado inferior al episcopado. Ahora bien, esta ordenación sería del todo insuficiente para ejercer estas potestades porque, con referencia a estas potestades de origen y naturaleza episcopales, la ordenación presbiteral resulta tan insuficiente como la falta de ordenación. Así ocurre con respecto al oficio primacial: tan insuficiente es para desempeñar el oficio de obispo diocesano la ordenación de diácono, como la presbiteral o la condición laical. Ver más suficiencia, según Hervada, que en la falta de ordenación del laico es una típica confusión estamental.

Este autor, en la búsqueda de los principios básicos de la estructura constitucional que proceden del designio de Cristo acerca de su Iglesia, ha analizado con atención numerosos textos del Nuevo Testamento y del magisterio eclesiástico. De su estudio se deduce que si bien los obispos y los presbíteros constituyen una línea fundamental de la organización eclesiástica, hay funciones públicas y poderes, entre los que se encuentra un ejemplo significativo el primado del Papa, que no se atribuyen por vía sacramental, sino por actos de índole completamente jurídica. De aquí, que junto al orden de clérigos, núcleo central de la organización eclesiástica, haya en la Iglesia "una serie de organismos, oficios, instituciones...de muy diversa índole, todos ellos ordenados a los fines públicos de la Iglesia y pertenecientes a su organización oficial"[122].

De esto se deduce que hay una doble vía de accesión a los ministerios eclesiásticos: "sacramento del orden y diversos actos jurídicos genéricamente denominados misión canónica. No hay desconexión ya que ambos encuentran su unidad en Cristo, a cuyo través se hace presente y eficaz su acción y su misión y ambos se enlazan en la organización eclesiástica"[123].

---

122 Lombardía, *Lecciones de*, 99.

123 Hervada, *El Derecho del*, 345.

El sacramento del Orden, en relación con el elemento jurídico forman una doble vía para una única organización; se comprende que exista una unidad entre ambos, al mismo tiempo que una diversidad de efectos. Ambos son pasos graduables de conferimento de ministerios diversos (simple presbítero, párroco, obispo auxiliar, obispo diocesano, Papa) que deben ser contemplados en cada ministerio en concreto. En otras palabras, no debe, según Hervada, entenderse conforme a la concepción personalista, según la cual el sacramento produciría la accesión a un rango de fieles, el ordo clericorum, lo que daría al fiel la capacidad para desempeñar una serie de oficios[124].

El sacramento y la misión canónica son cauces para conferir las distintas funciones que cada ministerio tiene según su configuración delineada por el proceso de organización. Uno y otra dan funciones diversas y complementarias. Un párroco, por ejemplo, tiene unas funciones estrictamente sacerdotales: atención sacramental, culto divino, celebración de la eucaristía y otras funciones de tipo administrativo, apostólico...a cuyo desempeño se accede por la provisión canónica del oficio. Pero todas se unen en la figura del párroco. Esto mismo cabe decir de la figura del Papa, del obispo...

A esto hay que añadir que el factor organizador en cuya virtud no se da funcionalmente una única figura de presbítero, de diácono o de obispo. Hay entre ellos una distribución ordenada de funciones, por la cual unos tienes más funciones que otros. Así, por ejemplo, es distinta la figura o tipo del vicario parroquial que la de capellán de religiosas o de párroco; todos son presbíteros pero con funciones diversas. Lo mismo ocurre con el episcopado: no es lo mismo el obispo auxiliar que el patriarca, el Papa que un obispo residente, ni éste es igual a un vicario castrense. Este factor organizador nos indica que, por ser el *ordo* una unidad orgánica, hay en él una distribución funcional y organizada, por lo tanto desigual, de funciones[125].

---

124 Cfr. *Ibid.*, 347.

125 Cfr.*Ibid.*, 348.

3.2. G. GHIRLANDA[126]

La línea de pensamiento del profesor de la Gregoriana se mantiene fiel a la Tradición de la Iglesia y afirma la continuación doctrinal entre los dos concilios Vaticano I y Vaticano II y su relación con el CIC [127]. La lectura conciliar es aplicada al nuevo Código de Derecho canónico[128], pudiendo decir que se cumple la intención del Papa Juan XXIII según la cual la reforma del Código sería la cima de la nueva etapa conciliar[129].

Para Ghirlanda, la potestad es una y sagrada[130], por ser la potestad de Cristo. La potestad sagrada se ha conferido para realizar ministerios diversos

---

126 Cfr. Ghirlanda, *El Derecho en la Iglesia*, 301-324.

127 Cfr. G. Ghirlanda, "Hierarchica Communio", 416: "Il nostro sforzo debe essere quello di armonizzare la dottrina prevalente prima del Concilio e sancita dal Codice circa l´origine immediata della potestà di giurisdizione al Sommo Pontefice tramite la missione canonica e circa la distinzione con la dottrina proposta dal Concilo e che ad uno primo approccio o ad uno studio superficiale potrebbe apparire sovertitrice rispetto alla precedente".

128 Cfr. G. Ghirlanda, "Elementi ecclesiologici", 93-109.

129 Cfr. Juan XXIII, "Alocución solemne de 25 de enero de 1959": Aas 51 (1959) 68: "Venerabili Fratelli e Diletti Figli Nostri! Pronunciamo innanzi a voi, certo tremando un poco di commozione, ma insieme con umile risolutezza di proposito, il nome e la proposta della duplice celebrazione: di un Sinodo Diocesano per l'Urbe, e di un Concilio Ecumenico per la Chiesa universale. Per voi, Venerabili Fratelli e Diletti Figli Nostri, non occorrono illustrazioni copiose circa la significazione storica e giuridica di queste due proposte. Esse condurranno felicemente all'auspicato e atteso aggiornamento del Codice di Diritto Canonico, che dovrebbe accompagnare e coronare questi due saggi di pratica applicazione dei provvedimenti di ecclesiastica disciplina, che lo Spirito del Signore Ci verrà suggerendo lungo la via".

130 Recogemos la distinción que hace G. Ghirlanda entre "*missio* ", "*munus* " y "*sacra potestas* " en G. Ghirlanda, *El Derecho en la Iglesia,* 308: "El concepto expresado por *munus* depende del de misión (*missio)* e indica al mismo tiempo el don que se recibe del Espíritu Santo y la función que hay que desarrollar para cumplir una misión de la que se está investido. La Iglesia tiene el munus de anunciar y llevar la salvación, continuando con la misión de Cristo; por tanto, todos los bautizados, según su propia condición, participan del munus de Cristo para actuar la misión de la Iglesia. Por lo que se refiere a los obispos y a los presbíteros, la *missio* es la misión apostólica y, por tanto, el *munus* recibido en la ordenación presbiteral o en la consagración episcopal es el don espiritual con el que, junto con la gracia sacramental y el carácter sagrado, son configurados ontológicamente a Cristo para desempeñar las funciones de santificas, enseñar y gobernar. El munus es algo unitario de lo que participan según los grados diferentes los obispos y presbíteros.

Los ministros están revestidos de la sacra potestas. Es algo unitario pero se confiere para cumplir determinados actos en la Iglesia. La potestad sagrada es el derecho y la capacidad para hacer determinados en la Iglesia; así, la misma persona puede desempeñar varios ministerios, de santificación, de enseñanza auténtica o de gobierno. La variedad de ministerios y la diversa participación y comunicación de la potestad sagrada pueden comprenderse bien a la luz de la ministerialidad de toda la Iglesia como pueblo de Dios para la salvación de los hombres, que abraza todos los aspectos de su vida y que es participación en el misterio de Cristo[131].

Por esta naturaleza suya ministerial, la Iglesia, en los sucesores de Pedro y de los apóstoles, es depositaria de la potestad de Cristo, que así es una en su fuente, pero con diversa articulación de su finalización y comunicación según los ministerios que se desarrollan en la Iglesia.

En efecto, el Romano Pontífice y los obispos[132] administran la potestad recibida del Señor, en las diversas situaciones históricas en que vive la Iglesia, para satisfacer las diversas necesidades tanto dentro como fuera de ella. Para el servicio a la salvación que se presta a los hombres, según las circunstancias históricas, en la Iglesia se amplían o se reducen los ministerios o se cambia el modo de actuación de los mismos, pero en fidelidad a Cristo.

Así pueden explicarse aquellos hechos que se han dado a lo largo de la historia de la Iglesia y que explicaremos a lo largo de este texto, que de lo contrario resultan incomprensibles, como el ejercicio de la potestad suprema por parte de los elegidos al sumo pontificado antes de ser consagrados obispos;

actos. Aunque está en estrecha relación con el munus no se puede identificar con él, porque el munus tiene un ámbito más limitado: no todos los actos de la función de santificar son ejercicio de la potestad de santificación (por ejemplo, la oración); no todos los actos de la función de enseñar son enseñanza del magisterio auténtico y no todos los actos de la función de gobernar son ejercicio de la potestad legislativa, administrativa o judicial.

Además, el munus es una participación ontológica en la persona de Cristo y está inserto en la persona y no se puede privar de él; al contrario, en lo que se refiere a la potestad, no cabe ser privado de la de orden, aunque puede suspenderse en su ejercicio en todo o en parte, puesto que también ella se inserta ontológicamente en la persona; mientras que sí cabe estar privado de la potestad de enseñar y de gobernar".

131 Cfr. San Juan Pablo II," Exhortación Apostólica *Christifideles laici,* 30 de dic 1988, nº21": Aas 81 (1989), 393-521.

132 Cfr. G. Ghirlanda, "De hierarchica communione ut elemento constitutivo officii episcopalis iuxta Lumen gentium": *PMRMLC* 70, (1980) 31-57.

los obispos-príncipes de Alemania que no eran consagrados; las abadesas que tenían potestad de tipo episcopal; los diáconos y los laicos que ejercían la potestad de gobierno; los presbíteros que ordenaban a otros presbíteros[133] o que incluso, en Alejandría, elegían al patriarca y lo instituían con la imposición de manos.

Supuesta esta unidad de la potestad sagrada en Cristo, como fuente primera, y en la Iglesia como fuente segunda, hay varios niveles de intervención en el ejercicio de esta potestad.

Los ministerios eclesiales, expresión de la ministerialidad de la Iglesia, son ejercidos por personas que, en terrenos y mandatos diversos, tienen una potestad diversificada, según lo que se les confirió y según el fin para el que se les confirió. Por eso hay modos diversos de colación de la potestad sagrada.

Para este autor está claro que los clérigos son hábiles para la potestad de gobierno eclesiástico o de jurisdicción en virtud de la ordenación misma para desempeñar los ministerios clericales a los que están llamados en la Iglesia. Por esta razón sólo ellos tienen derecho a recibir un oficio que requiera la potestad de orden y la de jurisdicción.

Sin embargo, para Ghirlanda, la potestad de gobernar para desempeñar un ministerio cualquiera que no requiera la participación en el sacerdocio jerárquico, puede transmitirse o también delegarse por medio de la misión

133 En relación con los presbíteros que ordenaban a otros presbíteros existen numerosos testimonios históricos. En el Concilio de Ancira en el año 314 (Mansi, vol.2, col. 531, XIII); las bulas de Bonifacio IX, *Sacrae religionis* de 1 de febrero de 1400 (Cfr. DS 1145) y *Apostolicae Sedis,* 6 de febrero de 1403 (Cfr. DS 1446); la bula de Martín V, *Gerentes ad vos* de 16 de noviembre de 1427 (Cfr. DS 1290) y la de Inocencio VIII, *Exposcit tuae devotionis* de 9 de abril de 1489 (Cfr. DS 1435) donde se concedían a varios abades el privilegio de conferir órdenes mayores incluida la ordenación sacerdotal. El privilegio de los abades benedictinos, de los misioneros franciscanos en la India y los administradores apostólicos en Polonia en 1946 de ordenar subdiáconos (Cfr. GHIRLANDA, G., *El Derecho en la Iglesia,* 312). El canon 951 del Código de Derecho canónico de 1917 distingue entre el ministro ordinario, el obispo y el ministro extraordinario, un presbítero que por un indulto peculiar hubiera recibido la potestad de conferir algunas órdenes: *"Sacrae ordinationis minister ordinarius est Episcopus consecratus; extraordinarius, qui, licet charactere episcopali careat, a iure vel a Sede Apostolica per peculiare indultum potestatem acceperit aliquos ordines conferendi".*

canónica junto con un oficio a los diáconos y a los laicos. Para los ministerios que requieren el orden sagrado, se transmite sólo a aquellos que están en los diversos grados del orden sagrado; por el contrario, la potestad de gobernar, cuando va aneja a oficios que no requieren el orden sagrado, se transmiten, en diversos grados también, a aquellos que no están constituidos en él. Se afirma la unidad de la potestad sagrada en la Iglesia pero también la diversificación orgánica de dicha potestad.

Por tanto, debido a esa diversificación, los laicos, a su vez por el bautismo tienen la capacidad de ser asumidos por los pastores a oficios eclesiásticos para desempeñar determinados ministerios, no clericales en la Iglesia pero que, a la vez, pueden requerir el ejercicio de la misma potestad de gobierno eclesiástico según la norma de derecho.

Se puede concluir que la potestad es una, en cuanto que es la potestad de Cristo conferida en la Iglesia; sin embargo, es trasmitida de diversas formas a través del Romano Pontífice y de los obispos o también delegada por ellos, para alcanzar una variedad de fines a través del ejercicio de diversos ministerios, sacramentales o no.

Para afirmar esto, encuentra su fundamento en los cánones 208 y 204 del CIC de 1983 que asumen la doctrina conciliar (LG 31a; 32b). El canon 208 reconoce que en virtud del bautismo todos los fieles son iguales en dignidad y en la acción por lo cual son llamados a cooperar en la edificación del cuerpo de Cristo[134]. De igual modo el canon 204 § 1 afirma la responsabilidad de todo bautizado respecto a la misión que Cristo encomendó a la Iglesia en el mundo[135]. Dado que la comunidad cristiana está constituida por diferentes grados jerárquicos y carismáticos, donde obra el Espíritu Santo, hay diversos

---

134 Can. 208: Por su regeneración en Cristo, se da entre todos los fieles una verdadera igualdad en cuanto a la dignidad y acción, en virtud de la cual todos, según su propia condición y oficio, cooperan a la edificación del Cuerpo de Cristo.

135 Can. 204 § 1: Son fieles cristianos quienes, incorporados a Cristo por el bautismo, se integran en el pueblo de Dios y, hechos partícipes a su modo por esta razón de la función sacerdotal, profética y real de Cristo, cada uno según su propia condición, son llamados a desempeñar la misión que Dios encomendó cumplir a la Iglesia en el mundo.

ministerios y oficios y según los cánones citados hay entre sus miembros diferentes condiciones jurídicas y pluralidad de relaciones pero todas complementarias entre sí. La igualdad de todos los bautizados, además de su diferenciación y complementariedad, funda la sinodalidad.

Con ocasión de la conferencia de presentación de la Constitución Apostólica *Praedicate Evangelim* del Papa Francisco por la que se reforma la Curia romana, promulgada el 19 de marzo de 2022 y que veremos en el capítulo V donde se tratan los oficios con potestad de gobierno ejercidos por un laico, el Prof. G. Ghirlanda[136] recupera este tema y declara que la cuestión de la transmisión de la potestad ha quedado resuelta con esta nueva reforma de la Curia; es decir, según él, no sólo ha quedado zanjado que el laico pueda ejercer la potestad de gobierno sino que se ha quedado resuelto la cuestión de donde proviene la potestad de los obispos.

Para Ghirlanda, dos de las características de la Curia romana son el carácter ministerial y el carácter vicario. La Curia tiene un carácter ministerial por el hecho de ser un instrumento de gobierno del Romano Pontífice que tiene como finalidad procurar y fortalecer la comunión eclesial.

En nº 5 de los Principios de la Constitución Apostólica *Praedicate Evangelium*[137] establece el carácter vicario de la Curia, que ya fue afirmado en el art. 8 de la Constitución Apostólica *Pastor Bonus*. Y así, en virtud de la potestad vicaria recibida por el Romano Pontífice, las Instituciones curiales son habilitadas para intervenir en su nombre. De aquí nace la afirmación, realmente innovadora de que cualquier fiel, incluso un laico o una laica, pueden presidir

---

136 G. GHIRLANDA, "Conferenza Stampa di presentazione della Costituzione Apostolica *Praedicate Evengelium* sulla Curia romana e il suo servicio alla Chiesa nel mondo": Bolletino Sala Stampa della Santa Sede 0192 (2022), 19-24.

137 PE 5 de los Principios: Cada institución curial cumple su misión en virtud de la potestad recibida del Romano Pontífice, en cuyo nombre opera con potestad vicaria en el ejercicio de su *munus* primacial. Por eso cualquier fiel puede presidir un dicasterio o un organismo, teniendo en cuenta la particular competencia, potestad de gobierno y función de estos últimos.

un Dicasterio o un Organismo de la Curia romana[138]. Aunque, es evidente, como dice Ghirlanda que hay algunos Dicasterios que por su naturaleza y su finalidad requieren que el prefecto sea un obispo y el secretario un presbítero, por ejemplo, el Dicasterio para la Evangelización de los pueblos o el Dicasterio para la Doctrina de la fe; sin embargo, para otros, sería más oportuno que tales cargos sean realizados por laicos o laicas, por ejemplo, el Dicasterio para los Laicos y la Familia o el Dicasterio para la Comunicación[139].

Queda claro, por tanto, que quien está a cargo de un Dicasterio o de un Organismo de la Curia no tiene autoridad por el rango que ostenta en la jerarquía de la Iglesia del que es revestido, sino por la potestad que recibe del Romano Pontífice y que ejerce en su nombre. Si el prefecto y el secretario de un Dicasterio son obispos, esto no debe llevar a entender que su autoridad proviene del rango jerárquico recibido, como si actuaran con su potestad propia, sino que es la potestad transmitida por el Romano Pontífice. Esta potestad vicaria para ejercer un oficio es la misma ya sea un obispo, un presbítero, un consagrado o consagrada, o sea un laico o laica[140].

Si en el art. 5 de la Constitución Apostólica *Praedicate Evangelium* se recoge el carácter vicario de la curia, el art.15 de la misma *Praedicate Evengelium*[141], establece la propia participación del laico en la Curia romana, ya que además de los cardenales, obispos, presbíteros y diáconos, algunos miembros de Institutos de vida consagrada y Sociedades de vida apostólica y los laicos puede realizar tales oficios ejerciendo la potestad ordinaria vicaria de gobierno recibida del Romano Pontífice con la asignación del oficio, a

138 Cfr. G. Ghirlanda, *Chiesa universale e Chiesa particulare (cann. 330-572),* (Roma 2023), 302 (traducción propia)

139 Cfr. *Ibid.*, nota a pie de página 57, 302 (traducción propia).

140 *Ibid.*, 302 (traducción propia).

141 PE 15: Los miembros de las instituciones curiales son nombrados de entre los cardenales residentes tanto en la Urbe como fuera de ella, a lo que se suman, como particularmente expertos en las materias en cuestión, algunos obispos, especialmente diocesanos y eparquiales, así como, según la naturaleza del dicasterio, algunos presbíteros y diáconos, algunos miembros de los institutos de vida consagrada y sociedades de vida apostólica y algunos fieles laicos.

diferencia del art. 7[142] de la C. A. *Pastor Bonus* que reservaba los asuntos del ejercicio de la potestad de régimen a los que han recibido el orden sacerdotal[143].

Por tanto, sostiene Ghirlanda que lo afirmado por la Constitución Apostólica *Praedicate Evangelium* es de gran importancia ya que la admisión del laico en el ejercicio de la potestad de gobierno en la Iglesia viene a dirimir una cuestión más amplia: si la potestad de gobierno es conferida al obispo con la misión canónica y al Romano Pontífice por la misión divina o, por el contrario, por el sacramento del orden. Si la potestad de gobierno viene otorgada a través de la misión canónica, en ese caso específico puede ser dada también al laico y si es por el sacramento, el laico no puede recibir ningún oficio.

Para el profesor Ghirlanda, la Constitución *Praedicate Evangelium* resuelve la cuestión de la capacidad de los laicos para recibir oficios que impliquen el ejercicio del poder de gobierno en la Iglesia, siempre que no requieran de las Sagradas Órdenes. Por lo que, según este autor, con esta afirmación indirectamente se afirma que la potestad de gobierno en la Iglesia no viene del sacramento del orden, sino que se transmite por medio de la misión canónica, de lo contrario no sería posible lo previsto en la propia Constitución[144].

3.3. M. E. GONZÁLEZ, DICCIONARIO GENERAL DE DERECHO CANÓNICO

Con la publicación del DGDC, quiero resaltar la voz de laicos (participación en la potestad). M. E. González[145] establece que el laico, por medio de la potestad delegada, alcanza la participación en la potestad de régimen.

---

142 PB 7: Los miembros de la asamblea se asumen entre los cardenales residentes en la Urbe o fuera de la Urbe, a los que se añaden algunos obispos, sobre todo diocesanos, en cuanto especialmente expertos en la materia de que se trata, así como también, según la naturaleza del dicasterio algunos clérigos y otros fieles cristianos, pero con esta ley: Lo que requiera el ejercicio de la potestad de régimen, se reserva a los que tienen el orden sagrado.

143 Cfr. GHIRLANDA, *Chiesa universale*, 302.

144 *Ibid.*, 303.

145 M. E. GONZALEZ, "Laicos (participación en la potestad)" en: J. OTADUY - A. VIANA – J. SEDANO (dirs.), *Diccionario General de Derecho Canónico*, vol. IV, (Pamplona 2012), 964-968.

La potestad, en el Concilio Vaticano II es un concepto teológico y unitario; no emplea la distinción entre potestad de orden y de jurisdicción, sino que utiliza el término de *potestas sacra*[146], refiriéndose a la capacidad de actuar en la persona de Cristo Cabeza a través del *munus sanctificandi,* del *munus docendi y* del *munus regendi.* La potestad sagrada tiene un carácter unitario y se encuentra estrechamente ligada a su naturaleza sacramental.

El laico es un fiel que no ha recibido el orden sagrado y su relación con la potestad sagrada son las implicaciones entre el sacerdocio ministerial y el sacerdocio común de los fieles. Sobre esta relación se puede establecer la participación de los laicos en los *tria munera Christi.*

Las funciones eclesiásticas están reservadas a los ministros, por lo que la participación de los laicos en la potestad ha de referirse a una colaboración en las tareas intraeclesiales. Esto tiene su fundamento, como se ha mencionado anteriormente, en la distinción entre el sacerdocio común de los fieles y el sacerdocio ministerial.

En lo que se refiere a la participación del laico en el *munus regendi,* M. E. González, en el DGDC comienza con una cita de la LG 33 que afirma que los laicos "poseen aptitud para ser asumidos por la jerarquía para ciertos cargos eclesiásticos, que habrán de desempeñar con una finalidad espiritual".

El ministerio sagrado se exige para los oficios que requieren la potestad de orden[147], sin embargo, el orden no es necesario para la potestad delegada ya que no todos los actos de gobierno exigen actuar en la persona de Cristo Cabeza, de tal manera que la participación de los laicos en la potestad de régimen, además de la gestión administrativa, puede tener lugar cuando son "llamados por los sagrados pastores para aquellos oficios eclesiásticos y encargos que pueden cumplir

146 LG 10, 18, 27.

147 C. 274 § 1: Sólo los clérigos pueden obtener oficios para cuyo ejercicio se requiera la potestad de orden o la potestad de régimen eclesiástico.

según las prescripciones de derecho"[148]; además de poder "ayudar como peritos y consejeros a los pastores de la Iglesia, también formando parte de consejos"[149].

Después de haber visto en doctrina sobre la cooperación o no del laico en la potestad de régimen, a través de su transmisión por vía única o por el sacramento del orden y por la bipartición, teorías que conjugan el orden y la jurisdicción, hay que acudir al CIC donde se determinan y se concretan los oficios que pueden realizar los fieles laicos. A través de estos oficios se puede comprobar si el laico coopera o ayuda en la potestad de la Iglesia, según la función que realicen dentro de la misma.

El canon que otorga al laico la cooperación en el ejercicio de la potestad de régimen es el canon 129 § 2, pero no explicita nada más, no fija ni la manera, ni la forma. Por otro lado, el canon 228 llama a los laicos a realizar oficios y encargos eclesiásticos, pero tampoco especifica cuales, aunque el § 2 determina su ayuda como peritos, consejeros y como miembros de consejos. Por lo que hay que mirar en otras secciones del CIC donde se especifican más sus funciones, por medio de la titularidad de los oficios eclesiásticos que son atribuidos por el legislador y que se encuentran relacionados con la potestad legislativa, ejecutiva o judicial.

A continuación, M. E. González, señala una serie de oficios donde el laico ejerce la potestad. En el ámbito del sistema procesal, el oficio más importante que puede desempeñar un laico es la tarea de juez diocesano, conforme el canon 241 § 1. Además, puede realizar otros servicios como consultor de un juez único (canon 1424); auditor (canon 1428 § 2); promotor de justicia y defensor del vínculo (canon 1435); procurador y abogado (canon 1435); notario (cánones 1437, 483); perito (canon 1574, canon 1718 § 3); designado por el

148 C. 228 § 1: § 1. Los laicos que sean considerados idóneos tienen capacidad de ser llamados por los sagrados Pastores para aquellos oficios eclesiásticos y encargos que pueden cumplir según las prescripciones del derecho.

149 C. 228 § 2: Los laicos que se distinguen por su ciencia, prudencia e integridad tienen capacidad para ayudar como peritos y consejeros a los Pastores de la Iglesia, también formando parte de consejos, conforme a la norma del derecho.

juez por exclusión de las partes o de los testigos (canon 1528); en el proceso penal, puede ayudar en la investigación de un proceso (canon 1717 § 1); miembro del consejo del canon 1733 § 2.

En relación a las funciones del canon 228 § 2, pueden participar en los consejos particulares (canon 443 § 4), en los sínodos diocesanos (canon 463 § 1, 2), en los consejos de pastoral, tanto diocesanos (canon 512 § 1) como parroquiales (cánones 536, 519); también se les consulta para el nombramiento de obispos (canon 377 § 3) y del párroco (canon 524).

También pueden realizar tareas en relación a la administración de bienes eclesiásticos según el canon 1282, y así pueden ser miembros del consejo diocesano de asuntos económicos (canon 492); administradores de causas pías (canon 956) o ser ecónomos diocesanos.

Otras funciones son canciller (canon 483); delegados u observadores, ante Organismos internacionales o ante Conferencias y Reuniones (canon 363 § 2); pueden colaborar en la atención pastoral de la parroquia (canon 517 § 2).

III. EVOLUCIÓN HISTÓRICA DE LA COOPERACIÓN DEL LAICO EN LA POTESTAD DE RÉGIMEN

INTRODUCCIÓN

Como hemos visto en el capítulo anterior, existen tres teorías sobre la transmisión de la potestad en la Iglesia. La que defiende la potestad única, por la que la potestad de régimen se transmitiría a través del sacramento del orden sacerdotal; en este caso, sólo los que han recibido el orden pueden ser sujetos de la potestad de régimen. Una teoría intermedia, en la que se necesita tanto el sacramento del orden como la misión canónica para ejercer un oficio que conlleva potestad, en este caso, los dos elementos se separan pero son indispensables. Y, por último, se encuentra la teoría de la bipartición que sostiene que hay una separación para la transmisión del poder en la Iglesia; por un lado, se encuentra el orden sacerdotal, que sería necesario para los oficios que pertenecen a la jerarquía de la Iglesia, y por otro lado, está la jurisdicción que se adquiere a través de la *misio canonica*, y que es necesaria para el ejercicio de los oficios eclesiásticos.

Aunque a lo largo de la historia, teórica y aparentemente se ha mantenido la unidad de la potestad, es decir, su transmisión a través del sacramento del orden, sin embargo, ha habido problemas concretos en la práctica que han tenido que solucionarse a través del binomio orden/jurisdicción, como por ejemplo la transmisión del orden por un obispo que se ha separado de la Iglesia católica, o la potestad de un obispo electo hasta que se producía la consagración. Incluso han existido oficios a lo largo del tiempo que han sido realizados por personas no ordenadas y que conllevaban poder de jurisdicción, como es el caso de los arcedianos o el de algunas abadesas.

En la actualidad, el campo cada vez es más amplio, es decir, cada vez es más frecuente que diversos oficios, que llevan consigo la potestad de jurisdicción, sean ejercidos por un laico. Entre otros se encuentra el juez laico o, con la reciente reforma de la curia romana, un laico puede presidir un dicasterio o un organismo de la curia si se dan las condiciones de idoneidad adecuadas, como veremos en el momento oportuno.

A continuación, se muestra, en un recorrido histórico, el desarrollo del uso de los conceptos de orden y de jurisdicción, en principio unidos en la teoría, aunque separados en la práctica para dar soluciones a situaciones excepcionales y particulares. Hay que tener en cuenta tal y como dice G. Lo Castro[150]: *"L´originalità dell´ordinamento della Chiesa rispetto a quello degli Stati"* ya que *"ai casi pratici che la vita della chiesa faceva assurgere ad esperienza giuridica"* y que el derecho se desarrollase de forma jurisprudencial y doctrinal como respuesta al caso concreto.

Para realizar este estudio sobre la evolución de la potestad en la historia de la Iglesia, la dividimos según la periodización que realiza Gabriel Le Bras[151] de la historia del derecho canónico que habla de edades, épocas y períodos: las edades vienen marcadas por cambios profundos, casi revolucionarios; dentro de las edades, se encuentran las épocas, que son considerados como cambios mayores; por último, si es una simple crisis de envejecimiento o nacimiento se considera periodo.

---

150 G. Lo Castro, "Il laici nel Diritto della Chiesa": *Studi Giuridici XIV*, Librería Editrice vaticana (1987), 11-12.

151 N. Álvarez De Las Asturias – J. Sedano, *Derecho canónico en perspectiva histórica: fuentes, ciencia e instituciones,* (Pamplona 2022), 30-31.

Se establece así un cuadro general de la historia del derecho canónico que se dividide en tres edades según el concepto de Le Bras. Sin embargo, añadimos, una cuarta edad, recogida e, tal y como lo hace N. Álvarez de las Asturias[152] en el estudio de su perspectiva histórica, porque consideramos que estos nuevos tiempos tienen entidad temporal propia como para poder considerarlos como una nueva edad[153].

Las tres primeras edades se tratarán en este capítulo III. La cuarta edad, llamada *Ius hodierno,* la estudiaremos por separado en el capítulo IV.

1. PRIMERA EDAD. PRIMEROS SIGLOS HASTA EL S. XII[154]

1.1. SIGLOS I-III

Durante los primeros siglos, la Iglesia recién nacida vive en situación de clandestinidad ya que, con la muerte de su Fundador, sus miembros son

152 *Ibib.*, 30.

153 Aplicando todo esto, la división de la historia para este tema queda de la siguiente manera: 1ª Edad: Ius antiquum, es el periodo que va desde el inicio de la Iglesia hasta el siglo XII (Decreto de Graciano), y se divide en cuatro épocas: siglos I-III, el imperio romano aún no se ha convertido y hay un claro proceso de diversificación del cristianismo; nos encontramos con una Iglesia perseguida y con un derecho muy incipiente. Siglos IV-V, época del imperio romano cristiano en el que la Iglesia se organiza socialmente y jurídicamente por medio del derecho romano. Siglos VI-VII, el derecho canónico se tiene que confrontar con las invasiones bárbaras. Siglos VIII-XII, se produce la división de la cristiandad y es la época de las grandes reformas, la carolingia, la pseudo-isidoriana, la de los otones y la reforma gregoriana. 2ª Edad: Ius novum, de 1140, año en el que se publica el Decreto de Graciano, a 1563 fin del Concilio de Trento. Esta edad se caracteriza por la creación de un ordenamiento jurídico completo. 3ª Edad: Ius novisimum, de 1563 hasta 1965 con la apertura del Concilio Vaticano II. Este tiempo está marcado fuertemente por la aplicación del Concilio de Trento y el ordenamiento canónico se termina de reestructurar asumiendo la técnica de la codificación civil. Se divide en dos épocas: Desde el siglo XVI con la aplicación del Concilio de Trento hasta la primera mitad del siglo XIX; y desde la segunda mitad del siglo XIX hasta 1965, marcada por la primera codificación canónica. 4ª Edad: Ius hodierno, desde 1965 hasta nuestros días. Tanto en el Concilio Vaticano II como en el Código de 1983 se encuentran elementos suficientes para poder considerar que estamos ante una nueva edad del derecho de la Iglesia.

154 Los primeros siglos se toman principalmente de M. Stickler, "La bipartición de la potestad eclesiástica en su perspectiva histórica": *Ius Canonicum 15* (1975) 45-74, aunque se irá complementando

perseguidos por la autoridad civil. Además, la Iglesia y sus miembros tienen que enfrentarse a varias situaciones, como la creciente expansión dentro del imperio romano; según la Iglesia se extiende surge el problema de cómo mantener los vínculos de comunión; además, su separación del judaísmo provoca que la religión católica se quede sin cobertura legal; y tiene que conjugar su apuesta por el diálogo con la filosofía griega[155] .

Toda esta compleja situación, va a permanecer así hasta la publicación del Edicto de Milán (año 313) en el que se constituye el derecho de libertad religiosa y se concluye con el periodo de las persecuciones religiosas.

- A pesar de todos los problemas anteriores, sin embargo, desde el principio del cristianismo en el Nuevo Testamento, según M. Stickler, la comunidad se va a estructurar en tres elementos:
- Uno de estos elementos es la predicación de la Palabra de Dios y los sacramentos.
- En esta época todo gira alrededor del sacramento del orden sacerdotal y enseguida se tiene conciencia de que todo el que lo recibía pasaba a formar parte de la jerarquía de la Iglesia. Desde el comienzo de la Iglesia, se ve esta distinción entre ordenados y los que no han recibido el sacramento del orden.

El último elemento en el que van a girar los primeros tiempos de la Iglesia es la conciencia que tenían los apóstoles de perpetuarse en el tiempo a través de la sucesión apostólica y que se transmite por medio de la imposición de manos.

Sin embargo, "il n´y a pas encore la structure d´autorité que fait de l´évêque le pilier de chaque communauté chretienne"[156]. En las Cartas de san Pablo se nota que existe un *episkopos*, definido como "surveillant des presbytres

con otros autores en la medida que sea necesario.

155 Álvarez De Las Asturias, *Derecho canónico y perspectiva*, 51.

156 B. Caseau, "Christianiser la société", en: J.R. Armogathe- P. Montaubin- M.Y. Perrin, *Histoire générale du christianisme. Des origines au XVe siécle*, Vol.1, (Paris 2010) 460.

et diacres, mais il serait peut-etre erroné d´y voir déjá l´évêque entouré de son clergé"[157]. Por tanto, a pesar de la conciencia del obispo como sucesor de los apóstoles, no hay una jerarquía claramente establecida y, por otro lado, va a ser la comunidad la que controla a su supervisor que será el encargado de presidir la asamblea de la fe y de arbitrar los conflictos.

Según va avanzando el tiempo, la organización de la Iglesia de la segunda y tercera generación cristiana, siglos II y III, va a ir presentando una notable variedad de formas y modelos de ministerios que, aunque, cada vez se van a ir ordenando mejor, debido a la impronta de su fundador y a las características culturales de la comunidad, sin embargo, se puede decir que en este momento no hay una forma original y homogénea de organización eclesiástica. A pesar de esto, según los escritos de san Ignacio de Antioquía, hacia el año 110, se puede decir que ya se encuentra una síntesis de una jerarquía triple en la comunidad: el Obispo en el vértice y los presbíteros y diáconos por debajo[158].

Aunque en estos siglos cada vez más se va ir dando un aumento de los poderes del *episkopos,* en este momento, ya existe la idea del obispo como jefe único de la comunidad creyente, más que como idea colegial. El obispo se presenta como el guía de los fieles en materia doctrinal; él decide la incorporación de nuevos miembros o de reclutar clérigos y se encarga de organizar los aspectos de la vida de su Iglesia[159].

Por otro lado, los laicos o fieles no ordenados, en este momento de Iglesia primitiva, no se presentan como una "massa amorfa di fronte alla scala gerarchica dei membri del clero"[160], sino como una particular categoría de fieles que no sólo tienen una preeminencia moral sino que tienen funciones directivas.

---

157 *Ibid.*, 460.

158 Cfr. L.F. Pizzolato, "La visione della Chiesa in Ignazio d´Antiochia": *Rivista di Storia e Letteratura religiosa*, 3 (1967) 371-385.

159 Cfr. Caseau, "Christianiser la société", 461.

160 L. Babic, *Il fedele laico nell´ufficio del giudice ecclesiastico sviluppo storico, prospettive, problematiche*, (Roma 2015), 35.

Las dos características más marcadas del laicado en este periodo consisten, primero en que su diferenciación del clero no parece tan radical y, segundo, tienen una mayor intervención activa en la vida de la Iglesia.

En este sentido se puede hablar, por ejemplo, que ya se había establecido el ministerio de las diaconisas[161], que se mencionan en las epístolas de san Pablo[162]. Aunque el término "diaconisa" no parece anterior al siglo IV, sin embargo, sí figura el servicio que proporcionaban estas mujeres, ya que este ministerio se venía ejerciendo desde el inicio de la Iglesia, siendo su punto álgido los siglos III-IV, apareciendo como la institución más fuerte de Oriente y Occidente.

También se encuentra el "ministerio de las viudas", que adquirieron un estatuto especial en la Iglesia primitiva.[163]. Hay que decir en relación con estos ministerios que la diferencia entre los diáconos y las diaconisas depende del hecho que los diáconos pertenecen a la jerarquía masculina vinculada a la sucesión apostólica, mientras que las diaconisas no[164].

En estos siglos, además, los laicos, por medio de su comunidad, participan en la potestad de gobierno por medio de la elección de su obispo[165]. Esto sucede porque el obispo no era designado directamente de entre los fieles, sino que tenía que ir ascendiendo por los diferentes escalones de los diversos ministerios de la Iglesia para después ser elegido por el pueblo y los demás obispos de la provincia, de este modo, los laicos participan en la elección episcopal.

Poco a poco, aunque esta función de los laicos como comunidad va a ir desapareciendo y se quedará meramente en la presencia del pueblo en la consagración del obispo como gesto de su aprobación, por otro lado, para ciertas sedes importantes como la de Constantinopla, el poder civil interviene desde el

---

161 Cfr. A. García y García, *Historia del Derecho Canónico.1 Primer milenio,* (Salamanca 1967), 126.

162 Rom 16. 1.

163 Cfr. García y García, *Historia del,* 126.

164 H. Manfred, "Diaconisa" en: J. Otadu - A. Viana - J. Sedano, *Diccionario General del Derecho Canónico,* (Pamplona, 2012), 258.

165 Cfr. J. Lortz, *Historia de la Iglesia* (Madrid 1962), 112.

siglo IV en la designación del candidato. El pueblo, en este momento, no tiene nada que decir[166].

A pesar de todo, en la gran mayoría de ciudades, se buscaba la unanimidad de la comunidad en la elección del obispo ya que, esta participación, se consideraba como una prueba de derecho divino, de hecho, los hagiógrafos de los obispos santos no dejan de resaltar ese rasgo. También va creciendo la conciencia que los candidatos elegidos por su comunidad deben ser además reconocidos por los obispos de otras comunidades creyentes vecinas acudiendo a su consagración[167].

Las fuentes patrísticas confirman la legitimidad de esta participación del laico en la potestad de jurisdicción. La participación activa de los fieles en la elección del obispo viene recogida en la Didajé:

> "*Constituite igitur vobis episcopos et diaconos dignos domino, viros mansuetos et argenti non cupidos et veraces et probatos; vobis enim ministrant et ipsi ministerium prophetarum et doctorum*"[168]. En el s. III con la Tradición Apostólica, año 215, también lo encontramos "*Qu´on ordonne évêque celui que a été choisi par tout le peuple, que est irreprochable. Lorsqu´on aura prononcé son nom et qu´en aura été agréé, le peuple se rassemblera avec le presbyterium et les évêques présents, le jour de Dimanche*"[169].

San Cipriano escribirá numerosas veces sobre este tema refiriéndose a la participación activa del laico no sólo en la elección de los obispos, sino también en la elección del Papa. En Roma el sufragio indicaba la reserva a los ciudadanos de los comicios significaba, por un lado, un voto efectivo en

166 Cfr. Caseau, "Christianiser la société", 462.

167 Cfr. *Ibid.*, 462.

168 R. Interlandi, *Potestà sacramentale e potestà di governo nel primo milenio. Esercitio di ese e loro distinzione*, (Roma 2016), 54; M. Torres, La Didajé o doctrina de los doce apóstoles, (Ávila 1991), 92; "Didaché", en: Fuentes Patrísticas 3, Madrid 1992, 61.

169 J. Gaudemet, *Les elections dans l´Eglise Latine*, (Paris, 1979) 14.

la elección del obispo y, por otro, la manifestación de la voluntad de Dios[170]. Por lo que se puede determinar que los elementos esenciales para nombrar legítimamente al obispo son *el iudicium Dei,* el *testimonium clericorum* y el *suffragium plebis*[171].

San Cipriano recogerá en sus cartas estos elementos en la elección del Papa Cornelio (años 251-253) [172], y en la elección de los obispos[173].

Otros testimonios en este sentido de participación del laico en la elección del obispo de Roma, lo tenemos en la elección de Fabiano (236-250) según el relato de Eusebio de Cesarea (263-340)[174] que muestra la participación

170 Cfr. R. Interlandi, *Potestà sacramentale e Potestà di governo*, 56, Nota 164.

171 Cfr. L. Mortari, *Consacrazione episcopale e Collegialità,* (Florencia 1969), 19-24.

172 Cfr. Cipriano, Epistolarum, 55, 8, 4, CCL 3 B, 265: "Factus est autem Cornelius episcopus de Dei et Christi eius iudicio, de clericorum paene ómnium testimonio, de plebis quae tunc adfuit suffragio, de sacerdotum antiquorum et bonorum virorum collegio, cum nemo ante se factus esset, cum Fabiani locus id est cum locus Petri et gradus cathedrae sacerdotalis vacaret"; *Ibid.*, 68, 2, 1, CCL 3C, 464: "episcopo Cornelio in catholica Ecclesia de Dei iudicio et cleri ac plebis sufragio ordinato".

173 Cipriano, Epistolarum, 67, 3, 2-5, 2, CCL 3C, 451-455: "Propter quod plebs obsequens praeceptis dominicis et Deum metuens a peccatore praeposito separare de debet, nec se ad sacrilegi sacerdotis sacrificia miscere, quando ipsa macime habeat potestatem vel eligendi dignos sacerdotes vel indignos recusandi. Quod et ipsum videmus de divina auctoritate descendere, ut sacerdos plebe praesente sub omnium oculis deligatur et dignus adque idoneus publico iudicio ac testimonnio comprobetur, sicut in Numeris Dominus Moysi praecepit dicens (...) Coram omni sinagoga iubet Deus constitui sacerdotem, id est instruit et ostendir ordinationes sacerdotales non nisi sub populi adsistentis conscientia fieri oportere, ut plebe praesente vel detengantur malorum crimina, vel bonorum merita praedicentur, er sit ordinatio iusta e legitima quae omnium suffagio et iudicio fuerit examinata (...) Propter quod diligenter de traditione divina et apostolica observatione servandum est et tenendum quod apud nos quoque et fere per provincias unuversas tenetur, ut ad ordinationes rite celebrandas ad eam plebem cui praepositus ordinatur episcopi eiusdem provinciae proximi quique conveniant et episcopus deligatur plebe presente, quae singolorum vitam plenissime novit et uniscuisque actum de eius prespexit. Quod et apud vos factum videmus in Sabini collegae nostri ordinatione, ut de universae fraternitatis sufragio er de episcoporum qui in praesentia convenerant quique de eo ad nos litteras fecerant iudicio episcopatus ei deferratur et manus ei in locum Basilides imponeretur"; *Ibid.*, 68, 2, 1, CCL 3C, 464: "de Dei iudicio er cleri ac plebis sufragio ordinato"; *Ibid.*, 59, 5, 1-2, CCL 3C, 344-245:"sacerdote Dei (...) cui secundum magisteria divina obtemperaret fraternitas universa, nemo adversum sacerdotum collegium quicquam moveret, nemo post divinum iudicium, post populi suffragium, post coepiscoporum consensum, iudicem se non iam eposcopis, sed Deo faceret".

174 Cfr. Interlandi, *Potestà sacramentale e Potestà di governo*, 56.

de todo el pueblo en una versión similar a la elección del Papa Zeferino (199-217)[175].

Además de la participación de los laicos en las elecciones episcopales y en las elecciones del Papa, en estos primeros siglos, la participación de los laicos en la potestad también se contempla en el poder administrativo, sobre todo, en lo que respecta a la *potestas coercitiva* de los "oficiales"[176] de la Iglesia participando en el poder punitivo.

Un texto neotestamentario significativo es el que se encuentra en Mateo 18, 15-17, donde se muestra cómo la misma comunidad puede ejercitar esta autoridad punitiva cuando la corrección fraterna no ha tenido efecto[177]. El texto plantea, en primer lugar, la corrección fraterna (Mt 18, 15) que consiste en advertir en privado a la persona que estaba pecando y se sigue con un acto más solemne delante de otros (Mt 18,16). Igualmente, San Pablo, en la primera carta a los Corintios 5, 1-5, considera la función punitiva como una función de toda la comunidad e invita a ejercitar este poder en caso de pecado manifiesto (en el caso específico se trataba de un incesto)[178]. Aunque en el texto no tiene la intención de formar un conjunto de normas jurídicas, sí se formula una regla de vida que expresan más una moral que un derecho[179].

---

175 *Ibid.*, 56, nota 162: "Nam cum patres omnes successoris ordinandi causa in ecclesia essent cogregati, ac plerique iam ilustres aliquot et nobiles viros eligendios ese coiicerent, de Fabiano quidem qui tum praesens aderat, nemo ne tantisper quidem cogitabat. Columban tamen repente e sublimi delapsam capiti illius insedisse narrant, auae Spiritus santi qui olim sub columbae especie in Servatorem descenderat, imaginem referre videbatur. Quo spectaculo perotus popuous a divino Spiritu incitatus, simma cum alacritae uno consensu simul omnis exclamare coepit dignum ese, statimque conprehesum sacerdotali cathedrae imposuit".

176 P.G. Caron, *I poteri giuridici del laicato nella Chiesa primitiva*, (Milano 1975) 246. De las fuentes patrísticas, Carón ha deducido que los ufficiali "non soltanto riguardo alle funzioni di predicazione e di amministrazione dei Sacramenti del battesimo e dell´Eucaristia, nonché alle altre funzioni di goberno della Chiesa (legislative ed amministrative), ma anche riguardo alle funzione discliplinari (...) erano del pari preposti alla comunità non per derenere i pieni poteri di governo nella medesima, ma únicamente per soddisfare all´esigenza secondo cui tutte le cose dovevano essere fatte decentenente ed in ordine".

177 Cf. J. Dauvillier, "Le temps apostolique, I siècle", en: Histoire du droit et de institutions de l´Eglise en Occident, II, (Paris 1970) 581-583.

178 Cfr. Caron, *I poteri giuridici del laicatto*, 244.

179 Cfr. Babic, *Il fedele laico nell´ufficio*,15.

P.G. Caron sostiene que, en la I carta de Clemente Romano, implícitamente se reafirma el principio del poder punitivo perteneciente a toda la comunidad, incluidos los laicos, la cual puede destituir al Obispo en caso de escándalo[180]. La I carta de Clemente Romano a los Corintios (año 96) afirma una concesión orgánica de la Iglesia, ordenada como una comunidad con elementos diversos animados por un solo espíritu y en la cual algún miembro es asignado a un puesto particular o una específica función sobre el ejemplo de la jerarquía levítica del Antiguo Testamento o de la disciplina del ejército romano[181]. D´Ercole manifiesta también que en esta carta sí hay una comunidad con el poder de emanar una pena[182].

Y en este sentido, en la Epístola XXXVIII[183] san Cipriano establece que la sentencia de excomunión debe ser pronunciada previa investigación del Obispo y de su presbiterio y después notificada al pueblo a fin de que sea ratificada. Este poder de ratificación viene reconocido al pueblo particularmente con ocasión de la reintegración de los excomulgados en el seno de la Iglesia, como afirma una carta del Papa Cornelio a san Cipriano[184].

En la carta a san Cipriano vienen dadas las instrucciones de cómo tratar la cuestión de los *lapsi* y otros problemas más importantes de la Iglesia. Tales problemas deben ser tratados en la reunión plenaria de todos los fieles: el Obispo junto con los presbíteros, los diáconos y los laicos[185]. De sus cartas se puede deducir que, en la materia que interesa a toda la Iglesia, san Cipriano no quiere pronunciar una sentencia sin haber pedido el consejo a su clero y sin haber

---

180 Cfr. Caron, *I poteri giuridici del laicato*, 243.

181 Cfr. C. Fantappié, *Introduzione storica al diritto canonico*, (Bologna 1999) 32.

182 Cfr. G. D´Ercole, *Communio- collegialitá- primato e sollicitudo omnium ecclesiarum dai Vangeli a Constantino*, (Roma 1964) 254.

183 Cfr. S. Cipriano, "Epistola XXXVIII, ad Caldonium, Herculanum et caeteros, de abstinendo Felicissimo, cap. 2, en: MIGNE, P.L., IV, 339.

184 Cfr. S. Cornelius Papa, "*Epistola VI, ad Cyprianum carthaginensem episcopum*, cap. 2, en: MIGNE, P.L., III, 742-746.

185 Cfr. S. Cipriano, "*Epistola XXXI, cleri romani ad Cyprianum*, c. 5, en: MIGNE, P. L., IV, 320.

pedido el consejo de la plebe[186]. En este sentido, cooperando en el poder judicial, Tertuliano, habla de *probati seniores*[187] que presiden junto con el Obispo el tribunal que debe emanar la sentencia de excomunión[188].

Se debe notar que, en los escritos de s. Cipriano, los laicos no aparecen a título individual, es decir, "il laico nella sua Chiesa non esercita un diritto attivo personale"[189]; sin embargo, "avendo egli coscienza dei sui poteri come Vescovo e del suo diritto di decidere da solo, si rivolge al popolo nel suo complesso che partecipa realmente alla decisione"[190]. En esta línea, en la Epístola XXXIV escrita durante el exilio, san Cipriano anuncia a su clero que envía su decisión sobre una cuestión delicada para poder tratar el problema con ellos y con todo su pueblo[191].

Por tanto, como se ha visto, en los comienzos del siglo III, la comunidad local aparece bien estructurada y empieza una clara distinción entre el orden y la plebe, entre el orden sacerdotal y los laicos[192]. El ordenamiento jerárquico se encuentra en estrecha conexión con la liturgia que se refleja en la distinción fundamental, es decir, entre la ordenación por la imposición de manos reservada a los tres órdenes (obispo, presbítero y diácono) y la simple institución reservada a la función o servicio laical[193].

En la Iglesia de este siglo, el pueblo tenía un efectivo poder de decisión en la asamblea aunque ejercitado en comunión con su Obispo que poseía siempre el derecho, si era necesario, de decidir solo[194]. Desde el principio de la Iglesia, los laicos están involucrados en la marcha de la diócesis, con sus

---

186 Cfr. P.G. Caron, *I poteri giurdici del laicato*, 250.

187 Según Caron es probable que se trate de señores laicos. Ver P.G. Caron, *I poteri giuridici del laicato*, 247.

188 Cfr. Tertulianus, "Apologeticus adversus gentes pro christianis, c. XXXIX, en: MIGNE, P.L., I, 535.

189 M. Poirier, "Vescovo, clero e laici in una comunità cristiana del III secolo negli scritti di San Cipriano": *Rivista di storia e letteratuta religiosa*, 9 (1973) 26.

190 Babic, *Il fedele laico nell´ufficio del*, 18.

191 Cfr. Poirier, "Vescovo, clero e laici", 26-27.

192 Cfr. Babic, *Il fedele laico nell´ufficio*, 19.

193 Cfr. A. Faivre, *Naisance d´une hiérarchie. Les premiéres étapes du cursus clerical (Paris 1977) 49-46.*

194 Cfr. Babic, *Il fedele laico nell´ufficio*, 18.

Obispos al frente, no sólo participando en la toma de decisiones y en la imposición de penas sino, también, a nivel personal formando parte de una asamblea constituida por clérigos y laicos.

Se puede concluir que desde el inicio del cristianismo, desde los primeros siglos de la Iglesia hay una comunidad de fieles, entre los que se encuentran los laicos, que ya "participan" en la potestad de régimen en distintos ámbitos o, al menos, se puede observar que hay una cierta separación entre el orden sacerdotal y la potestad de jurisdicción.

1.2. SIGLOS IV-V[195]

Con el Edicto de Milán en el año 313 entra en vigor la libertad religiosa en todo el Imperio romano, por lo que la Iglesia pasa de ser perseguida a ser libre y llega a una situación privilegiada cuando se convierte en la religión oficial del imperio por la Constitución *Cunctos populos* de Teodosio en el año 380. Comienzan las fuentes de producción del derecho que, a partir de ese momento, son los Concilios y las Decretales[196].

En los primeros siglos de la historia de la Iglesia, como se ha visto, aunque hay ya una práctica por parte de los files laicos en la potestad de la Iglesia y hay una distinción entre los fieles ordenados y no ordenados, sin embargo, no hay una distinción clara entre potestad de orden y potestad de jurisdicción; todo es considerado como un criterio unitario de potestad eclesiástica.

La figura central, en este periodo, es el obispo competente para todas las funciones. Los oficios junto a él y bajo él constituyen "una imitación o emanación de su oficio, por tanto, una participación en él"[197]. El fundamento de esto son las ordenaciones relativas, es decir, el sacramento del orden se confería para un oficio concreto de una determinada Iglesia, para una comunidad determinada a *titulus* de esa Iglesia y "*consistía en otorgar todas las facultades*

195 M. Stickler, "La bipartición de la potestad eclesiástica en su perspectiva histórica": *Ius Canonicum 15* (1975), 45-76.

196 Cfr. Alvarez De Las Asturias, *Derecho canónico en perspectiva,* 89.

197 Stickler, "La bipartición de la potestad", 47.

propias del oficio para una determinada comunidad al mismo tiempo que el orden"[198]. Frente a este tipo de ordenación, se encontraba la ordenación absoluta que, directamente, eran consideradas nulas, como se declara en el Concilio de Calcedonia (a.451, canon 6)[199].

Sin embargo, a pesar de que en teoría no existía bipartición de la potestad eclesiástica porque toda la potestad era considerada como una unidad, en la práctica no era así.

Por ejemplo, desde los primeros tiempos de la Iglesia, algunos auxiliares del obispo llamados arcedianos, que sólo habían recibido el diaconado, poseían facultades y ejercían funciones de gobierno bajo y junto con el obispo. Estas funciones las ejercitaban sobre otros diáconos, clérigos inferiores y laicos en toda la diócesis. Sus facultades eran como las de los vicarios generales, administradores de bienes y oficiales. A la muerte del obispo, gobernaban la diócesis y eran candidatos a la sucesión del mismo. Este oficio de arcediano aparece en el reino franco llamándose achidiaconado occidental, y se extiende por toda Europa después del siglo VIII. Debido al aumento de su poder, derivará, con el paso de los siglos, en lo que es ahora el vicario general. Lo trataremos en profundidad en el capítulo V.

Junto al arcediano que se dedicaba al gobierno de la Iglesia, y diferenciándose en su potestad, se encontraba el arcipreste que se encargaba de toda la tarea y ayuda al obispo en todo lo que se refería a la potestad de orden, tenía a su cuidado el culto y la administración de sacramentos.

---

198 *Ibid.*, 47.

199 "En este contexto se coloca el canon 6 del Concilio de Calcedonia, en el cual se sanciona la prohibición de las ordenaciones absolutas. Nadie debe ser ordenado presbítero ni diácono ni para ningún otro grado eclesiástico, si no es destinado de modo especial al servicio de una iglesia de la ciudad o de los pueblos circundantes, o de una iglesia dedicada a un mártir, o de un monasterio. La ordenación conferida en violación de tal prohibición es calificada como irrita, y el que ha sido ordenado absoluto no podrá ejercer el ministerio. La prohibición de las ordenaciones absolutas se sitúa en un contexto normativo del que resulta evidente la voluntad de concentrar en las manos del obispo diocesano el control de las instituciones eclesiásticas y religiosas de la ciudad y de su distrito". O. Condorelli, "Ejercicio del ministerio y vínculo jerárquico en la Historia del Derecho de da Iglesia": *Ius Canonicum*, 14 (2005), 499.

La separación de estas facultades que corresponden al obispo en su diócesis, en dos oficios distintos, demuestra la conciencia práctica de la Iglesia relativa a la distinción entre poder de orden y poder de jurisdicción. De esta manera práctica, se va a ir observando cada vez más en estos siglos una facultad diferente de la potestad de orden, que no deriva de ella y que pertenece al oficio.

A esto se une que, en este momento de expansión del cristianismo con la paz de Constantino, se hizo necesaria una delimitación territorial por diócesis[200] que aumentaban gradualmente en número y en importancia y una asignación de las competencias que les correspondía a cada una. Esta delimitación de competencias se puede ver leyendo los cánones de los dos primeros concilios ecuménicos, el de Nicea (325) y el de Constantinopla (381)[201], donde se prohíbe expresamente a los obispos interferir en el cumplimiento de los actos de ordenación y en otros actos de gobierno de otras diócesis.

El territorio constituía, tal y como pasaba en el orden civil, el criterio con el cual se realizaba una ordenada y pacífica distribución de las funciones del gobierno eclesial, determinando el ámbito concreto del ejercicio legítimo de las funciones de cada obispo. A su vez, determinó una estratificación y diversificación de la jerarquía de la potestad de gobierno, tanto a nivel supradiocesano como subdiocesano.

Asistimos al desarrollo de una forma de organización regional con la provincia eclesiástica, desarrollo impulsado por la fuerza misionera de las primeras comunidades y por los sínodos que, desde el siglo II, reunían a los obispos provenientes de diversas regiones para discutir importantes cuestiones doctrinales y disciplinarias.

---

200 Todo este tema es recogido de R. Interlandi, *Potestà sacramentale e Potestà di governo,* Roma 2016, 343-346.

201 Concilium Constantinopolitanum (381), can. 2: Qui sunt super diocesim episcopi, nequaquam ad ecclesias, quae sunt extra terminus sibi praefixos, accedant nec eas hac praesumptione confundant... Non vocati autem episcopi ultra suam dioecesim non accedant propter ordinations facendas vel propter alias dispensationis ecclesiasticas". *Ibid.*, 343, nota a pie de página 38.

Las distintas comunidades se van formando manteniendo un vínculo con la Iglesia madre, que actúa como guía, hasta llegar al siglo IV que es cuando se organizan por provincias, recibiendo la principal el nombre de metrópoli. El obispo metropolitano goza de una superioridad jerárquica respecto a los demás obispos, ejerciendo cierto poder de gobierno sobre sus propios hermanos en el episcopado, en particular en las elecciones episcopales; en la convocatoria y en la presidencia de los concilios provinciales; en el poder judicial y en el control de sus obispos sufragáneos; en autorizar el recurso al emperador; en la creación de una nueva diócesis y en la enajenación de bienes eclesiásticos.

En Oriente, Antioquía y Alejandría amplían cada vez más su jurisdicción, donde se forman verdaderas y propias provincias eclesiásticas, poniendo las bases del patriarcado. En Occidente, este fenómeno se concreta en un organismo de bastas dimensiones que se dirige por un lado hacia Cartago, con todas las sedes episcopales del norte de África, y por otro lado hacia Roma, con todas las sedes episcopales de Europa central y meridional, ampliándose la extensión de la Iglesia metropolitana.

La organización eclesiástica iniciada en el siglo III y desarrollada en el siglo IV muestra, en primer lugar, cómo la potestad de gobierno era ejercida en diversos grados por sujetos que tenían el mismo grado de orden sagrado y, en segundo lugar, como tal diversificación estaba estrictamente relacionada con el oficio de gobierno.

Por tanto, se puede afirmar que la existencia de un poder de gobierno, supraepiscopal percibido históricamente, por un lado, como algo normal y, por otro, como va encontrando su explicación la distinción de potestad de orden y potestad de jurisdicción.

M. Stickler dice en este sentido que:

> "Estos oficios confieren a su titular un poder específico que sólo puede hacer referencia a materia de gobierno, porque cada metropolitano o arzobispo, primado, patriarca o exarca, en relación con el grado de orden y las atribuciones propias del orden, no goza de prerrogativas

mayores o menores que los restantes obispos, incluso aquellos que les están sometidos en el distrito administrativo. Se trata de una potestad superior de naturaleza puramente jurisdiccional. Y así podemos retrotraer a la Iglesia primitiva la bipartición de la potestad eclesiástica en razón de los oficios supradiocesanos"[202]

1.3. SIGLOS VI-VIII

Con la caída del Imperio romano de Occidente y la invasión de los pueblos bárbaros se da un período de inestabilidad política en Europa. Los siglos V y VI fueron para Europa entera y para Roma, en particular, un período de duelo y sufrimientos. Las incesantes guerras, las invasiones ya que los pueblos germánicos dominaban una gran parte de Occidente: los visigodos en España, los lombardos en el norte de Italia, los francos en Francia... Todos estos pueblos eran arrianos, lo cual era para los católicos casi tan malo como ser paganos[203]. Como consecuencia se producen grandes migraciones que trajeron todo su bagaje de pillaje, masacres y dolor. La misma peste, venida de Oriente, asola varias veces a los supervivientes de la locura humana[204].

A pesar de esta situación, poco a poco se irá produciendo un proceso de evangelización de estos pueblos, que eran arrianos, y la confrontación de doctrinas provocan las consecuentes herejías.

En la práctica, se van a ir dando situaciones a través de las cuales se manifiesta una conciencia[205] de diferenciación de poder, como la elección del obispo de Roma, ya que, en algunos casos, no fue elegido entre los miembros del episcopado y no recibía siempre la consagración inmediatamente después de la elección, aunque durante todo ese tiempo ejercía su poder papal.

---

202 STICKLER, "La bipartición de la potestad", 50.

203 Cfr. J. W. O´MALLEY, *Historia de los Papas. Desde Pedro hasta hoy*, (Santander 2011), 61-70.

204 Cfr. P. HENNE, *Gregorio Magno*, (Madrid 2011), 11.

205 Cfr. STICKLER, "La bipartición de la potestad" (48-55), para profundizar sobre la conciencia práctica de la bipartición durante el primer milenio.

En este contexto se encuentra el caso de Gregorio I. De familia tradicional romana, excelente administrador tanto de la organización estatal como de las propiedades eclesiásticas, llegó a ser prefecto de la ciudad. Una vez ordenado diácono, Gregorio es enviado, por el Papa Pelagio II (579-590), como apocrisiario a la corte imperial para asegurar una representación permanente ante el emperador. A partir del siglo VI, ese puesto fue confiado a diáconos. Su competencia se refería estrictamente a los asuntos eclesiásticos y su tarea principal era enviar comunicados a Roma y seguir los asuntos de la Santa Sede en Constantinopla. Hay que añadir a esto que el emperador de Oriente y el patriarca de Constantinopla tenían tendencia a mezclarse en todas las elecciones episcopales y que Italia se veía asolada por los lombardos. Todo esto hacía que el apocrisiario ocupase una posición clave en las relaciones entre Oriente y Occidente[206].

A la muerte de Pelagio II el 7 de febrero del año 590 como consecuencia de la peste, San Gregorio I, siendo diácono, fue elegido papa ese mismo mes de febrero, por unanimidad y aclamación popular, toda la población eligió al diácono Gregorio, que no fue consagrado obispo hasta septiembre de este mismo año. Elegido a pesar de sus esfuerzos para renunciar a la pesada carga y lo primero que hizo fue "ir al encuentro de su pueblo afligido y doliente, con su corazón abierto a todas las penas y sufrimientos. En su primer discurso exhortó a los afligidos a levantar a Dios los ojos, acogiendo con humildad sus castigos e implorándole la cesación de los mismos"[207].

Por otro lado, parece que el primero en utilizar el concepto de jurisdicción fue este mismo Papa en el año 592, con el que se refiere no sólo al poder de administrar justicia si no, además, con el que define toda la potestad de imperio con la que la Iglesia rige y gobierna a los súbditos en orden a alcanzar su fin último[208]. Incluso aparece un concepto generalísimo de jurisdicción, que

206 O´Malley, *Historia de los Papas*, 61-70.

207 Saba Castiglioni, *Historia de los Papas*, (Barcelona 1963), 230.

208 Cfr. Labandeira, *Tratado de derecho,* 103.

comprende también la potestad de orden o, al menos, la capacidad y modo de ejercerla[209].

Gregorio I no fue el único Papa elegido sin la consagración episcopal. En este sentido, nos encontramos que Bonifacio V (619-625) fue consagrado obispo el 23 de diciembre de 619, después de trece meses de su elección. Juan IV (640-642), arcediano en el momento de su elección, en agosto del año 640, y consagrado obispo cinco meses después, el 24 de diciembre de 640. Teodoro I (642-649) elegido el 12 de octubre del año 642 y consagrado obispo el 24 de noviembre del mismo año. Vitaliano (657-672) fue consagrado obispo el 30 de julio del 657 casi dos meses después de la elección. León II (682-683) debe esperar casi 18 meses después de su elección, que fue en enero de 681, y que tuvo que obtener mandato imperial necesario para la legitimidad de su consagración celebrada el 17 de agosto del 682. El Papa Conón (686-687) consagrado obispo el 23 de octubre de 686 después que su elección se realizará el 2 de agosto del 686[210].

Todos son ejemplos, entre otros, que muestran el ejercicio de la potestad de gobierno sin la potestad sacramental a la que normalmente va unida. Se trata de un natural proceder en el tiempo en el que se ve una distinción entre un poder de gobierno y un poder propiamente sacramental, no separado del mismo, aunque sí distinto y que se basa en la idea de la distinción entre el acto de elección y el acto de consagración que las circunstancias históricas y políticas de ese tiempo habían contribuido a que fuera así.

1.4. SIGLOS VIII-XII

En los siglos VIII-XII tiene lugar la creación, descomposición y reforma de la Iglesia carolingia con la vuelta a la romanidad. Con la decadencia de esta dinastía carolingia, se produjeron tres abusos: el nombramiento de los cargos eclesiásticos por los señores feudales; la simonía; y, por consiguiente, la falta

209 Cfr. RAGAZZINI, *La potestà nella Chiesa,* (Roma 1963), 175-178.

210 Cfr. INTERLANDI, *Potestà sacramentale e Potestá di governo*, 408.

de verdadera vocación de los clérigos. La restauración del Imperio con Otón I traería la reforma del papado y la reforma eclesiástica de estos abusos.

Con la organización territorial de la Iglesia, influenciada por el derecho romano debido a su rápida extensión, se dio origen a oficios que conllevan un poder eclesiástico supraepiscopal. Oficios como los de metropolitano, arzobispo y figuras próximas de primados y patriarcas. Estos oficios dan a su titular un poder específico en materia de gobierno, ya que cada uno de ellos no goza de poder mayor por el grado del orden.

Hay que hacer referencia, además, al titular del poder de gobierno universal de la Iglesia, el obispo de Roma. Fue considerado, desde el principio, como una prerrogativa de naturaleza rectora, con supremas atribuciones decisorias respecto a la enseñanza, disciplina, poder legislativo y judicial para toda la Iglesia. Sin embargo, según Stickler "no se abrigó ninguna duda de que este poder es cualitativamente el mismo que el de cada uno de los restantes obispos"[211].

Todo esto vuelve a confirmar la conciencia de la separación entre potestad de orden y potestad de jurisdicción en el inicio de la Iglesia aunque, hay que decir, que la Iglesia no conoció de manera conceptual ni teórica como tal una separación de poderes en este sentido.

Respecto al oficio episcopal se establecieron tres casos en los que se deduce la bipartición en la potestad:

1. El corepíscopo[212] occidental, se trataba de la posición de los obispos en la monarquía merovingia y en la Edad Media alemana que eran,

---

211 STICKLER, "La bipartición de la potestad", 50.

212 Corepíscopo: En Oriente presidía una Iglesia rural o suburbana pero no podía hacerlo en el interior de la ciudad, salvo licencia escrita del obispo. Se les atribuyó la facultad de ordenar presbíteros y diáconos con licencia del obispo. En Occidente los corepíscopos aparecen en Germania y en los países francos, posteriormente en Inglaterra e Irlanda. En occidente eran llamados obispos rurales indicando sólo la especificidad geográfica. Considerados como obispo auxiliar del obispo diocesano, no fueron tan aceptados como en Oriente. El canon 3 del Concilio de Riez instauró a un corepíscopo que era un obispo ordenado irregularmente y reducido el rango a corepíscopo; en el siglo VIII algunos auxiliares de obispo recibieron esta denominación en Francia y en Alemania atribuyéndoles

a su vez, príncipes del reino. Para obtenerla era necesario pertenecer al estado clerical para lo cual era suficiente la tonsura o las órdenes menores; de hecho, muchos no recibían ni la ordenación episcopal a pesar de ser titulares en sus diócesis. Era una situación anómala e irregular aunque se deduce un poder eclesiástico propio del oficio, que aunque concurría con el orden, no dependía de él.

2. La praxis de los laicos relativa a la iglesia propia y la colación de oficios por la que el señor de un beneficio confería tanto el beneficio como el ministerio ligado a él. De este modo se otorgaba el oficio, mientras el orden era conferido posteriormente.
3. La peculiaridad de la estructura jerárquica de la iglesia insular. Unida a un monasterio, regido por un abad, que en general, no recibía el orden episcopal y ejercían el gobierno de la diócesis. He aquí una clara potestad de gobierno episcopal sin el orden episcopal.

Otras manifestaciones prácticas de la pluripartición de la potestad eclesiástica en el primer milenio son, por ejemplo, el traslado de un obispo de una diócesis a otra, combatida en Oriente y Occidente, pero reaparecía allí donde la necesidad lo requería. En este caso, el obispo, a pesar de tener la ordenación episcopal y el desempeño del oficio en la diócesis *a qua,* hasta que no era instituido en su nueva diócesis no tenía poder de jurisdicción sobre ella.

Se puede observar, como conclusión a este período que va de los primeros siglos en la Iglesia hasta el siglo XII, que, aunque no hay una ciencia ni una diferenciación teórica entre la potestad de orden y la potestad de jurisdicción, hay establecida una práctica sobre la bipartición de la potestad que se manifiesta en las distintas instituciones y en los modos en los que se solucionan cuestiones donde se daba esta separación.

---

el derecho de inspeccionar iglesias, de bendecir el crisma, de consagrar vírgenes y de administrar confirmaciones y ordenaciones. Con la reforma carolingia fueron privados de esas funciones. En el siglo X comienza su decadencia hasta desaparecer por completo en Occidente. Quedando vivo en Oriente (Cfr. J. OTADUY et alii, Diccionario General de Derecho, 749-750.

2. SEGUNDA EDAD. DEL AÑO 1140, DECRETO DE GRACIANO, A 1563 FIN DEL CONCILIO DE TRENTO

La composición del Decreto de Graciano (1140) constituye, al mismo tiempo, punto de llegada del primer milenio y punto de partida de una nueva época del derecho canónico que se caracteriza por el protagonismo conjunto de los papas y de los canonistas en la formación del orden canónico medieval. Esta época también va a destacar por la importancia del derecho canónico y del derecho romano como fuentes de un *ius commune* que caracteriza la experiencia jurídica europea, por encima de las particularidades regionales[213].

2.1. EL DECRETO DE GRACIANO

Junto con L. Villemin podemos hacernos la siguiente pregunta en lo que se refiere a la potestad en el Decreto de Graciano[214]: "*Trouve-t-on chez Gratien la distinction entre pouvoir d´odre et pouvoir de jurisdictión? Peut-on parler de pouvoir d´odre et pouvoir de jurisdiction chez le Maître de Bologne?*"[215].

La cuestión de la potestad en el Decreto de Graciano es compleja, tal y como Villemin dice, que se debe a varios factores: la propia naturaleza del Decreto ya que es una compilación de cánones discordantes; la misma historia de su composición; la ausencia de un apartado que trate de esta cuestión y a la ausencia de una terminología precisa[216].

---

213 Cfr. Alvarez De Las Asturias, *Derecho canónico en perspectiva,* 157.

214 Monje camaldulense, fue profesor de teología en Bolonia. Alrededor del 1140 publicó su obra *Concordantia discordatium canonum*, más tarde conocida como *Decretum Gratiani*, que constituye una parte del *Corpus Iuris Canonici*. Su gran obra es una compilación ordenada de numerosos textos, cánones de Concilios, cartas decretales de Papas, pasajes de Padres de la Iglesia, etc. Una vez presentados, Graciano los relaciona entre ellos y expone sus conclusiones, de esta forma hallamos los *Dicta Gratiani.* Graciano es considerado el maestro de la ciencia del derecho canónico y su obra adquirió prestigio en la universidad. Cfr. *Diccionario enciclopédico de Derecho Canónico,* "Graciano", 413-414.

215 L. Villemin, *Pouvoir d´odre et pouvoir de jurisdiction. Histoire théologique de leur distintion,* (Paris 2003), 25.

216 *Ibid.*, 26: (Traducción propia) "La difficulté est sans aucun doute imputable à diverses causes: – La nature même du Décret de Gratien: il s´agit d´abord d´une compilation, que plus est de canons dis-

Sin embargo, para A. M. Stickler, la elaboración doctrinal de la diversificación de la potestad eclesiástica ejercitada por los titulares de los oficios se encuentra en el padre de la canonística, Graciano, que en su Decreto habla de *potestad regendi, gubernandi, iubendi* en contraposición a la *potestas spiritualia ministrandi* [217].

En ese momento de la historia de la Iglesia, se distingue entre la elección del oficio, que se asociaba a la confirmación, y el orden que confiere el poder sobre el cuerpo eucarístico y sobre los elementos de gracia. Cuando se daba la elección junto con la confirmación, se proporcionaba inmediatamente la plena disponibilidad sobre el gobierno de la Iglesia. La diferenciación de ambas produce el reconocimiento de la bipartición de la potestad misma[218].

Pero además, hay que añadir que, en el progreso de la vida de la Iglesia durante los primeros siglos, se van a ir planteando una serie de problemas prácticos que requerían una solución inmediata. Estos problemas se refieren a la cuestión episcopal y, a su vez, a la cuestión de la potestad y su desarrollo, problemas que se afrontan por Graciano.

En relación a las cuestiones episcopales, los obispos quedan incluidos en la sucesión apostólica por la recepción del sacramento del orden con las responsabilidades que esto comporta, entre las que estaba la comunión con el Obispo de Roma. Sin embargo, ¿qué pasaba cuando se producía una ruptura con el Romano Pontífice? o ¿qué sucedía si ese obispo se convertía en hereje? El poder, en la Iglesia, ha sido dado para edificar y no para destruir.

---

cordants. On n´y trouve donc pas la pensée unifiée d´un traité malgré les dicta de Gratien que tentent de réaliser dette harmonisation tout en laissant subsister nombre de contradictions;– L´histoire de la composition du Décret pose encore á la critique actuelle nombre de questions non résolues et pourtant determinantes pour son interprétation; – L´absence dans de Décret d´une partie que traiterait explicitement de cette question: – Une fluctuation conceptuelle des termes poertas ordinis et potestas iurisdictionis".

217 Cfr. Stickler, "La bipartición de la potestad", 57.

218 Cfr. *Ibid.*, 57.

Por tanto, ¿qué es lo que hace que un obispo sea obispo? La solución está en limitar la potestad del episcopado, no se puede dar a todos el mismo poder. Entonces, ¿cómo se realiza esta limitación? Naturalmente, el modo de restringir no viene por el sacramento; por lo que de esto se deduce que hay elementos en el ministerio episcopal y que forman parte de él, que no se encuentran en el sacramento.

Es cierto, por otro lado, que, aunque en la práctica se va a dar esta separación, no hay una distinción teórica ni conceptos claros de potestad y jurisdicción. L. Villemin inicia el estudio de la distinción en Graciano de potestad, de orden y de jurisdicción, realizando un estudio léxico sobre estos conceptos y cómo los utiliza el Maestro de Bolonia y llega a la conclusión que hay una gran diversidad de usos y significados de *potestas*[219] en el Decreto que no permiten una acepción única. Tampoco se trataría de una tipología porque no hay una distinción entre las distintas categorías, aunque sí se permite notar su uso más frecuente en relación al poder de los obispos y a la plenitud de potestad que tiene el Romano Pontífice.

A pesar de esto, en el C. 16, q. 2, d.a.c. 8 dice Graciano:

> *"Tales, etsi ius territorio habeant, tamen potestatem gubernandi populum, et spiritualia ministrandi non habent. Quod etiam de eposcopo intelligendum est"*.

---

219 Recojo las veces que aparece el término potestas según L. Villemin, 453 veces y sus diferentes usos: "a) Pouvoir de l´evêque en général, de dispenser par exemple; b) une des deux composantes du pouvoir des clefs; c) pouvoir de lier et de délier; e) pouvoir de l´Eglise de Rome ou du pontife romain; f) pouvoir sur autrui en fonction d´un rang; g) pouvoir du roi oy de l´empereur; h) pouvoir de jugar; i) pouvoir du prêtre; j) pouvoir sur les sacraments (y compris l´ordination); k) puissance d´un sacrement; l) pouvoir avec une nuance de permission, de pouvoir octroyé; m) pouvoir lié à un office; n) pouvoir du diable; o) pouvoir en général sur une chose; p) puessance, puissance de Dieu, pouvoir de Dieu; q) pouvoir séculier ou puissance terrestre; r) pouvoir légitime opposé au pouvoir usurpé ou au povoir obtenu par les armes; s) plenitudo potestatis; t) il peut, elle peut, cele leur était posible; u) noms d´anges". VILLEMIN *Pouvoir d´odre et pouvoir*, 27.

Al tratarse de un *dictum* se puede afirmar con Benson[220] que, al menos en esta ocasión, Graciano da muestras de tener conciencia de una diferenciación entre los poderes de gobierno y los sacramentales[221].

El término *ordo*, Graciano lo ha utilizado para referirse a los grados de la jerarquía. Estudiado por J. Gaudemet[222], para referirse a esto, este autor dice:

> *Dans le Décret de Gratien, au milieu du XIIe siécle, ordo désigne tout degré dans la hiérarchie, ou même un office sans lies avec un degré sacramentel d´ordre (ordines ecclesiatici, pour désigner des fonctions ecclésiastiques; ordines clericorum o clericales, monachi ordines. C. 16, q. 1, c. 38)*[223].

Para terminar, se puede decir que el significado fundamental del término jurisdicción que aparece diez veces en el Decreto[224] consiste en designar el poder de gobernar o administrar del obispo[225], aunque la conclusión que extrae Villemin del análisis de los textos citados es distinta: *"iurisdictio désigne dans*

220 Cfr. R. L. Benson, *The Bishop-elect. A study in medieval ecclesiastical office. (Princenton, New Jersey* (1968), 46.

221 A. Fernández, *La distinción ordo/iurisditio. A propósito de la controversia entre mendicantes y seculares en la Universidad de Paris en el siglo XIII*, (Madrid 2009), 39.

222 J. Gaudemet, *Église et Cité. Histoire du droit canonique*, (Paris 1994) 481. Citado por Fernández, *La distinción ordo/iurisdictio*, 40; y por Villemin, *Pouvoir d´odre et pouvoir*, 31.

223 Edición de E. Friedberg, en Corpus Iuris canonici, Pars prior, Decretum Magistri Gratiani, (Lipsiae 1879 = Graz 1959). C. 16, q. 1, c. 38: "Presbiteros, diaconos, ceterosque cuiuslibet ordinis que ecclesiis quoquo modo militant, abbates per monasteria esse non permittas; sed aut admissa clericatus milicia monachicis non promoveatur ordinibus, aut, si in abbatis loco permanere decreuerint, clericatus nullatenus permittantur habere miliciam. Satis enim incongruum est, si, cum unum ex his pro sui magnitude diligenter queis non possit explere, ad utrumque uideatur ydoneus".

224 Cfr. Fernández, *La distinción ordo/iurisdictio...*, 40: Las diez veces en las que aparece el término son las siguientes: "seis dentro de los cánones: C. 11, q. 1, c. 39 y C. 16, q. 1, c. 52 son textos de Gregorio Magno en los que *iurisdictio* viene a significar el poder de gobernar de un obispo en su diócesis: C. 3, q. 7, c. 2, y D. 1, c. 17 *de poen* son fragmentos pertenecientes al Digesto en los que se habla de una jurisdicción secular. En dos *dicta*, C. 16, q. 1, d.p.c. 47; C. 13, q. 2, d.p.c. 6, y en una rúbrica, C. 16, q. 1, c. 52, Graciano usa el término en el sentido utilizado por Gregorio Magno, mientras que en C. 23, q. 1, d.a.c. 1 lo hace en sentido secular.

225 *Ibid.*, 40.

tous ces cas la capacité de dire le droit et de juger"[226] si bien reconoce que el C. 16, q. 1, c. 47 *"le sens n'est pas si clair"*[227].

De todo esto podemos establecer algunas conclusiones[228]:

1. El uso del término jurisdicción es muy poco frecuente en el *Decretum*.
2. Tal y como dice L. Villemin, la distinción *potestas ordinis/potestas iurisdictionis* no aparece explícitamente formulada en toda la obra[229].
3. En el C. 16, q. 2, d.a.c. 8 se establece una distinción entre poder de gobernar y el de administrar sacramentos.
4. *Iurisdictio* significa fundamentalmente, en el Decreto, poder de gobernar del obispo.

Sin embargo, aunque en el Decreto no se hace una distinción de manera teórica y conceptual entre potestad de orden y potestad de jurisdicción, sí se va a dar esta diferencia ante los problemas concretos que en la vida práctica surgen y la necesidad de darles una respuesta, tal y como se ha dicho anteriormente. En concreto, Graciano trata de la transmisión del orden en 3 supuestos: cuando un obispo es separado de la Iglesia; del ejercicio del poder sacerdotal por un monje; y del valor de la excomunión pronunciada por un hereje[230].

En la transmisión del sacramento del orden realizado por un obispo que se ha separado de la Iglesia, hay textos que afirman la validez de las ordenaciones y otros que la niegan. Siguiendo el carácter indeleble de los sacramentos, según la doctrina de san Agustín, Graciano afirma el valor del efecto del sacramento celebrado por ministros indignos e intenta armonizar ambas posiciones diferenciando entre *potestas y executio illius potestatis,* de tal manera que, por la ordenación, ya se celebre dentro o separado de la Iglesia, se recibe siempre

---

226 Villemin, *Pouvoir d'odre et pouvoir*, 32.

227 *Ibid.*, 32.

228 Cfr. Fernández, *La distinción ordo/ iurisdictio*, 41.

229 Cfr. Villemin, *Pouvoir d'odre et pouvoir*, 33.

230 Cfr. *Ibid.*, 25-70.

la *potestas*; en cambio, la *executio* sólo se recibe con la ordenación cuando se produce dentro de la Iglesia[231].

Esta conquista teológica abrirá camino en el alto y bajo Medievo a la división entre la potestad de jurisdicción y de orden[232]. Existe pues una potestad que se concede con la ordenación, la cual no puede perderse ni siquiera por ministros heréticos, cismáticos o depuestos[233].

Respecto al ejercicio del poder sacerdotal por un monje, la *potestas* es descrita "como el poder sacerdotal recibido por la ordenación"[234] por medio de la enumeración de sus obligaciones y lo distingue de su ejercicio; es decir, la *potestas* de la *executio potestatis*. Graciano trata el tema en el C.16, q.1, d.p.c. 19:

> *"Monachi autem, et si in dedicatione sui presbiteratus (sicut et ceteris sacerdotes) predicandi, baptizandi, penitenciam dandi, peccata remittendi, beneficiis ecclesiasticis, perfruendi rite potestatem accipiant, ut amplius et perfectius agant ea, que sacerdotalis offitii esse sanctorum Patrum constitutionibus conprobatur: tamen executionem suae potestatis non habent, nisi a populo fuerint electi, et ab episcopo cum consensu abbatis ordenati"*.

---

231 C. 1, q. 1, d.p.c. 97 § 3: Sed ne Augustinum in hac sententia penitus reprobemus, intelligamus aliud esse potestatem distribuendi sacros ordines, aliud esse executionem illius potestatis. Qui intra unitatem catholica ecclesiae constituti sacerdotalem uel episcopalem inctionem accipiunt, offitium et executionem sui offitii ex consecratione adipiscuntur. Recedentes uero al integritate fidei, potestatem acceptam sacramento tenus retinent, effectu suae potestatis penitus priuantur, sicut coniugati ab inuicem discedentes coniugium semel initum non dissoluunt, ab opere tamen conuiglai inueniuntur alieni.

232 Cfr. J. L. Serrano, *Palabra, sacramento y carisma. La eclesiología de E. Corecco*, (Roma 2012), 137.

233 Cfr. K. Mörsdorf, "Lo sviluppo della duplice articolazione della gerarchia ecclesiastica", en *Fondamenti del diritto canonico*, (Venecia 2008), 235-259. Este autor dice: *"I sacramenti sono di per se santi, essi non ricevono la loro santità dal celebrante, ma da Gesù Cristo, il Signore dei Sacramenti. Dove el segno sacramentale fosse stato correttamente imposto, il Sacramento si realiza validamente. La divina forza agente, nascosta e garantita dal segno salvífico, e independente dalla personale santità dal celebrante; questi é semplicemente uno strummento nelle mani del Signore".*

234 Cfr. Fernández, *La distinción ordo/iurisdictio*, 43.

Como se ve en el texto, no se dice en qué consiste explícitamente la *executio potestatis* pero aparecen las condiciones necesarias para que el monje la reciba: la elección por parte del pueblo, el consentimiento del abad y la institución por parte del obispo. Parece, además, que esta licencia del obispo es necesaria para que cualquier clérigo obtenga la *executio potestatis*, y, así, el *dictum post* C.16, q. 1, d.p.c. 40 § 3 dice: *"ceterum absque episcoporum licentia non solum monachis, sed etiam ómnibus generaliter clericis potestatis executio interdicitur"*. Queda delineada así, la relación entre el sacramento del orden y el oficio: si por el sacramento se recibe la *potestas*, por la asignación del oficio se recibe la *executio potestatis*[235].

Por último, el problema del valor de la excomunión pronunciada por un hereje. Graciano no considera la excomunión como una simple medida de jurisdicción, sino ligada al sacramento de la penitencia[236], como parte de la *potestas ligandi et solvendi* que se recibe por la ordenación. El Maestro en el *dictum post* C. 24, q. 1, d.p.c. 4 dice en este sentido: *"ligandi namque uel soluendi potestas veris, non flasis sacerdotibus a Domino tradita est"*.

Por tanto, su posición respecto a la excomunión realizada por un hereje es clara: *"hec autem, que de hereticis, atque scismaticis, uel excommunicatis dicta sunt, uidelicet, quod ligandi uel soluendi potestatem no habeat, multorum auctoritatibus probantur"*[237]. Lo justifica porque el poder de atar y desatar fue entregado por Cristo a sus apóstoles por medio del Espíritu Santo. Éste sólo se recibe estando dentro de la Iglesia; por tanto, quien se encuentra fuera de ella carece de esta potestad.

Sin embargo, Graciano se encuentra con la objeción de la teología agustiniana que defiende la validez del bautismo realizado por un hereje. No vamos a analizar toda la cuestión sacramental ni teológica, basta decir que Graciano,

---

235 A. Carrasco, *Le primat de l'évêque de Rome. Étude sur la cohérence ecclésiologique et canonique du primat de jurisdiction* (Fribourg 1990),141.

236 Villemin, *Pouvoir d'odre et pouvoir*, 53.

237 C. 24, q. 1, d.p.c. 4.

en el *dictum post* C.24, q. 1, c. 37, distingue entre *potestas* y *executio potestatis,* y explica por qué el hereje o cismático sí conserva la capacidad de bautizar:

> *"Sed aliud est potestas offitii, aliud executio. Plerumque offitii potestas uel accipitur, ueluti a monachis in sacerdotali unctione, uel accepta sine sui executione retinetur, ueluti a suspensis, quibus amministratio interdicitur, potestas nos aufertur. A fide itaque recentibus potestas non adimitur, sicut redeuntibus non redditur, ne non homini, sed sacramento, sed sacramento iniuria uideatur fieri. Unde ab hereticis baptizati uel ordinati, cum ad unitatem fidei catholicae redierint, si forte intuitu ecclesiasticae pacis in suis recipiantur ordinibus, non iterabitur sacramentum, quod in forma ecclesiam nulli docetur esse collata".*

Esta distinción entre *potestas* y *executio potestatis* le permite resolver el problema; así puede tener una *potestas*, un poder, pero perder su *executio,* es decir, su ejercicio. Por lo que, en relación a la excomunión, el hereje conserva la potestas *excommunicandi* pero pierde su ejercicio ya que el poder de excomulgar, como parte de la potestad del poder de atar y desatar, entregado por Cristo a los apóstoles y que se recibe en la ordenación y que se identifica con la *potestas clavium,* sólo puede ejercerse por el Espíritu Santo que opera dentro de la Iglesia, por tanto quien se encuentre fuera de ella carece de esta potestad[238].

Además de estas cuestiones, la existencia de la distinción entre jurisdicción y orden se manifiesta más claramente respecto al Papa. Con el decreto de elección del Papa Nicolás II en el año 1059 había establecido que el elegido en el caso de que por cualquier razón:

> *"In apostolica Sede iuxta consuetudinem inthronizari non valeat, electus tamen sicut verus papa obtinet auctoritatem regendi Romanam ecclesiam et disponendi omnes facultates illius, quos beatum Gregorium ante suam consecrationem cognovimus fecisse"*[239].

---

238 Cfr. VILLEMIN, *Pouvoir d´odre et pouvoir*, 54.

239 El texto del Papa Nicolás se recoge en D. 23, c. 1.

Como conclusión[240] del Decreto de Graciano se puede decir:

1. Que no se establece una concepción unitaria de potestad eclesiástica;
2. Que no se encuentra una distinción explícita *ordo/iurisdictio;*
3. La distinción *potestas/executio potestatis* no coincide con la de *ordo/iurisdictio.*
4. Que para la posesión de la *executio* de la potestad sacerdotal es necesaria la licencia del obispo, pero no se explica ni su relación ni cómo se confiere respecto de la ordenación sacramental.
5. Sin embargo, Graciano en su *Decretum* concluye que con la ordenación se transmiten dos potestades, aunque hay que aclarar que por *potestas* se entendía la potestad de orden y por *executio* la potestad de jurisdicción.

En este momento, "podemos afirmar (que Graciano) inicia la bipartición de la única *potestas sacra*"[241].

2.2. LOS DECRETISTAS Y LOS DECRETALISTAS[242]

A partir del Decreto de Graciano y hasta el siglo XIV, hay una acción conjunta en la producción legislativa que se debe a la acción de los papas con sus decretales y a la reflexión de los canonistas con los comentarios al Decreto de Graciano. Lo que se va a conseguir con esta profusión del derecho es un ordenamiento jurídico prácticamente completo[243].

La distinción doctrinal, como tal, entre orden y jurisdicción no aparece en el Decreto de Graciano, aunque, sí aparece en la práctica, los decretistas irán fijando su doctrina sobre la *iurisdictio* en orden a las cuestiones anteriormente planteadas: el valor de la excomunión de los herejes; y el poder de las llaves, además de la cuestión del poder del obispo o del Papa electo aún no consagrado y la relación de los obispos con el Papa.

---

240 Cfr. Fernández, *La distinción ordo/iurisdictio*, 50.

241 Serrano, *Palabra, sacramento y carisma* ,137.

242 Cfr. Villemin, *Pouvoir d´odre et pouvoir*, 73-160.

243 Cfr. Álvarez De Las Asturias, *Derecho canónico en perspectiva,* 177.

Los primeros decretistas van a fijar la distinción entre orden y jurisdicción cuando tratan el problema del valor de los sacramentos por los herejes o por los cismáticos.

Para esta cuestión de la validez de los sacramentos conferidos por un hereje, la *Summa* de Rufino (1157-1159), que ejerció una enorme influencia en los autores posteriores, profundiza en la doctrina de su maestro y establece cuatro elementos[244] en el orden sacerdotal, tal y como ha explicado Benson[245]:

1°. El poder sacramental (potestas aptitudinis)

2°. Las características personales, como la virtud y el conocimiento necesarios para las funciones sacerdotales (potestas regularitatis)

3°. El derecho del ejercicio del poder sacramental (usus officii)

4°. La posesión de un oficio sancionando el potencial uso de ese poder (potestas habilitatis)

Nada puede quitar a un sacerdote mientras viva la *potestas aptitudinis,* es decir, el poder sacramental; sin embargo, un delito le puede privar de su *potestas regularitatis,* la suspensión cancela su *usus officii,* y la destitución destruye su *potestas habilitatis.* Por tanto, para Rufino quien es ordenado sin título queda privado del ejercicio de las funciones sacerdotales y de cualquier beneficio[246].

¿Qué sucede con el poder de los herejes de excomulgar? Es una cuestión tratada como la anterior. La primera aparición de la distinción formal entre orden y jurisdicción se encuentra en la Summa Lipsiensis en 1186 referido a este tema, aunque el interés no está en la aparición de estos dos conceptos sino en

---

244 Rufinus, Summa, ad D. 70, en: Die Summa Decretorum des Magister Rufinus, ed. H. Singer (Paderborn 1902) 210-211: In officio sacerdotali duo sunt, usus et potestas. Item potestas triplex est: aptitudinis, habilitatis el regularitatis. Vel potestas alia sacramentalis, secunda dignitatis, tertia regularitatis. Potestas aptitudinid est, qua sacerdos ex sacramento ordinis quos accepit habet aptitudinem cantandi missam. Potestas habilitatis est, que ex dinitate officii quam adhuc habet habilis est ad cantandam missam. Potestas regularitatis est, qua ex vite merito, ex integritate persone, ex sufficienti eruditione dignus est missam canere.

245 Cfr. Benson, *The Bishop-elect,* 51.

246 Cfr. *Ibid.,* 51.

una nueva manera de argumentar, ya que se empieza a distinguir entre forma y vida, es decir, en los sacramentos lo que se requiere es la forma y no la vida pero, al atar o desatar, la vida es lo que se considera primero.

Esta nueva distinción se extenderá con rapidez en las glosas siguientes a esta Suma. Vemos a partir del siglo XIII un sentido orden de jurisdicción que va más allá de la potestad y su ejercicio, pues aparecen dos potestades distintas con su campo de aplicación propio. Por ejemplo, el archidiácono podía excomulgar en virtud del poder de jurisdicción que poseía.

Sobre la cuestión del poder del obispo electo, es decir, el poder que poseía un obispo electo no consagrado, era uno de los problemas más importantes y de mayores repercusiones prácticas que debían afrontar los comentadores de Graciano. Rufino trata este tema estableciendo una diferencia de *auctoritas* y de *potestas*, de tal modo que el obispo electo posee la *plena potestas quoad admistrationem* pero no tiene todavía la *plenitudo auctoritatis* que sólo recibirá con la consagración episcopal. Hay, por tanto, un poder de administración del que dispone el obispo electo no consagrado.

Estos conceptos se perfilan más en la cuestión de la elección de un subdiácono para la dignidad episcopal, ya que Rufino distingue dentro del poder episcopal, dos elementos: la *auctoritas* y la *administratio*[247]. Benson ve dos diferencias[248] en el uso de la *administratio*: primero se atribuye al ejercicio de los oficios inferiores al episcopal, como el archidiácono o el deán, y además se presenta como algo separado de la esfera espiritual. De esta manera se resuelve el problema y concluye que al igual que el archidiácono y el deán ejercen una *administratio* en virtud del oficio, en el caso del episcopado, aunque la plena *auctoritas* no se confiere hasta la ordenación, el subdiácono puede ejercer la *administratio* una vez que ha sido elegido obispo.

247 Rufinus, Summa, ad D. 60, ed. Singer, 151-152: Ad quod est sciendum quod ecclesiastica dignita dalia est amministrationis, alia auctoritatis; ítem ammministratio alia spiritualium, alia secularium: spiritualium amministratio, ut archipresbiteri el decani; secularium, ut archidiaconi. Dignitas auctoritatis est episcopi.

248 Cf. Benson, *The Bishop-elect,* 66.

Sin embargo, puede observarse una coincidencia fundamental en las dos significaciones del concepto de *administratio*, y es que el término se utiliza como sinónimo de gobierno.

No sólo Rufino trata este tema del obispo electo, la *Summa* de Bolonia (1188), escrita por Huguccio de Pisa, es decisiva porque aporta el desarrollo más representativo de la separación orden-jurisdicción realizado hasta la fecha de su composición.

Huguccio se separa de la doctrina de Graciano y de los primeros decretistas afirmando que la iglesia propia antes de su consagración depende también del obispo y está sujeta a él en cuanto a la ley diocesana y a la ley jurisdiccional, salvo que un especial privilegio establezca otra cosa. Determina el contenido de la *lex diocesana,* que es meramente administrativo de cosas materiales, y la *lex iurisdictionis* que se refiere a la administración de las cosas espirituales. Los actos de orden se incluirían en la ley de jurisdicción[249].

Para establecer el poder de un obispo electo, Huguccio realiza una pregunta muy precisa: ¿puede un electo, incluso antes de la confirmación de la elección, tener el derecho de administración de su iglesia? Para ello distingue entre el Papa electo y cualquier otro obispo. La diferencia radica en que, en la elección papal, elección y confirmación se dan simultáneamente, de ahí que se le reconozca la *plena potestas administrandi,* mientras que el obispo electo debe recibir la confirmación.

Pero ¿qué sucede para el caso de que el Papa electo no sea aún obispo?[250] Distingue dos dimensiones en el poder que el Papa posee, una de orden y otra

---

249 Huguccio, Summa super decretis, ad C. 10, q. 1: Quod ut melius intelligatur notandum, quod due sunt leges in quibus consistit tota potestas quam habet episcopus in ecclesiis si episcopatus. Est enim lex iurisdictionis et lex diocesana. Ad legem iurisdictionis spectat cura animarum sive eius datio, delictorum coercitio, ordinatio ecclisierium el altarium, virginum consecratio, crismatis et generaliter ómnium sacramentorum colllatio. Ad legem diocesanam spectat institutio et investidura clericorum, vocatio ad synodum e ed sepulturas motuorum, cathedraticum, tertia vel quarta oblationum, prestaatio decimarum et consimilia.

250 Ibid. Summa super decretis, ad D. 23, c. 1 citado por Benson, *The Bishop-elect*, 118 (nota 5): Set ecce papa est electus et nondum est electus et nondum est episcopus, potest deponere vel degra-

de jurisdicción, que se recibe en diferentes momentos: la elección otorga la jurisdicción; la consagración, el orden; las dos son fuente por las que el obispo recibe su poder.

Hay ejemplos que se han dado en la vida de la Iglesia en este sentido: ya hemos hablado de Gregorio I elegido Papa en febrero del año 590, siendo diácono y consagrado en septiembre de ese mismo año; además, en este tiempo, Gregorio VII fue elegido el 22 de abril de 1073 siendo arcediano, el 22 de mayo fue ordenado sacerdote y el 30 de junio consagrado obispo y en este tiempo dictó una completa serie de importantes actos papales de gobierno; Inocencio III, elegido el 8 de enero de 1198, ordenado sacerdote el 22 del mismo mes y consagrado obispo el 22 de febrero, y en ese intervalo también emanó importantes actos papales[251].

Por último, los decretistas, tratan la relación del Papa y los obispos. Destaca de Rufino un comentario a la D. 21, c. 2 para establecer esta relación. En este comentario se explica que Pedro recibió la potestad de atar y desatar que luego recibieron los demás apóstoles, los cuales comparten la misma potestad y el mismo honor. Rufino, partiendo de esto, establece una triple diferencia[252] que, aplicado en este caso, el Papa y los obispos comparten la misma *auctoritas* en virtud de la consagración y del mismo orden, pero se diferencian en la *administratio o dispensatio*. Y así, Benson reconoce que "Pedro es verdaderamente el príncipe de los apóstoles en cuanto su poder está por encima del de los otros y puede darles las órdenes"[253].

---

dare clérigos? Potest suspenderé vel excommunicare? Utique, et ut gemeralem faciam doctrinam, ommnia potest que sunt tantum iurisdictionis set non illa que sunt ordinis. Potest ergo deponere, degradare, excommunicare, suspenderé, prebendas dare et auferre et huiusmodi, set non potest clérigos ordinare, crisma confidere, altaria vel ecclesias consecrare et huiusmodi. Prima enim potius sunt iurisdictionis quam ordinis, hec autem ex ordine proveniunt, nam insacratus vel inordinatu consecrare vel ordinare non potest.

251 Cfr. STICKLER, "La bipartición de la potestad", 59.

252 RUFINUS, Summa, ad D. 21, c. 2, ed. Singer, 45: Prelatura in clericis provenit aliquando ex dignitate consecrationis, aliquando ex dignitate ordinis, aliquando es dignitate dispensationis vel amministrationis; hec autem amministratio aliquandi est spirtualium, aliquando secularium rerum.

253 Cf. BENSON, *The Bishop-elect*, 71.

Sintetizando la doctrina de Rufino, se puede ver que no hay una distinción formal entre *ordo* y *iurisdictio* como dos elementos o dimensiones de la potestad eclesiástica, pero sí puede reconocerse diferentes esferas dentro de la concepción de potestad.

Por su parte, Huguccio, en su Summa, vuelve a utilizar el binomio *ordo/iurisdictio* para explicar la relación del Papa, a partir de Pedro, con los demás obispos, a partir de los apóstoles. Elimina la triple forma en que Rufino establecía las posibles diferencias entre los clérigos, *ex dignitate consecrationis, ex dignitate ordinis, ex dignitate dispensationis vel administrationis,* y determina una doble clasificación según el orden y según la jurisdicción. Además, introduce el término *iurisdictio* para designar las diferencias que no proceden del orden sacramental.[254]

En resumen, en Huguccio aparece la distinción formal *ordo/iurisdictio* en la cuestión del poder de un electo y de la relación del Papa con el resto del Colegio episcopal. Además, aparece la distinción en el poder episcopal de dos elementos, uno que se recibe por la consagración y otro de jurisdicción que se recibe por la elección.

Junto a la labor de los decretistas se encuentran los decretalistas. En estos siglos se desarrollan las técnicas legales que permitieron a los pontífices emanar gran cantidad de leyes. Si durante el primer milenio, la producción del derecho viene dada por los concilios, ahora aparecen los papas legisladores que legislan por medio de las decretales. Los que más destacan en este sentido son Alejandro III, Inocencio III, Gregorio IX y, en menor medida, Inocencio IV. El derecho canónico se va trasformando poco a poco y pasa de una disciplina

---

254 Ibid. Summa super decretis, ad D. 21, c. 2 citado por Villemin, Pouvoir d´ordre et pouvoir, 93: Vel pares fuerunt quoad ordinem, qui quemcumque ordinem habuit Petrus, habuit et quilibet aliorum; sed Petrus prefuit illis in dignitate prelationis, un administrationes,in iurisdictione. Ipse enim de aliis disponebat er eos al predicandum mittebat.Item prefuit apellatione, quia ipse solus cefas i. e. Caput apostolorum dictus est ut d.xxij. sacrosancta. Sepe enim contingit quod quis est maior alio ordine set est mino eo in administratione ut archipresbyter archidiacono ut xxv. Di. Perlectis. Dicit ergo pari quoad ordinem et consecrationem et es ar. Quod omnis episcopus sit par apostólico ratione ordinis et consecrationis.

basada en el estudio del *ius antiquum,* que se había sintetizado en el Decreto de Graciano, a un verdadero sistema legal basado en las nuevas decretales papales que empiezan a recogerse en colecciones oficiales. Por tanto, en estos momentos, el Papa es considerado un legislador[255] .

El nacimiento de este derecho pontificio por medio de las decretales, hace que se comience su estudio por parte de los canonistas que recibirán el nombre de decretalistas[256].

La doctrina de los decretalistas no es unitaria ni es una cuestión que en este momento, aunque tiene importancia, no ocupa un lugar fundamental. Sin embargo, de este período se puede concretar lo siguiente:

- Se aprecia una distinción dentro del poder episcopal entre lo que procede del orden y se recibe con la consagración, y lo que se deriva de la jurisdicción, que se posee desde que la elección es confirmada.
- El empleo de los términos *ordo* y *iurisdictio* se generaliza pero no se utiliza el término de *potestas,* es decir, salvo en Hostiensis donde aparece por primera vez *potestas iurisdiccionis* et *potestas ordinis.* La mayoría de su empleo se encuentra en las aclaraciones del sujeto de la jurisdicción ordinaria y la jurisdicción delegada.
- El principal uso de la distinción entre orden y jurisdicción se encuentra en la cuestión del poder del obispo entre su confirmación y su consagración. No es un uso nuevo pero se está desarrollando en este momento siendo objeto de consenso en doctrina que la jurisdicción está separada de la consagración sacerdotal o episcopal.
- En este momento, además, existen casos en los que el poder de jurisdicción es ejercido por personas, en algunos casos mujeres, que no tienen el poder de orden, como la Abadesa de las Huelgas, figura que analizaremos en el capítulo V, con potestad cuasiepiscopal sobre su territorio. Llegó a tener 64 pueblos en los que ni el obispo ni

255 Cfr. Álvarez De Las Asturias, *Derecho canónico en perspectiva,* 177-179.

256 *Ibid.,* 187.

el delegado apostólico tenían derecho a visitar Iglesias, parroquias, clero o beneficiarios; además podía establecer y trasladar parroquias, expedir cartas dimisorias, dar licencia a los confesores.

En conclusión, se puede ver que la distinción entre orden y jurisdicción, que surge en los canonistas de los siglos XII y XIII, se encuentra en plena evolución y se va perfilando poco a poco la diferencia entre las dos dimensiones del poder eclesiástico.

Hay que destacar que este desarrollo no surge de una evolución teórica de estos conceptos, sino que desde el inicio de la Iglesia se da una práctica en los oficios eclesiásticos y va surgiendo la necesidad de resolver unos problemas muy concretos, de los que ya hemos hablado pero, sobre todo, hay que destacar la cuestión del poder del obispo electo y la teoría de la elección constituyen el foco de aparición y difusión del concepto de *iurisdictio*.

A partir del Decreto de Graciano y hasta el siglo XIV, hay una acción conjunta en la producción legislativa que se debe a la acción de los papas con sus decretales y a la reflexión de los canonistas con los comentarios al Decreto de Graciano. Lo que se va a conseguir con esta profusión del derecho es un ordenamiento jurídico prácticamente completo[257].

La distinción doctrinal, como tal, entre orden y jurisdicción no aparece en el Decreto de Graciano, aunque, sí aparece en la práctica, los decretistas irán fijando su doctrina sobre la *iurisdictio* en orden a las cuestiones anteriormente planteadas: el valor de la excomunión de los herejes; y el poder de las llaves, además de la cuestión del poder del obispo o del Papa electo aún no consagrado y la relación de los obispos con el Papa.

Los primeros decretistas van a fijar la distinción entre orden y jurisdicción cuando tratan el problema del valor de los sacramentos por los herejes o por los cismáticos.

257 Cfr. Álvarez De Las Asturias, *Derecho canónico en perspectiva,* 177.

Para esta cuestión de la validez de los sacramentos conferidos por un hereje, la *Summa* de Rufino (1157-1159), que ejerció una enorme influencia en los autores posteriores, profundiza en la doctrina de su maestro y establece cuatro elementos[258] en el orden sacerdotal, tal y como ha explicado Benson[259]:

1°. El poder sacramental (potestas aptitudinis)

2°. Las características personales, como la virtud y el conocimiento necesarios para las funciones sacerdotales (potestas regularitatis)

3°. El derecho del ejercicio del poder sacramental (usus officii)

4°. La posesión de un oficio sancionando el potencial uso de ese poder (potestas habilitatis)

Nada puede quitar a un sacerdote mientras viva la *potestas aptitudinis,* es decir, el poder sacramental; sin embargo, un delito le puede privar de su *potestas regularitatis,* la suspensión cancela su *usus officii,* y la destitución destruye su *potestas habilitatis.* Por tanto, para Rufino quien es ordenado sin título queda privado del ejercicio de las funciones sacerdotales y de cualquier beneficio[260].

¿Qué sucede con el poder de los herejes de excomulgar? Es una cuestión tratada como la anterior. La primera aparición de la distinción formal entre orden y jurisdicción se encuentra en la Summa Lipsiensis en 1186 referido a este tema, aunque el interés no está en la aparición de estos dos conceptos sino en una nueva manera de argumentar, ya que se empieza a distinguir entre forma y vida, es decir, en los sacramentos lo que se requiere es la forma y no la vida pero, al atar o desatar, la vida es lo que se considera primero.

---

258 Rufinus, Summa, ad D. 70, en: Die Summa Decretorum des Magister Rufinus, ed. H. Singer (Paderborn 1902) 210-211: In officio sacerdotali duo sunt, usus et potestas. Item potestas triplex est: aptitudinis, habilitatis el regularitatis. Vel potestas alia sacramentalis, secunda dignitatis, tertia regularitatis. Potestas aptitudinid est, qua sacerdos ex sacramento ordinis quos accepit habet aptitudinem cantandi missam. Potestas habilitatis est, que ex dinitate officii quam adhuc habet habilis est ad cantandam missam. Potestas regularitatis est, qua ex vite merito, ex integritate persone, ex sufficienti eruditione dignus est missam canere.

259 Cfr. Benson, *The Bishop-elect*, 51.

260 Cfr. *Ibid.*, 51.

Esta nueva distinción se extenderá con rapidez en las glosas siguientes a esta Suma. Vemos a partir del siglo XIII un sentido orden de jurisdicción que va más allá de la potestad y su ejercicio, pues aparecen dos potestades distintas con su campo de aplicación propio. Por ejemplo, el archidiácono podía excomulgar en virtud del poder de jurisdicción que poseía.

Sobre la cuestión del poder del obispo electo, es decir, el poder que poseía un obispo electo no consagrado, era uno de los problemas más importantes y de mayores repercusiones prácticas que debían afrontar los comentadores de Graciano. Rufino trata este tema estableciendo una diferencia de *auctoritas* y de *potestas*, de tal modo que el obispo electo posee la *plena potestas quoad admistrationem* pero no tiene todavía la *plenitudo auctoritatis* que sólo recibirá con la consagración episcopal. Hay, por tanto, un poder de administración del que dispone el obispo electo no consagrado.

Estos conceptos se perfilan más en la cuestión de la elección de un subdiácono para la dignidad episcopal, ya que Rufino distingue dentro del poder episcopal, dos elementos: la *auctoritas* y la *administratio*[261]. Benson ve dos diferencias[262] en el uso de la *administratio*: primero se atribuye al ejercicio de los oficios inferiores al episcopal, como el archidiácono o el deán, y además se presenta como algo separado de la esfera espiritual. De esta manera se resuelve el problema y concluye que al igual que el archidiácono y el deán ejercen una *administratio* en virtud del oficio, en el caso del episcopado, aunque la plena *auctoritas* no se confiere hasta la ordenación, el subdiácono puede ejercer la *administratio* una vez que ha sido elegido obispo.

Sin embargo, puede observarse una coincidencia fundamental en las dos significaciones del concepto de *administratio*, y es que el término se utiliza como sinónimo de gobierno.

---

261 RUFINUS, Summa, ad D. 60, ed. Singer, 151-152: Ad quod est sciendum quod ecclesiastica dignita dalia est amministrationis, alia auctoritatis; ítem ammministratio alia spiritualium, alia secularium: spiritualium amministratio, ut archipresbiteri el decani; secularium, ut archidiaconi. Dignitas auctoritatis est episcopi.

262 Cf. BENSON, *The Bishop-elect,* 66.

No sólo Rufino trata este tema del obispo electo, la *Summa* de Bolonia (1188), escrita por Huguccio de Pisa, es decisiva porque aporta el desarrollo más representativo de la separación orden-jurisdicción realizado hasta la fecha de su composición.

Huguccio se separa de la doctrina de Graciano y de los primeros decretistas afirmando que la iglesia propia antes de su consagración depende también del obispo y está sujeta a él en cuanto a la ley diocesana y a la ley jurisdiccional, salvo que un especial privilegio establezca otra cosa. Determina el contenido de la *lex diocesana,* que es meramente administrativo de cosas materiales, y la *lex iurisdictionis* que se refiere a la administración de las cosas espirituales. Los actos de orden se incluirían en la ley de jurisdicción[263].

Para establecer el poder de un obispo electo, Huguccio realiza una pregunta muy precisa: ¿puede un electo, incluso antes de la confirmación de la elección, tener el derecho de administración de su iglesia? Para ello distingue entre el Papa electo y cualquier otro obispo. La diferencia radica en que, en la elección papal, elección y confirmación se dan simultáneamente, de ahí que se le reconozca la *plena potestas administrandi,* mientras que el obispo electo debe recibir la confirmación.

Pero ¿qué sucede para el caso de que el Papa electo no sea aún obispo?[264] Distingue dos dimensiones en el poder que el Papa posee, una de orden y otra de jurisdicción, que se recibe en diferentes momentos: la elección otorga la

---

263 HUGUCCIO, Summa super decretis, ad C. 10, q. 1: Quod ut melius intelligatur notandum, quod due sunt leges in quibus consistit tota potestas quam habet episcopus in ecclesiis si episcopatus. Est enim lex iurisdictionis et lex diocesana. Ad legem iurisdictionis spectat cura animarum sive eius datio, delictorum coercitio, ordinatio ecclisierium el altarium, virginum consecratio, crismatis et generaliter ómnium sacramentorum colllatio. Ad legem diocesanam spectat institutio et investidura clericorum, vocatio ad synodum e ed sepulturas motuorum, cathedraticum, tertia vel quarta oblationum, prestaatio decimarum et consimilia.

264 Ibid. Summa super decretis, ad D. 23, c. 1 citado por BENSON, The Bishop-elect, 118 (nota 5): Set ecce papa est electus et nondum est electus et nondum est episcopus, potest deponere vel degradare clérigos? Potest suspenderé vel excommunicare? Utique, et ut gemeralem faciam doctrinam, ommnia potest que sunt tantum iurisdictionis set non illa que sunt ordinis. Potest ergo deponere, degradare, excommunicare, suspenderé, prebendas dare et auferre et huiusmodi, set non potest clérigos ordinare, crisma confidere, altaria vel ecclesias consecrare et huiusmodi. Prima enim potius

jurisdicción; la consagración, el orden; las dos son fuente por las que el obispo recibe su poder.

Hay ejemplos que se han dado en la vida de la Iglesia en este sentido: ya hemos hablado de Gregorio I elegido Papa en febrero del año 590, siendo diácono y consagrado en septiembre de ese mismo año; además, en este tiempo, Gregorio VII fue elegido el 22 de abril de 1073 siendo arcediano, el 22 de mayo fue ordenado sacerdote y el 30 de junio consagrado obispo y en este tiempo dictó una completa serie de importantes actos papales de gobierno; Inocencio III, elegido el 8 de enero de 1198, ordenado sacerdote el 22 del mismo mes y consagrado obispo el 22 de febrero, y en ese intervalo también emanó importantes actos papales[265].

Por último, los decretistas, tratan la relación del Papa y los obispos. Destaca de Rufino un comentario a la D. 21, c. 2 para establecer esta relación. En este comentario se explica que Pedro recibió la potestad de atar y desatar que luego recibieron los demás apóstoles, los cuales comparten la misma potestad y el mismo honor. Rufino, partiendo de esto, establece una triple diferencia[266] que, aplicado en este caso, el Papa y los obispos comparten la misma *auctoritas* en virtud de la consagración y del mismo orden, pero se diferencian en la *administratio o dispensatio*. Y así, Benson reconoce que "Pedro es verdaderamente el príncipe de los apóstoles en cuanto su poder está por encima del de los otros y puede darles las órdenes"[267].

Sintetizando la doctrina de Rufino, se puede ver que no hay una distinción formal entre *ordo* y *iurisdictio* como dos elementos o dimensiones de la potestad eclesiástica, pero sí puede reconocerse diferentes esferas dentro de la concepción de potestad.

---

sunt iurisdictionis quam ordinis, hec autem ex ordine proveniunt, nam insacratus vel inordinatu consecrare vel ordinare non potest.

265 Cfr. Stickler, "La bipartición de la potestad", 59.

266 Rufinus, Summa, ad D. 21, c. 2, ed. Singer, 45: Prelatura in clericis provenit aliquando ex dignitate consecrationis, aliquando ex dignitate ordinis, aliquando es dignitate dispensationis vel amministrationis; hec autem amministratio aliquandi est spirtualium, aliquando secularium rerum.

267 Cf. Benson, *The Bishop-elect*, 71.

Por su parte, Huguccio, en su Summa, vuelve a utilizar el binomio *ordo/ iurisdictio* para explicar la relación del Papa, a partir de Pedro, con los demás obispos, a partir de los apóstoles. Elimina la triple forma en que Rufino establecía las posibles diferencias entre los clérigos, *ex dignitate consecrationis, ex dignitate ordinis, ex dignitate dispensationis vel administrationis,* y determina una doble clasificación según el orden y según la jurisdicción. Además, introduce el término *iurisdictio* para designar las diferencias que no proceden del orden sacramental.[268]

En resumen, en Huguccio aparece la distinción formal *ordo/iurisdictio* en la cuestión del poder de un electo y de la relación del Papa con el resto del Colegio episcopal. Además, aparece la distinción en el poder episcopal de dos elementos, uno que se recibe por la consagración y otro de jurisdicción que se recibe por la elección.

Junto a la labor de los decretistas se encuentran los decretalistas. En estos siglos se desarrollan las técnicas legales que permitieron a los pontífices emanar gran cantidad de leyes. Si durante el primer milenio, la producción del derecho viene dada por los concilios, ahora aparecen los papas legisladores que legislan por medio de las decretales. Los que más destacan en este sentido son Alejandro III, Inocencio III, Gregorio IX y, en menor medida, Inocencio IV. El derecho canónico se va trasformando poco a poco y pasa de una disciplina basada en el estudio del *ius antiquum,* que se había sintetizado en el Decreto de Graciano, a un verdadero sistema legal basado en las nuevas decretales papales que empiezan a recogerse en colecciones oficiales. Por tanto, en estos momentos, el Papa es considerado un legislador[269] .

268 Ibid. Summa super decretis, ad D. 21, c. 2 citado por VILLEMIN, Pouvoir d´ordre et pouvoir, 93: Vel pares fuerunt quoad ordinem, qui quemcumque ordinem habuit Petrus, habuit et quilibet aliorum; sed Petrus prefuit illis in dignitate prelationis, un administrationes,in iurisdictione. Ipse enim de aliis disponebat er eos al predicandum mittebat.Item prefuit apellatione, quia ipse solus cefas i. e. Caput apostolorum dictus est ut d.xxij. sacrosancta. Sepe enim contingit quod quis est maior alio ordine set est mino eo in administratione ut archipresbyter archidiacono ut xxv. Di. Perlectis. Dicit ergo pari quoad ordinem et consecrationem et es ar. Quod omnis episcopus sit par apostólico ratione ordinis et consecrationis.

269 Cfr. Álvarez De Las Asturias, *Derecho canónico en perspectiva,* 177-179.

El nacimiento de este derecho pontificio por medio de las decretales, hace que se comience su estudio por parte de los canonistas que recibirán el nombre de decretalistas[270].

La doctrina de los decretalistas no es unitaria ni es una cuestión que en este momento, aunque tiene importancia, no ocupa un lugar fundamental. Sin embargo, de este período se puede concretar lo siguiente:

- Se aprecia una distinción dentro del poder episcopal entre lo que procede del orden y se recibe con la consagración, y lo que se deriva de la jurisdicción, que se posee desde que la elección es confirmada.
- El empleo de los términos *ordo* y *iurisdictio* se generaliza pero no se utiliza el término de *potestas*, es decir, salvo en Hostiensis donde aparece por primera vez *potestas iurisdiccionis* et *potestas ordinis*. La mayoría de su empleo se encuentra en las aclaraciones del sujeto de la jurisdicción ordinaria y la jurisdicción delegada.
- El principal uso de la distinción entre orden y jurisdicción se encuentra en la cuestión del poder del obispo entre su confirmación y su consagración. No es un uso nuevo pero se está desarrollando en este momento siendo objeto de consenso en doctrina que la jurisdicción está separada de la consagración sacerdotal o episcopal.
- En este momento, además, existen casos en los que el poder de jurisdicción es ejercido por personas, en algunos casos mujeres, que no tienen el poder de orden, como la Abadesa de las Huelgas, figura que analizaremos en el capítulo V, con potestad cuasiepiscopal sobre su territorio. Llegó a tener 64 pueblos en los que ni el obispo ni el delegado apostólico tenían derecho a visitar Iglesias, parroquias, clero o beneficiarios; además podía establecer y trasladar parroquias, expedir cartas dimisorias, dar licencia a los confesores…

270 *Ibid.*, 187.

En conclusión, se puede ver que la distinción entre orden y jurisdicción, que surge en los canonistas de los siglos XII y XIII, se encuentra en plena evolución y se va perfilando poco a poco la diferencia entre las dos dimensiones del poder eclesiástico.

Hay que destacar que este desarrollo no surge de una evolución teórica de estos conceptos, sino que desde el inicio de la Iglesia se da una práctica en los oficios eclesiásticos y va surgiendo la necesidad de resolver unos problemas muy concretos, de los que ya hemos hablado pero, sobre todo, hay que destacar la cuestión del poder del obispo electo y la teoría de la elección constituyen el foco de aparición y difusión del concepto de *iurisdictio*.

2.3. SANTO TOMÁS DE AQUINO[271]

Un punto a destacar en el desarrollo del binomio *ordo/iurisdictio* es la distinción que realiza santo Tomás de Aquino. Lo primero que hay que decir es que la palabra *iurisdictio* es utilizada por el santo con distintos sentidos. Lo hace aplicando un sentido secular, es decir, en referencia al poder civil poseído por quien tiene cierta autoridad. También lo utiliza como dimensión genérica de la potestad espiritual, refiriéndose a una dimensión genérica del poder eclesiástico. Y lo utiliza como *iurisdictio* en el sentido de potestad judicial en el fuero interno que posee aquel que está constituido en juez sobre otros.

La jurisdicción, además, como elemento que pone un grupo de fieles bajo la autoridad de un prelado es muy importante en relación al sacramento de la penitencia para que este sacramento pueda ser celebrado válidamente ya que, la jurisdicción, aparece como el elemento necesario para que aquel que posee la potestad de las llaves, recibida por la consagración, posea también la capacidad de actualizar tal potestad sobre una determinada porción del Pueblo de Dios puesto bajo su autoridad en virtud de esa jurisdicción.

Santo Tomás, por tanto, hace un uso explícito de *iurisdictio* en oposición a *ordo*. Lo va a hacer desde distintas perspectivas, de tal forma que, en primer

---

271 Cfr. FERNÁNDEZ, *La distinción ordo/iurisdictio*, 60-70.

lugar, el concepto *iurisdictio* se muestra como principio o elemento de la potestad eclesiástica y diferente a la dimensión sacramental o de orden, pero es necesario para que algunos actos sacramentales sean válidos o lícitos, aunque no utiliza ninguna fórmula precisa. Se aplica, sobre todo, al derecho de bautizar a un hereje y al negar que pueda dictar una excomunión, ya que éste no pierde el orden sacerdotal aunque sí su jurisdicción[272].

El Aquinate utiliza la expresión *ea quae sunt iurisdiccionis* para distinguir lo que pertenece al orden y lo que pertenece a la jurisdicción. Lo hace en tres textos diferentes. En el primero, cuando trata que un diácono le puede ser confiado aquello que de la *cura* pertenece a la *iurisdictio* pero no aquello que es propio del *ordo sacerdotalis*[273].

Otro de los textos trata de la excomunión[274], donde el término *iurisdictio* aparece como un elemento en el que se distingue su posesión y su uso, de tal manera que se delimita lo que pertenece al orden y lo que pertenece a la jurisdicción. Por tanto, se puede estar suspendido en lo que se refiere al orden, pero conservando la capacidad de realizar lo que es de jurisdicción y viceversa. En

---

272 *Scriptum super Sententiis*, In libro IV, d. 6, q. 1, a. 3, qc. 3, ad. 2, en: Sancti Thomae Aquinatis Dotoris angelici Ordinis Praedicatorum Opera omnia ad fidem optimarum editionum accurante recognita. Tomus VII: Commentum in quatuor libros Sententiarum Magistri Petri Lombardi, Vol. 2. (Parmae 1858): Ad secundum dicendum, quos jus dandi Baptisma est ex duobus; scilicet ex ordine sacerdotali, et ex jurisdictione. In haeretico ergo ab Ecclesia praeciso manet jus dandi Baptisma quantum ad ordinem sacerdotalem, si primo in Ecclesia sacerdos fuerit; non tamen manet quantum ad jurisdictionem, quam amittit. Nec tamen sequitur quod Baptismum ab haeretico suscipiens, Semper injuste accipiat, cum credit eum habere jus dandi, et non esse haereticum, vel in casu necessitatis, in quo quilibet habet potestatem baptizandi.

273 *Ibid.*, d. 13, q. 1, a. 3, qc. 2, ad 2: Ad secundum dicendum, quod diaconus potest habere curam animarum quentum ad ea quae jurisdictionis sunt, sed non quantum ad ea quae sunt ordinis: dispensatio autem sacramentorum ad ordinem pertinet.

274 *Ibid.*, d. 18, q. 2, a. 2. Qc. 3, co. : Ad tertiam quaestionem dicendum, quod usus jurisdictionis est in comparatione ad alium hominem; et ideo, cum omnis excommunicatus a communione fidelium separetur, quilibet excommunicatus usu jurisdictionis privatur. Et quia excommunicatio est jurisdictionis privatio, ideo excommunicatus excommunicare non potest; et eadem ratio est de suspenso a jurisdictione. Si enim sit suspensus ab ordine tantum, tunc non potest es quae sunt ordinis, sed potes tea quae sunt jurisdictionis; et e converso, si sit suspensus a jurisdictione, et non ab ordine; si autem ab utroque, tunc neutrum potest.

consecuencia, se observa que la *iurisdictio* no puede entenderse como mera capacidad de poner en acto la potestad sacramental, ni como el derecho a utilizar tal potestad, ni como elemento que aporta la materia para determinados actos.

El último de los textos se refiere a los religiosos[275] y afirma que las cosas que pertenecen al orden no pueden ser encomendadas a quien no posee el orden, pero sí puede encomendarse a alguien que no tiene la jurisdicción aquello que pertenece a la *iurisdictio*, con tal de que posea los otros elementos necesarios para poder realizar el acto.

Haciendo una distinción[276] entre *clavis ordinis* o dimensión sacramental de la potestad, *y clavis iurisdictionis* o dimensión no sacramental en orden a la dispensación de bienes de comunión eclesial, santo Tomás habla de que alguien que no tenga el orden puede conceder indulgencias o pueda pronunciar una excomunión, pero la llave del orden sólo la tienen los sacerdotes porque se refiere a todo lo que ordena directamente el pueblo hacia Dios.

El uso de este binomio se ve con más claridad en un texto sobre la penitencia[277], al indicar que todo sacerdote, por poseer la potestad de orden, puede

---

275 Summma Theologie II-II, q. 187, a. 1, co. : Quia ea quae sunt ordinis, committi non possunt nisi ei qui ordinem habet, sicut diacono non potest committi quod celebret Missam, nisi fiat sacerdos. Ea vero quae sunt iurisdictionis, committi possunt eis qui non habent ordinariam iurisdictionem, sicut prolatio sententiae committitur ab episcoopo simplici sacerdote. Et hoc modo dicitur non licere monachis et aliis religiosis praedicae, docere, et alia huiusmodi facere, quia status religionis non dat eis potestatem haec faciendi. Possunt tamen ista facere si ordinem accipiant vel ordinariam iurisdictionem, aut etiam si eis committantur es quae sunt iurisdictionis.

276 In Sent. IV, d. 20, q. 1, a. 3, qc. 2, ad 1: Ad primum ergo dicendum, quos clavis, sicut supra dictum est, est dúplex: scilicet ordinis et jurisdictionis. Clavis ordinis sacramentale quoddam est; et quia sacramentorum effectus non sunt determinati ab homine, sed a Deo; ideo non potest taxare sacerdos quantum per clavem ordinis in foro confessionis de poene debita dimittat; sed tantum dimittitur quantum Deus ordinavit. Sed clavis jurisdictionis non est quid sacramentale, et effectus est remissio quae est per indulgentias, cum non pertineat ad dispensationem sacramentorum talis remissio, sed ad dispensationembonorum communium Ecclesiae; et ideo etiam legati non sacerdotes indulgentias concederé possunt.

277 *Ibid.*, d. 19, q. 1, a. 3, qc. 1, ad 1: Ad primum ergo dicendum, quos ad absolutionem a poccato requiritur dúplex potestas; scilicet potestas ordinis, et potestas jurisdictionis. Prima quidem potestas est aequaliter in ómnibus sacerdotibus, non autem secunda; et ideo ubi dominus, Joan. 20, dedit

absolver cualquier pecado pero, para su uso, necesita también la jurisdicción. Vuelve a concebir la potestad como bipartita; por un lado, está la potestad de orden que reciben los sacerdotes de Cristo en la ordenación y lo hacen todos por igual y, por otro, la potestad de jurisdicción, también tiene su origen en Cristo, pero ha sido confiada de manera singular a Pedro y desde él, se extiende a los demás.

Para terminar, hay que señalar las dos ocasiones en las que se hace referencia al adjetivo *iurisdictionalis* en la *Summa Theologiae,* cuando hace referencia a la potestad que conserva un cismático. Vuelve a afirmarse la estructura bipartita de la potestad y que ambas dimensiones se reciben por cauces distintos, la potestad sacramental *per consecrationem*, la jurisdiccional *ex simplici iniunctione hominis*. Por eso la primera no puede quitarse ni perderse, pero la segunda sí, como ocurre en el caso de los herejes y cismáticos.[278]

2.4. PATRONATO REGIO Y DESCUBRIMIENTO DE AMÉRICA[279]

Durante los siglos XIV a XVI se producen en la Iglesia una serie de transformaciones que afectaron al derecho canónico y lo encaminan a un cambio de época.

ómnibus apostolis communiter potestatem remittendi peccata, intelligitur de potestate quae consequitur ordinem; unde et sacerdotibus, quando ordinatur, illa verba dicuntur. Sed Petro dedit songulariter potestatem remittendi peccata, Matth. 16, ut intelligatur quod ipse prae aliis habet potestatem jurisdictionis. Potestas autem ordinis, quantum est de se, se extendit ad omnes absolvendos; et ideo indeterminate dominus dixit: quórum remiseritis peccata; intelligens tamen quod usus illius potestatis esse deberet, praesupposita potestate Petro collata, secundum ipsius ordinationem.

278 Summa Theologie II-II, q. 39, a. 3, co: Respondeo dicendum quod dúplex est spiritualis potestas, una quidem sacramentalis; alia iurisdictionalis. Sacramentalis quidem potestas est quae per aliquam consecratinem confertur. Omnes autem consecrationes Ecclesiae sunt inmobiles, manente re quae consecratum, sicut patet etiam in rebus inanimatis, nam altare semel consecratum non consecratur iterum nisi fuerit dissipatum. Et ideo talis potestas secundum suam essentiem remanet in homine qui per consecrationem eam est adeptus quandiu vivit, sive in schisma sive in haeresim labatur, quod patet ex hoc quod rediens ad Ecclesiam non iterum consecratur. (...) Potestas autem iurisdictionalis est quae ex simplici iniunctione hominis confertur. Et talis potestas non immobiliter adhaeret. Unde in schismaticis et haereticis non manet.

279 Este apartado está recogido principalmente de ÁLVAREZ DE LAS ASTURIAS, *Derecho canónico en perspectiva*, 225-264.

El final del pontificado de Bonifacio VIII (1294-1303), supone el principio del fin de la época medieval marcando el inicio de un nuevo escenario con la creación de las monarquías modernas que van a propiciar una mayor intervención de los reyes en los asuntos de la Iglesia.

Entre 1378 a 1414 se produce el Cisma de occidente en el que llegaron a reinar tres Papas simultáneamente con consecuencias devastadoras para la Iglesia, siendo una de sus consecuencias que cambiaran las relaciones entre el pontificado y el poder político, y sus competencias en materia eclesiástica[280].

Unido a todo esto, la Iglesia tuvo que hacer frente, antes que se iniciara el Concilio de Trento, a tres situaciones que tuvieron distintas consecuencias en la configuración de alguna de las instituciones y en la ciencia del derecho canónico: el humanismo, la evangelización de América, tras su descubrimiento y las reformas protestantes.

En relación al humanismo, uno de los efectos que trajo consigo fue la reaparición del control político sobre la Iglesia. No vamos a entrar en las causas por las que se llegó a esa situación ni en las consecuencias que se produjeron en otros sectores, aquí haremos referencia a lo que supuso la intervención del Estado en la Iglesia en el ámbito de la potestad y los laicos.

Hay decir, además que, aunque a lo largo del tiempo y de los siglos, esta injerencia del poder civil derivó en el vicariato regio[281], doctrina que no fue

280 Cfr. *Ibid.*, 213-214.

281 En el siglo XVI comenzó a elaborarse en las Indias españolas la teoría que consideraba a los reyes no sólo patronos, gracias al patronato regio, sino vicarios papales, es decir, delegados papales con gran amplitud de facultades, primero para la Iglesia indiana y después para la peninsular, esta teoría es lo que se ha llamado, vicariato regio. Los promotores fueron misioneros y tratadistas que vivieron en América en la segunda mitad del siglo XVI, aunque su consolidación llega con Juan de Solórzano Pereira, uno de los grandes juristas indianos del siglo XVII que va a desarrollar la doctrina del vicariato. Mediante el vicariato, el rey es delegado papal en cuanto a la conversión de los infieles, a los religiosos y a una serie de facultades en orden a la evangelización; de esta manera, el gobierno de la Iglesia indiana quedaba bajo la autoridad real. Solórzano basaba su teoría en que ningún defecto de capacidad que impide a los laicos ejercer la jurisdicción sobre las personas en las causas eclesiásticas, por lo que los Romanos Pontífices podían hacer de los monarcas sus delegados en las Indias. Finalmente, el vicariato regio fue condenado por la Santa Sede, ya que se podían tolerar las prácticas vicariales por la efectividad del sistema, pero no se podía aceptar su formulación doctrinal.

reconocida por la Santa Sede, en el comienzo y durante años, esta intervención del poder civil en la Iglesia trajo cosas positivas y legítimas.

El poder de la autoridad civil sobre la Iglesia, comienza cuando el Papa Martín V, para lograr la victoria sobre el conciliarismo, firma concordatos con los reyes de distintas naciones por los que se les concedía el derecho de reforma en la Iglesia cuando ésta no realizara de forma adecuada su misión, dejando cierto control a los reyes en los nombramientos eclesiásticos; se volvía de esta manera a la disciplina tradicional.

Una de las consecuencias de este control ejercido en España, a finales del siglo XV y principios del siglo XVI, en este caso control ejercido por los Reyes Católicos fue la culminación de una profunda reforma, por un lado, del episcopado y por otro de los estudios teológicos; ambas reformas se revelarían esenciales para la celebración del Concilio de Trento.

Tras esta reforma por parte de los Reyes Católicos y con esta injerencia en los nombramientos del poder político en el eclesiástico, surge la institución del Patronato regio.

El derecho de patronato consiste en "la presentación por parte del poder político de las personas que han de ser investidas en los cargos eclesiásticos, fundamentalmente obispos, canónigos y párrocos"[282]. Es una manifestación histórica y jurídica del poder de los laicos en la Iglesia.

El patronato fue utilizado primero por los señores como una forma de control en su propio beneficio de la jerarquía de la Iglesia, ya que cuando los propietarios de grandes dominios erigieron en sus tierras iglesias y oratorios para la población campesina convertida al cristianismo, los consideraban bienes de su propiedad, nombrando por tanto al clérigo que había de regirlas y pretendiendo otros derechos. Por otro lado, dado el poder y la influencia que los obispos acumulaban también en la esfera temporal, era importante para

---

Finalmente, en el año 1672, la tesis del vicariato de Solórzano fue incluida en el Índice de Libros Prohibidos. Cfr. A. De La Hera, "La doctrina del vicariato regio en Indias", en: *Orbis Incognitus. Avisos y legajos del nuevo mundo* (Huelva, 2007), 89-99.

282 A. De La Hera, *Iglesia y Corona en la América Española*, (Madrid 1992), 175.

estos señores contar en sus territorios con un episcopado afín. De este modo, entre los siglos XV y XVIII sobre todo con la expansión misional, este sistema fue asumido por los monarcas y fue cuando recibió el nombre de patronato regio[283].

Este derecho a presentar a la Santa Sede las personas que habían de ser puestas al frente de la diócesis suponía una garantía sobre la fidelidad de los prelados al poder civil, por lo que el patronato regio radicó sustancialmente en el reconocimiento por parte del papado de este privilegio a diferentes monarcas a lo largo de los siglos. A este derecho de presentación se unirían la percepción o uso de diezmos que, en muchos de los casos, sobre todo en territorios de misión, volvían a invertirse en la Iglesia para su implantación; la delimitación de las diócesis; el nombramiento de otros cargos inferiores y el control de las órdenes religiosas[284].

El derecho no se concedía por la autoridad eclesiástica sin contraprestaciones, es decir, a cambio de la concesión del privilegio se pedía a los príncipes el esfuerzo económico para establecer la Iglesia en los nuevos territorios que se habían de evangelizar, ya que la Iglesia no tenía ni medios económicos ni materiales.

Para ello existían dos conceptos: la fundación y dotación, por medio de los cuales, el poder civil se comprometía no sólo a fundar iglesias y edificios de culto dotándolos de lo necesario para su mantenimiento, si no también se comprometían al mantenimiento de los clérigos. Según fue avanzando la fe en Europa, América pero también en Asia, África y Oceanía, los privilegios fueron aumentando concediendo a las Coronas, además del patronato, los diezmos, a los que renuncia la Iglesia en favor del Estado[285].

El comienzo del patronato se encuentra en los privilegios concedidos por los papas a los reyes de Portugal para la provisión de beneficios en los

283 Cfr. A. De La Hera, *Diccionario General de Derecho Canónico,* J. Otaduy – A. Viana – J. Sedano (dirs.), (Pamplona 2012), 987.

284 Cfr. *Ibid.*, 988.

285 Cfr. De La Hera, *Iglesia y Corona,* 176.

territorios evangelizados de la costa de África, aunque se les concedía en tanto Maestres de la Gran Orden de Cristo, manteniendo así cierta ficción jurídica.

No vamos a recoger cómo se manifestó el patronato regio en otros países europeos, sino en la medida que influyó en España, sobre todo tras el descubrimiento de América y la implantación de la Iglesia allí por medio de los Reyes Católicos.

El patronato regio en España es concedido con la bula *Orthodoxae fidei* de 3 de diciembre de 1486 por la que el Papa Inocencio VIII otorgaba a los Reyes Católicos el patronato sobre las Iglesias de Granada, las Canarias y Puerto Real, es decir, les daba el derecho de presentación sobre las iglesias catedrales, monasterios y prioratos conventuales. La concesión a los Reyes de España del patronato universal sobre todos sus reinos no sería hasta siglos después con el Concordato de 1753 entre Benedicto XIV y Fernando VI[286].

Con el descubrimiento de América, la Santa Sede va a proceder a la donación de nuevas tierras a Castilla. Por medio de las *bulas alejandrinas* (año 1493), el Papa Alejandro VI dona a la Corona de Castilla todas las tierras de América descubiertas y las que quedaban por descubrir, con la condición de que Castilla se responsabilizara de la evangelización de dichos territorios, enviando misioneros y sufragando gastos. Para cumplir esta misión, los Reyes solicitan el derecho de patronato por el que se incluían la presentación de todos los beneficios eclesiásticos en América, la posibilidad de erigir nuevos y la posibilidad de examinar los documentos eclesiásticos en dichos territorios.

Aunque en un primer momento, solo les fueron concedidos por el Papa Alejandro VI los diezmos de las Iglesias de las Indias, tras la insistencia del rey Fernando a lo largo de los años, le fue concedido el patronato de América por Julio II en 1508 con la bula *Universalis Ecclesiae*.

La Corona no se limitó a lo concedido por el patronato, si no que la monarquía española fue ampliando poco a poco la esfera de sus competencias en materia eclesiástica hasta conseguir un gran número de facultades para el

---

286 Cfr. *Ibid.*, 178.

rey hasta llegar a la Real Cédula de Felipe II, dada en Madrid el 4 de julio de 1574. En esta cédula el rey establece la aplicación del derecho patronal con las siguientes competencias: 1. Provisión de todos los beneficios eclesiásticos de las Indias, incluso cualquier oficio eclesiástico o religioso; 2. Derecho de erección del que no queda excluida iglesia catedral, ni parroquial, monasterio, hospital, iglesia votiva, ni otro lugar pío ni religioso. De esto, por el principio de quien concede el fin, concede los medios necesarios, resultaba que el rey estaba capacitado para dar el pase a los misioneros y a sus superiores, presentar al obispo, los párrocos y doctrineros, y entender en su remoción control y punición. Igualmente, caía bajo el examen regio toda la documentación eclesiástica referente a las Indias, de cualquier procedencia, bulas papales, edictos conciliares y episcopales. A estos derechos correspondía la obligación regia de sostener todo el complejo de la obra misionera indiana, con lo cual el patronato obtenía la forma jurídica de contrato oneroso[287].

Aunque son unas facultades interpretadas de manera muy amplia, Felipe II se mantuvo durante todo su reinado relativamente dentro de estos márgenes en el ejercicio de sus poderes patronales sobre la Iglesia de las Indias. A partir de este momento, surge la doctrina del vicariato regio por la que los monarcas eran considerados vicarios pontificios, pero esta doctrina no estuvo aprobada ni reconocida por la Santa Sede[288].

Independientemente de su legitimación y de los conflictos que surgieron entre la Santa Sede y la Corona, el hecho es que se formó un derecho canónico en Indias que se puede considerar como un derecho particular que a través, de la dispensa o del privilegio presenta caracteres propios. Por tanto, la vida de la Iglesia en la América española se regulaba por la legislación universal, la particular para esos territorios y por la legislación de la Corona en materia eclesiástica.

---

287 Cfr. *Ibid.*, 188.

288 Cfr. *Ibid.*, 190.

Por tanto, este patronato de los reyes otorgado para la implantación de la Iglesia en esos territorios, supuso la intervención regia en la vida de la Iglesia americana, más concretamente: en la asignación de todos los beneficios; en la erección de las diócesis y de las provincias eclesiásticas; y el control de toda la legislación emanada para América.

El fin de este control por parte de la autoridad política en la evangelización, no sólo de América sino también de las Indias orientales, que se había dejado en manos de monarcas portugueses y castellanos, comienza en el s. XVI cuando, dado los abusos que se estaba produciendo por medio del llamado vicariato regio, los pontífices empiezan a tomar conciencia de la necesidad de coordinar desde Roma la actividad misionera no sólo de América, África y Asia, sino también de Europa tal y como había quedado después de la reforma protestante y las relaciones con las Iglesias orientales. Así, Gregorio XV crea en 1622 la Congregación de Propaganda Fide con competencias relacionadas con todos los aspectos de la vida de la Iglesia.

2.5. CONCILIO DE TRENTO (1545-1563)

El tercer desafío, como ya hemos dicho, que tuvo que afrontar la Iglesia en este caso, durante el siglo XVI, fueron los movimientos de reforma que dieron como consecuencia la aparición de nuevas confesiones cristianas: luteranismo, calvinismo y anglicanismo, entre otras. El concilio de Trento fue la respuesta a estos movimientos, especialmente a las formulaciones de Martín Lutero.

El concilio de Trento fue un concilio convocado y dirigido en un inicio por el Papa Pablo III que, aunque no participó de manera personal, lo hizo a través de los legados que en su lugar ocupaban la presidencia del concilio. Éstos recibían sus instrucciones y le informaban posteriormente a través de los informes que redactaban en común o de manera personal[289]. En algunos de los momentos, su participación fue tomada varias veces en consideración.

289 Cfr. H. JEDIN, *El Concilio de Trento en su última etapa,* (Barcelona 1965), 25.

Posteriormente, se convocaron dos sesiones más cada una de ellas bajo la dirección de un pontificado distinto.

En relación a la potestad y la relación entre el sacramento del orden y la jurisdicción, el Concilio de Trento no aclara la cuestión de este binomio. Sin embargo, se inicia un periodo de especulación sobre el origen de la potestad de jurisdicción, mediante la discusión de la relación entre el oficio primacial y los obispos. La cuestión que se pretende aclarar es, si con el oficio episcopal se confiere también la potestad a la persona elegida o es de quien concede[290] dicha potestad, es decir, si la jurisdicción del obispo es de origen divino o, por el contrario, la jurisdicción episcopal se halla en la potestad del Papa. Esta cuestión se convertirá en la "gran crisis" de Trento y, a pesar de la insistencia de Pio IV, no se pudo llegar a una solución definitiva[291].

El conciliarismo y la reestructuración de la constitución de la Iglesia hicieron que los padres conciliares no estudiasen a fondo y no tomaran decisiones acerca del origen de la jurisdicción[292], aunque el concilio de Trento sí promulgó cánones para cerciorarse de la realidad sacramental del orden. Esto se comprende debido a la situación teológica y doctrinal que se daba con los protestantes en relación al sacramento del orden y la eucaristía, y su puesta en tela de juicio.

El "punto de viraje"[293] del Concilio, como lo llama H. Jedin, es la sesión XXIII, sesión en la que se tratan todos los aspectos sobre el sacramento del orden, la jerarquía eclesiástica y la relación entre el P22apa y los obispos. En este sentido, había dos corrientes diferenciadas, los episcopalistas y los celantes.

Dentro de los primeros, se encontraban los obispos franceses o galicanos y los españoles, aunque con posturas distintas. Los galicanos rechazaban en el decreto del orden toda expresión que excluyera al conciliarismo (teoría que defendía que el obispo estaba sobre el Papa) y una parte de los obispos franceses

290 Cfr. Serrano, *Palabra, sacramento*, 140.

291 Jedin, *El Concilio de Trento*, 75.

292 Ibid., 141.

293 A partir de aquí, se toma de H. Jedin, *Historia del Concilio de Trento,* (Pamplona 1981), IV, Vol.2, 81.

eran episcopalistas en el sentido de querer revitalizar un episcopado autónomo con una organización metropolitana.

Los obispos franceses, con este episcopalismo, tendían un puente al episcopado español que, por el contrario, sí reconocían el primado jurisdiccional del Papa, pero ponían todo su interés en defender que los obispos recibían su ministerio pastoral por medio de la consagración episcopal inmediatamente de Dios y, por tanto, son instituidos por Cristo, sin perjuicio de que la jurisdicción sobre una determinada diócesis les sea otorgada por el Papa. Los españoles constituían la potencia más fuerte del concilio.

En el lado opuesto, estaban los celantes, no eran muy numerosos, aunque sí tenían muy buenas relaciones con Roma. Su fórmula eclesiológica era la fórmula de primado del concilio de Florencia[294], de tal manera, que en el decreto del orden rechazaban toda formulación que no se ajustara estrictamente a su texto y lo asegurara contra cualquier interpretación limitativa o delimitadora del mismo.

El 8 de junio de 1563 se presenta una fórmula elaborada en común por los franceses y españoles, la fórmula C. Había que ver cómo sería acogida por los celantes. La mayoría rechazó esta fórmula de la concordia por dos motivos: los obispos son instituidos por Cristo, puesto que luego se dice que estos obispos poseen la plena potestad de gobernar las diócesis a ellos encomendadas, hay que deducir que ellos recibieron esta jurisdicción de Cristo y no del Papa. El segundo contraargumento era que sin duda se atribuye al papa, como sucesor

294 En lo que se refiere al primado del Papa la fórmula del Concilio de Florencia es la siguiente: "Así mismo definimos que la santa Sede Apostólica y el Romano Pontífice tienen el primado sobre todo el orbe y que al mismo Romano Pontífice es el sucesor del bienaventurado Pedro, príncipe de los Apóstoles, verdadero vicario de Cristo y cabeza de toda la Iglesia y padre y maestro de todos los cristianos y que al mismo, en la persona del bienaventurado Pedro le fue entregada por nuestro Señor Jesucristo plena potestad de apacentar, regir y gobernar a la Iglesia universal, como se contiene hasta en las actas de los concilios ecuménicos y en los sagrados cánones. Así mismo declaramos de nuevo el orden de los demás venerables patriarcas, conforme está establecido en los cánones: el patriarca de Constantinopla es el segundo tras el santo Pontífice de Roma, el de Alejandría es el tercero, el de Antioquía el cuarto y el quinto el de Jerusalén; quedando a salvo todos sus privilegios y derechos" (ÁLVAREZ DE LAS ASTURIAS, *Derecho canónico en perspectiva*, 222).

de Pedro, la misma potestad que Pedro ha tenido, pero luego se dice que tiene la plena potestad de apacentar, de dirigir y de gobernar en la Iglesia universal a todas las ovejas de Cristo. Con ello se favorecía la interpretación galicana de que la plena potestad pontificia hay que entenderla distributivamente, es decir, extensiva a cada miembro particular de la Iglesia universal pero no colectivamente, es decir a la Iglesia en su conjunto, como afirmaban los florentinos.

Al día siguiente se presenta una segunda formulación, forma D, en la que el papa era llamado el vicario de Cristo y que tenía plena potestad para apacentar, dirigir y gobernar al rebaño del Señor. La formulación de que los obispos "han sido instituidos por Cristo", se había mantenido, pero se añadió que ellos recibían del Papa la potestad de gobernar en sus diócesis. Parecía que se llegaba a un acuerdo, pero finalmente los franceses no cedieron y presentaron el día 11 de junio su nueva fórmula F.

La fórmula F proponía dos variaciones: en el lugar del título papal "*universalis ecclesiae rector*" se incluía "*catholicae ecclesiae pastor*"; y si antes se había dicho: los obispos son promovidos en virtud de la autoridad del Romano Pontífice, ahora se dice: "son ratificados en virtud de la autoridad de la Sede Apostólica". Tampoco se llegó a ningún acuerdo.

No se conseguía acuerdo entre franceses, españoles y los celantes, girando todas las cuestiones alrededor de la distribución de poderes entre Papa y obispos. Todas las previsiones concluían que, a estas alturas del concilio, las discusiones se prolongarían durante meses y prolongaría el concilio de modo insoportable.

El 15 de junio se volvió a convocar sesión para el 15 de julio y empezó la discusión con la conciencia de que, aunque no existía perspectiva de llegar a la unificación con los decretos debatidos, se llegara al acuerdo que no hay que llegar a una doctrina perfecta sobre este asunto, sino que había que investigar sobre las expresiones que en la fórmula F perjudicaban al Papa y a la Sede Apostólica. Las negociaciones dieron como resultado la fórmula G, que tenía ciertos visos de ser aceptadas por franceses y españoles, aunque un pequeño grupo de celantes, la negaba.

Sin embargo, la nueva fórmula G volvió a ser rechazada. El día 5 de julio llegaba a los legados una respuesta que no podía contentarlos en modo alguno ya que el Papa se vio obligado a remitir a sus señorías el asunto y exhortarles a que lograran con todo empeño una concordia, pues sin ella no se podía establecer el dogma. Y hacía otra observación más aclaratoria: "nunca aprobaré un canon que no sea claro".

Ante esto, se imponía la última solución esbozada por los legados, consistente en excluir totalmente del decreto sobre el orden, la cuestión de las potestades. El Papa se declara conforme a esta solución. El 6 de julio se presenta la fórmula breve sobre el decreto del orden que es finalmente aprobada. El informe de los legados realizado el 12 de julio desvela las oposiciones, pero advierte felizmente: después de más de diez meses repletos de vivas controversias y disputas, fueron ultimados y aprobados los decretos de orden y de residencia. Una abrumadora mayoría de Padres, 227, habían dado su placet.

- El 15 de julio, en la XXVIII[295] sesión del cómputo general, se aprobaría el decreto del orden, entre otros, sin oposición digna de mención. Queda de la siguiente manera:
- El canon 1 rechaza la idea de que el ministerio eclesiástico consista meramente en la proclamación de la palabra y que quien no predique, no es sacerdote[296].
- El ascenso al sacerdocio se hace por grados (cap. 2 y can. 2)[297].

---

295 H. DENZINGER Y P. HÜNERMAN, "23ª Sesión, 15 de julio de 1563: Doctrina y cánonones sobre el sacramento del orden", en: *El Magisterio de la Iglesia. Enchiridion symbolorum deifintionum et declarationum de rebus fidei et morum,* Barcelona 1999, 1763-1778.

296 C. 1 del Concilio de Trento del decreto sobre el sacramento del orden: "Si alguno dijere que en el Nuevo Testamento no existe un sacerdocio visible y externo, o que no se da potestad alguna en consagrar y ofrecer el verdadero cuerpo y sangre del Señor y de perdonar los pecados, sino sólo el deber y mero ministerio de predicar el Evangelio, y que aquéllos que no lo predican no son, en manera alguna, sacerdotes: sea anatema. DH 1771.

297 C. 2: "Si alguno dijere que, fuera del sacerdocio, no hay en la Iglesia católica otros órdenes mayores y menores, por los que, como por grados se tiende al sacerdocio: sea anatema". DH1772.

- La ordenación es un sacramento, no un mero rito (cap.3, can.3)[298], imparte al Espíritu Santo (can.4)[299] e imprime, como el bautismo y la confirmación, un carácter que no puede destruirse ni quitarse; el concilio condena la opinión de que los sacerdotes del nuevo Testamento poseen potestad sólo temporal.
- El sacerdocio común de los fieles no excluye la existencia de una jerarquía eclesiástica que ha sido instituida por la divina ordenación (can.6)[300] y cuyo más alto grado es el ministerio episcopal.
- Los obispos están colocados sobre los presbíteros (can.7)[301] y poseen potestades que faltan a los grados inferiores.

El consentimiento del pueblo y de los poderes seculares no se requiere para la validez de la ordenación. Por último, si alguno dice, termina el decreto con el canon 8[302], que los obispos promovidos por el papa no son legítimos y verdaderos obispos, sino una invención humana, sea anatema.

Se puede concluir que en Trento los padres conciliares no pudieron llegar a un acuerdo sobre la jurisdicción del Papa ni de los obispos. Afirmaron la superioridad episcopal respecto del presbítero, sin embargo, no mencionaron

298 C. 3: "Si alguno dijere que el orden, o sea, la sagrada ordenación no es verdadera y propiamente sacramento, instituido por Cristo Señor, o que es una invención humana, excogitada por hombres ignorantes de las cosas eclesiásticas o que es sólo un rito para elegir a los ministros de la palabra de Dios y de los sacramentos: sea anatema". DH 1773.

299 C. 4: "Si alguno dijere que por la sagrada ordenación no se da el Espíritu Santo, y que por lo tanto en vano dicen los obispos: <<Recibe el Espíritu Santo>>; o que por ella no se imprime carácter; o que aquel que una vez fue sacerdote puede nuevamente convertirse en laico: sea anatema. DH 1774.

300 C. 6: "Si alguno dijere que en la Iglesia católica no existe una jerarquía instituida por ordenación divina, que consta de obispos, presbíteros y ministros: sea anatema". DH 1776.

301 C. 7: "Si alguno dijere que los objetivos no son superiores a los presbíteros, o que no tienen potestad de confirmar y ordenar, o que la que tienen les es común con los presbíteros, o que las órdenes por ellos conferidas sin el consentimiento o vocación del pueblo o de la potestad secular, son inválidas, o que aquellos que no han sido legítimamente ordenados y enviados por la potestad eclesiástica y canónica, sino que proceden de otra parte, son legítimos ministros de la palabra y de los sacramentos: sea anatema. DH 1777.

302 C. 8: "Si alguno dijere que los obispos son designados por autoridad del Romano Pontífice no son legítimos y verdaderos obispos, sino una creación humana: sea anatema". DH 1778.

la jurisdicción trasmitida en la ordenación, limitándose a un decreto sencillo sobre el sacramento del orden sacerdotal.

3.TERCERA EDAD. DEL CONCILIO DE TRENTO HASTA EL CONCILIO VATICANO II

Para la Iglesia y su derecho esta nueva época se fundamenta en la reforma llevada a cabo por el Concilio de Trento y en su aplicación en el tiempo posterior. Durante estos siglos, el cada vez mayor centralismo romano irá acompañado por una ciencia canónica preocupada por la búsqueda de la renovación de su sistemática. Estas características desembocarán en la promulgación del Código de Derecho Canónico de 1917.

Tras la Revolución francesa y el imperio napoleónico y después de la liberación de los Estados pontificios y la restauración del poder temporal del Papa, el derecho canónico será un derecho romano en conexión con el papado y la curia romana, por tanto, la Iglesia se centraliza.

Con la fragmentación del sistema canónico medieval en diversos sistemas jurídicos: el *Corpus Iuris Canonici,* el tridentino, el indiano y el misionero, al que hay que añadir la proliferación de bulas papales por las transformaciones de los siglos anteriores, después del Concilio Vaticano I, se vio la necesidad de una reforma del derecho. La codificación canónica fue posible cuando se dieron las condiciones adecuadas[303].

3.1. CÓDIGO DE DERECHO CANÓNICO DE 1917[304]

El origen inmediato de la codificación se sitúa en 1903 cuando Pio X vio la necesidad de proceder a la reforma del derecho canónico. Imponiéndose

---

303 Esta introducción está tomada, Cfr. ÁLVAREZ DE LAS ASTURIAS, *Derecho canónico en perspectiva,* 241-275.

304 Cfr. M. CABREROS DE ANTA - A. ALONSO LOBO - S. ALONSO MORÁN, *Comentarios al Código de Derecho canónico I,* (Madrid, 1963), 386-394.

ante la opinión mayoritaria de los cardenales de la Congregación para los Asuntos Eclesiásticos Extraordinarios, que no querían apartarse de la tradición canónica medieval, el Papa optó por la forma codificadora[305].

El Código se promulgaba por Benedicto XV el 27 de mayo de 1917 con la Constitución apostólica *Providentissima Mater Ecclesia,* entrando en vigor el 19 de mayo de 1918.

En el Código de 1917 se va a distinguir entre la potestad de orden, por la que se hacía a un clérigo pertenecer a la jerarquía de la Iglesia, y la potestad de jurisdicción que era la potestad que le daba el acceso al gobierno por medio de la misión canónica. Los cánones que tratan esta cuestión son el 108, 109 y 118.

La Iglesia estableció un rito litúrgico para hacer la selección de las personas físicas que destinaba a las órdenes. Esa ceremonia sagrada se llama tonsura y, en la Iglesia latina, consistía en el corte simbólico de los cabellos y en la entrega de la sobrepelliz, con la forma verbal correspondiente.

Según el canon 108 del código de 1917, los cristianos varones que hayan recibido la tonsura, comienzan a pertenecer a la milicia clerical y a estar dedicados a los divinos ministerios. Este canon, por tanto, describe a quienes se consideraban "clérigos": son todos aquellos que estaban dedicados a los ministerios divinos y, se les consideraba como tal, al menos desde la primera tonsura[306].

La tonsura, aun cuando se llamara "orden" (canon 950[307]) y el varón fuera considerado clérigo a partir de la misma, sin embargo, sólo le confería la capacidad jurídica para recibir las órdenes y no su participación dentro de la jerarquía de la Iglesia. No obstante, los tonsurados pertenecían con pleno derecho y con efectos jurídicos a la clerecía.

---

305 Cfr. ÁLVAREZ DE LAS ASTURIAS, *Derecho canónico en perspectiva,* 280.

306 C. 108 §1 CIC 1917: Llámense clérigos los que al menos por la primera tonsura han sido consagrados a los ministerios divinos.

307 C. 950: In iure verba: ordinare, ordo, ordinatio, sacra ordinatio, comprehendunt, praeter consecrationem episcopalem, ordines enumeratos in can. 949 et ipsam primam tonsuram, nisi aliud ex natura rei vel ex contextu verborum eruatur.

Además de los tonsurados podían recibir el sacramento del orden que les habilitaba para pertenecer al gobierno de la Iglesia y para el ministerio del culto divino, recogico en el canon 948[308].

En el § 2 del mismo canon 108 se precisaba que estos clérigos no se encontraban en el mismo grado, sino que entre ellos se establecía una jerarquía: §2: "No son todos del mismo grado, sino que entre ellos hay jerarquía sagrada, en la cual unos están subordinados a otros".

Esta jerarquía es la que recoge el canon 108 § 3 en el cual se determinaba las dos líneas de jerarquía, la de orden y la de jurisdicción. Dice el texto lo siguiente:

> Por institución divina, la jerarquía sagrada, en razón del orden, se compone de Obispos, presbíteros y ministros; por razón de la jurisdicción consta de Pontificado supremo y del Episcopado subordinado; más por institución de la Iglesia se añadieron otros grados.

Este parágrafo determina que la potestad conferida por Cristo a sus Apóstoles, es doble: de orden y de jurisdicción. El orden es un poder sagrado que habilita para colaborar con Dios en la santificación de las almas, mediante el ejercicio del culto público y la administración de los sacramentos y sacramentales, y la jurisdicción eclesiástica es también un poder que capacita para enseñar y regir a los fieles en tal forma que puedan ser conducidos a su fin sobrenatural.

La diferencia entre ambas potestades viene dada por distintos aspectos[309]:

- Por su origen, ya que la causa de la potestad de orden es la ordenación y el origen de la potestad de jurisdicción proviene de la misión canónica;

---

308 C. 948: Ordo ex Christi institutione clericos a laicis in Ecclesia distinguit ad fidelium regimen et cultus divini misterium.

309 ALONSO, *Libro II*, en: M. CABREROS DE ANTA - A. ALONSO LOBO - S. ALONSO MORÁN, *Comentarios al Código de Derecho canónico I*, 389.

- Por sus propiedades, al orden nunca puede impedirse su válido ejercicio, y la jurisdicción puede ser reducida, suspendida o retirada a voluntad del superior;
- Por su medio, ya que, aunque ambas quieren la santificación de las almas, la potestad de orden lo procura santificando a las almas y la jurisdicción lo hace gobernándolas y enseñándoles;
- Algunas veces por un sujeto distinto, ya que muchos clérigos no gozan de poder jurisdiccional ninguno. Además, cuando la Iglesia deja a un sacerdote desprovisto de jurisdicción sagrada, no es que le prive de algo que ya tenía o que necesariamente exija su sacerdocio, lo que en esas circunstancias hace la Iglesia es no darle la segunda potestad con la que pueden completarse sus poderes sagrados, por lo que se podría pensar en el caso de algún laico que recibiera la jurisdicción eclesiástica sin haber obtenido órdenes.

A pesar de esta diferencia que existe entre ambas jerarquías, ambas son potestades sobrenaturales, dice A. Alonso[310], ordenadas a un fin común y radican, por lo general en los mismos sujetos, ya que sólo los clérigos pueden obtener potestades tanto de orden como de jurisdicción eclesiástica como dice el canon 118.

Este canon 118 recoge que:

> Solamente los clérigos pueden obtener la potestad, ya de orden, ya de jurisdicción eclesiástica, y beneficios y pensiones eclesiásticas.

Por tanto, como ya se ha dicho, la condición clerical, es decir, los tonsurados no tenían en acto potestad alguna de orden, pero estaban incorporados al estado clerical y tenían capacidad y disposición próxima para ascender gradualmente por la escala jerárquica de orden. Además, la tonsura le daba la

310 *Ibid.*, 390.

capacidad para recibir la potestad de jurisdicción que llega mediante la concesión de un oficio al que vaya aneja.

Posteriormente, Pablo VI, después del Concilio Vaticano II, por medio del *Motu proprio Ministeria quedam,* de 15 de agosto de 1972, reforma en la Iglesia latina la disciplina de la primera tonsura y de las órdenes menores porque:

> Como las órdenes menores no han sido siempre las mismas y muchas de las funciones anejas a ellas, igual que ocurre ahora, las han ejercido en realidad también los seglares, parece oportuno revisar esta práctica y acomodarla a las necesidades actuales, al objeto de suprimir lo que en tales ministerios resulta ya inusitado; mantener lo que es todavía útil; introducir lo que sea necesario; y asimismo establecer lo que se debe exigir a los candidatos al Orden sagrado[311].

En el Código de 1983 tampoco se recogen este tipo de órdenes menores.

El § 3 del canon 108 establece, además, quien está en la línea de la jerarquía de orden y la de jurisdicción. En la línea de orden se encuentran los obispos, los presbíteros y todos los demás ministros recogidos en el canon 949[312]: diáconos, subdiáconos, acólitos, lectores, ostiarios y exorcistas. Y la de jerarquía de jurisdicción consta de dos grandes grados: el Pontificado supremo y el Episcopado subordinado a él; y otros grados que se añadieron por institución eclesiástica, a los cuales se les ha concedido participaciones del poder de jurisdicción para ayudar al Papa y a los Obispos en el gobierno de la Iglesia: los Cardenales, Romanos Dicasterios, Legados del Romano Pontífice, Patriarcas, Metropolitanos, Nuncios, Vicarios y Prefectos Apostólicos, Vicarios capitulares... Todos ellos reciben la potestad jurisdiccional por derecho eclesiástico del Romano Pontífice y de los Obispos.

---

311 Pablo Vi, Carta apostólica en forma de Motu Proprio Ministeria quaedam por la que se reforma en la Iglesia latina la disciplina relativa a la primera tonsura, a las ordenes menores y al subdiaconado.

312 C. 949: In canonibus qui sequuntur, nomine ordinum maiorum vel sacrorum intelliguntur presbyteratus, diaconatus, subdiaconatus; minorum vero acolythatus, exorcistatus, lectoratus, ostiariatus.

El canon 109[313] dispone el sistema para lograr ingresar en la jerarquía, el medio transmisor de los poderes jerárquicos. Lo primero que recoge el canon es una limitación, de tal manera que excluye como medios para pertenecer a la jerarquía, el consentimiento o llamamiento del pueblo o de la potestad secular, para evitar problemas de épocas pasadas con la intervención del poder civil en el nombramiento de obispos. A continuación, el canon 109 permitía afirmar que para lograr alguno de los grados de jerarquía de orden de derecho divino, era necesario recibir el sacramento del orden respectivo, episcopado, presbiterado o diaconado.

La segunda parte del canon, por otro lado, enseña que el modo de verificarse el ingreso en la jerarquía de jurisdicción se hace por medio de la misión canónica. Se confiere a los clérigos por medio de un acto no sacramental, la misión canónica, para cumplir actos de gobierno eclesiástico.

Según esto, como dice Ghirlanda respecto a la potestad de orden, el término clérigo debe entenderse en sentido restringido, ya que esta potestad sólo se recibe con el sacramento del orden. Por el contrario, respecto a la potestad de jurisdicción, debe entenderse en sentido amplio, comprendiendo todas las categorías de clérigos[314].

Se puede concluir, por tanto que en el Código de Derecho Canónico de 1917 un varón adquiría la condición de clérigo por medio de la tonsura. De este modo, la tonsura no significaba que recibiese la potestad de orden pero sí eran considerados verdaderos clérigos y sí podían recibir la potestad de jurisdicción a través de la misión canónica, además de hacerles capaces para recibir el sacramento[315].

---

313 C. 109 CIC 17: Los que son admitidos en la jerarquía eclesiástica, no lo son por el consentimiento o llamamiento del pueblo o de la potestad secular, sino que son constituidos en los grados de la potestad de orden por la sagrada ordenación; en el supremo Pontificado, por el mismo derecho divino, cumplida la condición de la elección legítima y de su aceptación; en los demás grados de jurisdicción, por la misión canónica.

314 GHIRLANDA, *El Derecho en la Iglesia*, 302.

315 Cfr. E. REGATILLO, *Instituciones iuris canonici, Vol I,* (Santander 1956), 270.

Como consecuencia de esto, se puede deducir del canon 118 del CIC 17 que los clérigos reciben la potestad de jurisdicción independientemente de si han recibido o no el orden sagrado. Por lo que no hace depender la potestad de jurisdicción de la recepción del sacramento del orden sino de la obtención del sujeto de la condición de clérigo que se realizaba a través de la tonsura.

Esta doctrina y disciplina del Código de Derecho de 1917 se basaba en una doctrina milenaria común[316] cuya práctica era la separación de potestad de orden y jurisdicción, como ya hemos visto en los apartados anteriores, con ejemplos como los obispos herejes o las abadesas que ejercían potestad cuasi episcopal a las que ya hemos hecho referencia y que trataremos con más profundidad en un capítulo posterior.

316 Cfr. *Ibid.*, 302.

IV. IUS HODIERNO. DEL CONCILIO VATICANO II HASTA NUESTROS DÍAS

Cuando han pasado más de cincuenta años de la clausura del último concilio ecuménico, nadie puede dudar del profundo cambio que ha supuesto para todas las dimensiones de la Iglesia.

Del mismo modo, resulta indiscutible la desaparición del modelo tridentino y del alumbramiento de uno nuevo, cuyas características dependen estrechamente de la doctrina eclesiológica del Vaticano II. A lo largo de la historia, como hemos podido ver, los cambios en la vida de la Iglesia han afectado de igual modo al derecho canónico, resultando oportuno hablar de una nueva edad, llamada *ius hodierno*[317].

1. CONCILIO VATICANO II

En 1959, Juan XXIII anuncia la decisión "de reformar el vigente *Corpus* de las leyes canónicas, que había sido promulgado en la solemnidad de Pentecostés del año 1917"[318], junto con la intención de la celebración del Concilio Ecuménico.

---

317 Cfr. Álvarez De Las Asturias, *Derecho canónico*, 287.

318 Juan Pablo II, *Constitución Apostólica Sacrae Disciplinae Leges*, 25 de enero de 1983.

El Concilio Vaticano II, abierto solemnemente por Juan XXIII el 11 de octubre de 1962, constituye un acontecimiento que sentará las bases para la reforma codicial, pues a pesar de su carácter eminentemente pastoral, positivizó principios de derecho divino y delineó otros que impulsaban una importante reforma del derecho canónico[319]. La alocución en la que el Papa inauguraba el Concilio afirmaba:

> Una cosa es la substancia de la antigua doctrina, del *depositum fidei*, y otra, la manera de formular su expresión; y de ello ha de tenerse gran cuenta, con paciencia, si necesario fuese, ateniéndose a las normas y exigencias de un magisterio de carácter predominantemente pastoral[320].

El Papa no quiso contraponer el magisterio doctrinal con otro pastoral, por lo que no iba a ser sólo un concilio para precisar o profundizar en doctrina si no que estaba persuadido de que la exposición de la fe tenía que ser más adecuada a los destinatarios y a la particularidad de los tiempos: "no nuevas doctrinas, sino una exposición pastoralmente más eficaz de la verdad revelada"[321].

Para determinar lo que el Concilio Vaticano II enseña sobre los laicos hay que acudir a la Constitución dogmática *Lumen gentium* que contiene "la doctrina y los principios esenciales sobre el laicado en su ser y actuar"[322]. Juan Pablo II dice de esta Constitución que "es el documento principal del concilio: documento clave de la Iglesia de nuestro tiempo, piedra angular de toda la obra de renovación que el Vaticano II emprendió y de la que trazó las directrices"[323].

---

319 Cfr. P. Lombardía, *Lecciones de Derecho Canónico,* (Madrid 2007), 40.

320 Juan Xxiii, "Discurso Gaudet Mater Ecclesia en la inauguración del Concilio Ecuménico Vaticano II": Aas 54 (1962) 786-796.

321 C. Izquierdo, *Para comprender el Vaticano II. Síntesis histórica y doctrinal*, (Madrid 2012), 29.

322 Cfr. J. Martín Gómez, *Los fieles laicos en la Iglesia y en el mundo*, (Toledo 2009), 29.

323 Juan Pablo Ii, "Celebración Eucarística En La Basílica De Santa María La Mayor, Homilía Del Santo Padre Juan Pablo II" (8-12-1978), Aas 61 (1979), 10-14.

La Constitución *Lumen gentium* se aprobó el 21 de noviembre de 1964, después de que los padres discutieran sobre tres esquemas previos. Tras exponer cuál es la naturaleza de la Iglesia en el plan de Dios y en la obra de Cristo, se establecen los elementos que la constituyen: los obispos, los presbíteros, los laicos y los religiosos. El concilio volverá a tratar específicamente sobre todos ellos en otros decretos y declaraciones.

Los laicos y su significado en la Iglesia no habían encontrado un tratamiento específico a lo largo de la historia hasta este concilio. Así, *Lumen gentium* les dedica un capítulo y, además, el concilio promulga el decreto *Apostolicam actuositatem* donde en su número 1 se "propone explicar la naturaleza, el carácter y la variedad del apostolado seglar, exponer los principios fundamentales y dar las instrucciones pastorales para su mayor eficacia[324]".

Citando a De M. Schmaus en un comentario a la *Lumen gentium* en relación a los laicos se puede decir que:

> Los laicos reciben su potestad y tareas propias a través del bautismo, es decir, a través de Cristo mismo. En especial están llamados a hacer la Iglesia presente allí donde la Iglesia sólo puede actuar a través de ellos. Tal capacitación y obligación no son concesiones que les hace la jerarquía, porque falten sacerdotes o movida por otras necesidades concretas, sino que brotan originariamente del carácter bautismal. Cada bautizado está, según el Concilio, llamado a ser testigo e instrumento viviente de la misión de la Iglesia según la medida de la donación de Cristo a cada uno. Lo que el Concilio ha dicho y dado a los laicos no es otra cosa que el redescubrimiento de lo que siempre les perteneció y les sigue perteneciendo por el simple hecho de ser miembros de la iglesia[325].

---

324 CONCILIO VATICANO II, "Decreto Apostolicam Actuositatem, sobre el apostolado de los laicos, (18-11-1965)": AAS 58 (1966) 837-864.

325 M. SCHMAUS, *La Iglesia. Comentario a la Constitución dogmática Lumen gentium, (Vitoria 1966)*, 68.

A pesar que esto supone un gran avance en el tratamiento de los laicos en la Iglesia, en relación a nuestro tema de la potestad y su ejercicio, es cierto que no se trata en el Concilio Vaticano II, ni en la Constitución *Lumen gentium*, ni en el decreto *Apostolicam actuositatem* sobre los laicos, se supera completamente la distinción entre potestad de orden y potestad de jurisdicción aunque tampoco se hace un uso general de ella[326].

Sin embargo, el tema de la potestad y el binomio orden-jurisdicción, aunque no giró en torno a los laicos, tal como sucedió en Trento, sí se trató más específicamente en la cuestión del episcopado y su relación con la sacramentalidad y la colegialidad con el Papa, siendo la cuestión de fondo, el origen de la potestad.

La colegialidad episcopal fue uno de los temas más discutidos y controvertidos del debate conciliar, es más, se puede considerar como el centro de gravedad del Vaticano II. Una de las finalidades del Concilio era completar la eclesiología del Vaticano I que se había limitado a las prerrogativas del primado y del magisterio infalible del Romano Pontífice, en este momento, se trataba de precisar además el papel, las funciones y los poderes de los obispos. La cuestión era: "¿Cuál es el lugar de los obispos al lado del Papa? "[327]

1.1. LOS TRABAJOS PRELIMINARES Y PRIMERA SESIÓN[328]

Desde el principio de la fase preparatoria en 1960, la Comisión teológica había preparado un esquema dividido en trece partes, uno de los puntos se refería a la cuestión de la relación de los obispos con el Santo Padre.

Una subcomisión denominada "De Ecclesia" fue encargada de elaborar un esquema sobre la Iglesia en once capítulos que fue discutido dentro de la Comisión en mayo-junio de 1962 y fue enviado para que fuera debatido en la primera sesión del Concilio.

326 Cfr. VIANA, *Organización del gobierno*, 45.

327 P. CHENAUX, *El Concilio Vaticano II*, (Madrid 2014), 102.

328 Cfr. *Ibid.*, 103-106.

El esquema *De Ecclesia* fue afrontado durante las congregaciones generales del 2 al 7 de diciembre de 1962 y fue juzgado severamente por la mayor parte de los oradores. Hubo algunos teólogos que nada más recibir el texto, iniciaron la elaboración de esquemas alternativos.

Uno de esos esbozos fue el del profesor Gérard Philips que se centraba en la cuestión del episcopado, subrayando el principio de la colegialidad episcopal. Este texto fue adoptado como base para la reelaboración del esquema *De Ecclesia* en febrero de 1963.

1.2. LOS TRABAJOS DE LA SEGUNDA SESIÓN[329]

La segunda sesión del concilio se celebró desde el 29 de septiembre hasta el 4 de diciembre de 1963 y se centró en los siguientes temas: en la discusión del esquema *De* Ecclesia sobre los deberes pastorales de los obispos y sobre el ecumenismo; en la elaboración final y aprobación de la constitución *Sacrosanctum concilium* sobre liturgia; y el decreto *Inter mirifica* sobre los medios de comunicación social.

El esquema que se entregó a los Padres había quedado reducido a cuatro capítulos: 1. El misterio de la Iglesia; 2. La constitución jerárquica de la Iglesia, con especial referencia al episcopado; 3. El pueblo de Dios y los laicos; y 4. La vocación a la santidad en la Iglesia.

Pronto se vio que las posturas sobre la colegialidad episcopal estaban muy marcadas. Por un lado, estaban quienes afirmaban que el único depositario del poder supremo en la Iglesia era el Colegio de obispos con su cabeza, el Papa, por lo que cuando éste actúa ejerciendo su poder supremo, lo hace sólo como cabeza del Colegio y está obligado a solicitar la opinión del mismo antes de pronunciarse. En esta línea se encontraba el episcopado centroeuropeo: alemán, austriaco, suizo, belga, holandés, escandinavo y parte del francés.

Y por el otro, con una postura completamente opuesta se encontraban otros padres para quienes el Colegio de los obispos no ejerce el poder en la

---

329 Cfr. IZQUIERDO, *Para comprender,* 59-62.

Iglesia junto con el Papa por institución divina, sino que lo hace por institución humana, de esta forma sólo correspondería al Papa constituir al Colegio episcopal. En este grupo se encontraban los episcopados español, italiano, parte del francés y los que temían cierta democratización en la Iglesia.

Había una tercera propuesta en la que el Papa era personalmente sujeto del supremo poder de la Iglesia, y también el Colegio unido a su cabeza. Pero mientras que el Papa era libre de usarlo, el Colegio necesitaba siempre el acuerdo del Sumo Pontífice para ejercerlo. Esta postura era mayoritaria entre los Padres.

El 30 de octubre se hizo una votación exploratoria sobre cuatro de las cuestiones en relación a este tema:

1. Si la consagración episcopal era el grado más elevado del sacramento del orden;
2. Si cada obispo válidamente consagrado y en comunión con los demás obispos y con el Papa cabeza era miembro del Colegio de los obispos;
3. Si el Colegio de los obispos sucede al Colegio de Apóstoles en su función de enseñanza, santificación y del cuidado de las almas y si, junto con el Sumo Pontífice, su cabeza jamás sin él, detenta el poder pleno y supremo sobre la Iglesia universal;
4. Si este poder pertenece por derecho divino al Colegio de los obispos unido a su cabeza.

La respuesta de los Padres fue positiva, aunque con matices, ya que la tercera cuestión tuvo 336 votos en contra y la cuarta, 408. Estaba claro que la colegialidad necesitaba más estudio. A partir de ese momento, Pablo VI ejerció una función mediadora entre las distintas posturas y, sobre todo, quería evitar interpretaciones equivocadas.

1.3. SESIÓN TERCERA[330]

El 14 de septiembre de 1964 comenzaba la tercera sesión del concilio que se prolongaría hasta el 21 de noviembre de ese año. Se estaba a punto de concluir la constitución *Lumen gentium* y, aunque eran minoría, seguía el miedo en muchos de los padres que las formulaciones sobre la colegialidad pudieran entenderse en sentido reductivo de la autoridad primacial del Romano Pontífice.

Esto llevó a un cambio de actitud de Pablo VI en lo que se refería al texto sobre este tema y quiso dejar claro que el consentimiento del Romano Pontífice era un elemento constitutivo, necesario y esencial de la autoridad del colegio episcopal, por lo que mandó publicar la Nota explicativa previa a la luz de la cual había que leerse el capítulo III de la *Lumen gentium*.

El capítulo III de la *Lumen gentium* está dedicado a la como se constituye la jerarquía de la Iglesia, especialmente al episcopado, donde se describen las funciones de los obispos y las relaciones entre ellos y el Romano Pontífice. En esta Constitución se ponen las bases para una comprensión de la colegialidad episcopal y que ésta no aparezca como un contrapeso a la autoridad del Papa, sino como un ejercicio de la comunión entre los pastores en la que son necesarios tanto el reconocimiento del primado, como la responsabilidad de cada obispo sobre su Iglesia local y sobre toda la Iglesia como miembro del colegio.

Sin embargo, para evitar posibles interpretaciones equivocadas de la doctrina de la colegialidad, Pablo VI hizo incluir una *Nota explicativa previa* que debía acompañar al capítulo III. Esta Nota explicativa retomaba el texto preparado por monseñor Philips en respuesta a las objeciones de la minoría y ponía, al mismo tiempo, estrechos límites a la aplicación del principio de colegialidad episcopal.

---

330 Cfr. IZQUIERDO, *Para comprender*, 64-73.

El primer punto de la Nota recuerda los orígenes apostólicos del Colegio pero dejaba claro que no había continuidad entre los doce y el orden de los obispos[331].

El segundo punto enuncia las dos condiciones para ser miembro del citado colegio: la consagración episcopal y la comunión jerárquica[332]. Si el poder de los obispos y su incorporación al colegio tenía un fundamento sacramental, por tanto divino, el ejercicio concreto de este poder colegial dependía de una determinación canónica y jurídica que se confiere de acuerdo con las normas aprobadas por la suprema autoridad[333].

Los puntos tercero y cuarto se esforzaban por aclarar el problema de las relaciones entre el Papa y el Colegio de obispos. El Papa no quedaba reducido a ser un *primus inter pares* sino que en cuanto Vicario de Cristo y Pastor de la Iglesia universal, conservaba la plena libertad.

Finalmente se llegó a un acuerdo y se redactó, después de un largo y atormentado proceso de elaboración que asistió a la formación de dos bloques incompatibles[334]. La Constitución *Lumen gentium* con su Nota explicativa[335] se aprobó definitivamente el 21 de noviembre de 1964, al final del tercer periodo conciliar.

---

331 Nota explicativa previa LG 1º: "el término colegio no se entiende en un sentido estrictamente jurídico, es decir, de una asamblea de iguales, sino de una asamblea estable cuya estructura y autoridad deben deducirse de la Revelación".

332 Nota explicativa LG, 2.ª "Uno se convierte en *miembro del Colegio* en virtud de la consagración episcopal y por la comunión jerárquica con la Cabeza y con los miembros del Colegio".

333 Nota explicativa LG, 2ª: "Mas para que de hecho se tenga tal potestad expedita es necesario que se añada la *determinación canónica* o *jurídica* por parte de la autoridad jerárquica. Esta determinación de la potestad puede consistir en la concesión de un oficio particular o en la asignación de súbditos, y se confiere de acuerdo con las *normas* aprobadas por la suprema autoridad".

334 Cfr. Chenaux, *El Concilio,* 111-112.

335 Quiero hacer una mención a la interpretación de este texto conciliar recogiendo lo que dice J.M. Alonso, "Constitución jerárquica de la Iglesia y particularmente del episcopado. Proemio y comentario", en: *Comentarios a la Constitución Lumen gentium sobre la Iglesia,* C. Morcillo González (dirc), (Madrid 1966) 344 -347. El día 16 de noviembre de 1964, en la sesión general 123, el secretario del Concilio leía una segunda notificación, que era introducida con las siguientes palabras: "después, por autoridad superior, se comunica a los Padres una nota explicativa previa a los modos sobre el capítulo 3º del esquema sobre la Iglesia, a cuya mente y doctrina debe explicarse y entenderse la doctrina contenida en el mismo capítulo 3º".

En el cuarto periodo conciliar, que abarca desde el 14 de septiembre de 1965 hasta el 8 de diciembre del mismo año, año en que fue clausurado el concilio, se publicaron, entre otros, el decreto *Christus Dominus,* sobre los obispos que contiene una amplia exposición sobre el episcopado, y el decreto *Apostolicam actuositatem,* que se promulgó en la sesión del 18 de noviembre, que trata sobre los laicos.

1.4. CONCLUSIONES

Como hemos visto, a pesar de que el Concilio Vaticano II dedica a los laicos un capítulo de *Lumen gentium* y el decreto *Apostolicam actuositatem,* toda la problemática sobre la potestad se centra en la cuestión del origen de la potestad de los obispos, de su sacramentalidad, su colegialidad y su relación con el Papa.

Lo que hay que preguntar es quién es la autoridad superior de que se trata. No se puede dudar que la nota explicativa previa tiene la suprema autoridad auténtica y es una fuente auténtica de interpretación del capítulo 3°, las pruebas son evidentes:

Los Padres conciliares votaron el texto del capítulo 3° según la interpretación de la nota, dos veces: en la congregación general 123 y en la congregación pública final ante el Papa. Luego si votaron el texto según la interpretación de la nota, no sólo el texto sino la nota, son elevados a categoría de documentos conciliares.

El Papa, en su discurso final de la sesión, dijo expresamente: "teniendo en consideración las explicaciones que han sido añadidas, o bien para interpretar las palabras empleadas, o bien para atribuir la fuerza teológica de la doctrina propuesta según la mente del Concilio, no hemos dudado en modo alguno, decimos, en promulgar, con el auxilio de Dios, esta constitución sobre la Iglesia". Luego, si antes la nota ha recibido toda la autoridad de los Padres conciliares y en la congregación pública recibía, además, la aprobación del Papa, ahora es el Papa personalmente, quien declara su propia intención de haber votado el texto de la constitución teniendo en cuenta la nota explicativa previa.

El 3 de marzo de 1965, *L´Osservatore Romano,* en primera página, publica: "La *Nota explicativa previa* fonte autentica d´interpretazione della costituzione dogmatica *De Ecclesia*". En el texto se dice que, entre las notificaciones hechas por el secretario general, por la autoridad superior, aparece la Nota explicativa previa al capítulo 3° y puesto que la constitución dogmática ha sido aprobada por el Concilio y promulgada por el Sumo Pontífice según la mente y a la luz de dicha nota, ésta permanece fuente auténtica de interpretación del gran documento conciliar".

Por tanto, la nota explicativa, no fue propuesta como un texto más que votar, sino que tiene un valor interpretativo, que es de carácter formal.

Después de todas las discusiones y de la publicación en el último momento de la Nota explicativa previa, el Concilio no dirime, ni zanja definitivamente la cuestión del origen de la potestad episcopal y sigue con la cuestión abierta. Por tal motivo, recogemos dos comentarios a la *Lumen gentium* que recogen dos posturas totalmente opuestas sobre la potestad de jurisdicción y cómo se transmite, que utilizan los mismos textos del Concilio pero con distintos argumentos.

Ambas posiciones parten de la base de la sacramentalidad del episcopado como herencia de los apóstoles. Sin embargo, para B. Monsegú[336], comentando la sacramentalidad del episcopado del nº 21 de LG, dice que, aunque un obispo tenga la plenitud del orden y por ella quedan constituidos por derecho divino como ministros de Cristo y por eso pueden ejercer siempre, aunque no siempre lícitamente, la potestad de orden sacerdotal, no sucede lo mismo con la potestad de jurisdicción, o poder sobre la Iglesia. Esta potestad, por referirse directamente al poder sobre la comunidad eclesial, no sobre los sacramentos, se atempera en su legitimidad de ejercicio, no sólo en su licitud sino en su validez, a la comunión y subordinación jerárquicas.

Esto explica, dice Monsegú, las reticencias que sentían no pocos padres conciliares a votar sin alguna aclaración, este punto del origen sacramental de las potestades episcopales, de ahí, que surgiese la Nota explicativa previa, indispensable para entender correctamente lo que el Concilio dice en este punto.

En esta nota se hace constar que en el Colegio episcopal sólo se entra por la consagración y por la comunión jerárquica con la Cabeza y los miembros del Colegio. Por esto, aclara la Nota previa, que no usa el término potestades sino oficios, *munera*, que para que se tenga la potestad expedita del ejercicio de la función episcopal debe añadirse la determinación jurídica o canónica por la autoridad eclesiástica. Esta determinación de la potestad puede consistir en la concesión de un oficio particular o en la asignación de súbditos, lo cual se confiere de acuerdo con las normas aprobadas por la suprema autoridad.

---

336 Cfr. B. Monsegú, "Sacramentalidad del epsicopado", en: *Comentarios a la Constitución Lumen gentium sobre la Iglesia,* C. Morcillo González (dir), (Madrid 1966), 403-426.

No por eso se ha de decir que el episcopado, como ministerio jerárquico y oficio para regir en la Iglesia, sea algo puramente eclesiástico. No, el Concilio declara expresamente que toda la plenitud episcopal proviene de la consagración, del sacramento y que tiene un origen divino inmediato. Lo que no tiene inmediatez divina es el ejercicio de la potestad de jurisdicción que compete a los obispos por su oficio. Y no la tiene porque Cristo no quiso que la tuviera, ya que hace depender ese ejercicio de la sumisión y subordinación de los obispos al Papa.

Por el contrario, T. Jiménez Urresti[337], hablando sobre el Colegio episcopal, dice que el Concilio puede afirmar que cada obispo que preside a la Iglesia particular, ejerce su régimen pastoral sobre la porción del Pueblo de Dios a él encomendada. Que esta potestad que ejercen en nombre de Cristo le es propia, ordinaria e inmediata, aunque en último término su ejercicio esté regido por la autoridad suprema de la Iglesia.

Por tratarse de concretar el campo en que ha de cumplir su misión universal y en el que ha de ejercer las funciones universales recibidas en la consagración, la potestad que ejerce en él ya la tiene recibida en su consagración y no es, por tanto, potestad recibida de ningún otro título ni de ninguna otra persona, ni siquiera del Papa. Por ser universal la función que recibió en la consagración, no necesita ser completada en sí misma, sólo necesita que se le asigne o fije en concreto el campo de trabajo en el cual ejercerla. Tiene, pues, potestad plena o completa en sí misma.

En relación a la Nota explicativa cuando dice que la consagración no está expedita para el ejercicio episcopal, Urresti lo justifica diciendo que, efectivamente, no lo está porque la consagración que le hace miembro y corresponsable a un obispo en la misión y tarea universal, le hace entrar en la comunión misma de la misión y de la función, y poseyendo todos los obispos igual comunión, falta ordenar y organizar el cumplimiento de la misma. Tal determinación

337 Cfr. T. I. Jiménez Urresti, "La doctrina del Vaticano II sobre el Colegio episcopal", en: *Comentarios a la Constitución Lumen gentium sobre la Iglesia,* C. Morcillo González (dirc), (Madrid 1966), 480-483.

canónica sólo puede darla la autoridad jerárquica, el Papa, Jefe del Colegio, o el Colegio mismo, ambas autoridades supremas, ya que no puede darla ningún obispo sobre otro porque todos los obispos son iguales por la consagración episcopal, y ninguno tiene potestad sobre el otro. Se trata de una simple cuestión organizativa.

Concluimos, por tanto, que después del Concilio, el origen de la potestad, la relación del episcopado con el Papa, la cuestión de la jurisdicción y de su ejercicio, no es un tema cerrado a la discusión.

2. CÓDIGO DE 1983: CANON 129: EVOLUCIÓN Y DESARROLLO

El Código de 1917 tuvo mucha influencia en todas las manifestaciones de la vida de la Iglesia debido al antijuridicismo posterior, que tiene como causas principalmente: la crítica al derecho canónico proveniente del ámbito protestante principalmente la realizada por Rudolph Sohm; la superación de la eclesiología jurídica por parte del Vaticano II, que llevó a pensar en una superación del derecho canónico; y el ambiente social fruto de mayo del 68, contrario a toda manifestación de la autoridad. En esta situación, algunos teólogos y canonistas propusieran una radical transformación del papel del derecho en la vida de la Iglesia[338].

Con el anuncio de la convocatoria del Concilio Vaticano II, se anunció también la reforma del Código de 1917. El 30 de marzo de 1963, se creó la *Pontificia Commissio Codici Iuris Canonici Recognoscendo*, la cual decidió esperar a la finalización del Concilio para realizar la mencionada reforma, ya que se asumió desde el principio que no era una mera actualización del Código de Derecho de 1917[339].

338 Cfr. Álvarez De Las Asturias, *Derecho canónico*, 300.

339 Cfr. *Ibid.*, 302.

Después de casi veinte años trabajos de reforma codicial, el 25 de enero de 1983, Juan Pablo II promulga, con la Constitución Apostólica Sacrae disciplinae leges, el nuevo Código de Derecho canónico.

Como se ha visto, el Concilio Vaticano II no soluciona el tema de la transmisión ni del sujeto de la potestad, por lo que en los años siguientes es desarrollado en doctrina. Con la promulgación del nuevo Código, la cuestión va a seguir abierta.

El tema del sujeto de la potestad se recoge por el Código de 1983 en el canon 129, cuya literalidad dice:

> § 1. De la potestad de régimen, que existe en la Iglesia por institución divina, y que se llama también potestad de jurisdicción, son sujetos hábiles, conforme a la norma de las prescripciones del derecho, los sellados por el orden sagrado.
> § 2. En el ejercicio de dicha potestad, los fieles laicos pueden cooperar a tenor del derecho".

La interpretación de este canon y las doctrinas sobre la transmisión de la potestad ya han sido recogidas y desarrolladas en el capítulo segundo, por lo que en este apartado se verá cómo fue la evolución del contenido de dicho canon hasta su redacción definitiva, ya que consideramos esta evolución como parte del desarrollo histórico del binomio orden jurisdicción.

La principal fuente de información utilizada para este punto es un artículo de Emilio Malumbres[340] en el que se hace un recorrido sobre los trabajos de la reforma codicial.

2.1. LOS PRIMEROS TRABAJOS DE LOS GRUPOS DE ESTUDIO.

Finalizado el Concilio Vaticano II, en 1966 comienzan las primeras revisiones del CIC de 1917.

---

340 E. MALUMBRES, "Los laicos y la potestad de régimen en los trabajos de reforma codicial: una cuestión controvertida": *Ius Canonicum XXVI*, n. 52, 1986, 563-625.

En octubre, el *coetus de Sacra Hierarchia* se había empezado a cuestionar la validez del canon 118 del Código de 1917 según el cual sólo los clérigos podían ser titulares de la potestad:

Soli clerici possunt potestatem sive ordinis sive iurisdiccionis ecclesialticae et beneficia ac pensiones ecclesiasticas obtinere.

Al presentarse las opiniones sobre el canon, comienza a recogerse la distinción entre oficios de derecho divino y pastorales, que quedan reservados a los ordenados y otros más técnicos que podrían atribuirse a los laicos. La causa de esta modificación se atribuye a la doctrina tradicional del diverso origen de las potestades de orden y jurisdicción que aceptaba la posibilidad de que la jerarquía de la Iglesia permitiera a los laicos tener parte en el ejercicio de la misma. El canon 118 no era más que un precepto de derecho eclesiástico.

El grupo de estudio *"de processibus"* propuso una novedad: un laico podía ser juez en un tribunal colegial con autorización de la Conferencia Episcopal[341].

Esta innovación sobre el juez fue posible porque la mayoría de los Consultores consideraba la incapacidad del laico como de derecho eclesiástico. Por otro lado, se apoyaba en una consulta a la Sagrada Congregación del Concilio realizada en 1918, en la que se preguntaba si un jurisperito podía participar con voto deliberativo en causas matrimoniales y procesales por una costumbre vigente desde hacía 170 años[342].

La respuesta a esta pregunta fue que no se podían admitir laicos como verdaderos jueces con voto deliberativo[343] . Se afirmaba por parte de la

341 Comm., 2 (1970), 184: "Iudex quoque de merito renuntiari poterit laicus, non quidem unicus, sed unus de collegio in causis nullitatis matrimonii in primo gradu agendis, ex indulto Conferentiae Episcopalis, quando nec in tribunali regionali collegium trium iudicum clericorum efformari poterit"

342 SAGRADA CONGREGACIÓN DEL CONCILIO, "Constitutionis Tribunalium Ecclesiasticorum 14 Decembris 1918": AAS, 11 (1919), 128: "utrum permitere debeat quod in tribunalis ecclesiasticis partem habeant cum voto deliberativo in causis matrimonialibus et contenciosis (exclusis utique criminalibus) iurisperiti laici, iuxta praxim quae ibi dicitur vigere ex consuetudine 170 annorum"

343 *Ibid.*, 129: "nullatenus esse legitiman nec in posterum tolerandam consuetudinem admittendi laicos tamquam veros iudices cum voto deliberativo"

Congregación, de acuerdo con el Código vigente, la incapacidad del laico para ser juez por suponer el ejercicio de la potestad de jurisdicción, aunque, se hacía una matización, esta incapacidad era calificada de derecho eclesiástico ya que se establecía una excepción: el laico podía ser habilitado por el Romano Pontífice para una causa particular[344].

Finalmente, esto no se termina de aceptar por K. Mörsdorf, uno de los consultores, y emplea la expresión *sacra potestas* que refleja la íntima unidad e inseparabilidad de las potestades de orden y jurisdicción.

Como conclusión del estudio de este grupo se sacan una serie de afirmaciones:

- Ni todo oficio eclesiástico, ni todo ejercicio de la potestad de régimen quedan reservados a los clérigos.
- Se plantea la conveniencia de un cambio en la sistemática en lo referente a la potestad de régimen y al oficio.
- Se modifica el canon 118.

Las discusiones llegan hasta el año 1971, año en que se publica el Motu Proprio *Causas matrimoniales,* con el que Pablo VI finalmente confirma aquel planteamiento inicial sobre el juez laico, es decir, con este documento se establece la posibilidad de que, en un tribunal colegial para juzgar causas matrimoniales, uno de los jueces puede ser un laico varón.

El Motu Proprio dice en su número V[345], respecto a la constitución de los miembros de un Tribunal que, en un Tribunal diocesano, con el permiso de la Conferencia episcopal, uno de los jueces puede ser laico, eso si, el laico sólo puede ser varón:

> "V. § 1. *Si nec in Tribunali dioecesano nec in Tribunali regionali, ubi erectum sit, collegium trium iudicium clericorum efformari possit,*

---

344 *Ibid.,*: "talis incapacitas solum per especialem et extraordinariam Rom. Pontificis provisionem in causa particular auferri possit"

345 Pablo Vi, "Motu proprio Causas matrimoniales", (28-3-1971): Aas 63 (1971) 441-446.

> *Conferentia Episcopalis facultate instruitur pemittendi in primo et secundo gradu constitutionem collegii ex duobus clericis et uno viro laico.*
>
> *§ 2. In primo gradu, cum nec per aggregationem viri laici collegium de quo in § 1 efformari possit, singulis in casibus causae nullitatis matrimonii clericó tamquam iudici único per eandem Episcopalem Conferentiam demandari possunt. Qui iudex, ubi fieri possit, assessorem et auditorem in iudicio sibi asciscat".*

Por otro lado, el *coetus "De fidelium iuribus et associationibus deque laicis"* opina que, dejando a salvo la estructura jerárquica de la Iglesia, existen oficios eclesiásticos que suponen el ejercicio de la potestad de régimen y que no necesitan del orden sacerdotal.

Y el *coetus "De procedura administrativa",* por su parte, propone la posibilidad que, en los tribunales administrativos, para ciertos casos, se puede agregar un juez que sea un diácono o un laico.

Por tanto, dada la posibilidad de la participación del laico en un tribunal colegial por Pablo VI, la cuestión que se plantea a partir de este momento y en la que se van a centrar las siguientes discusiones, es en cual límite que tiene el laico en esa potestad de jurisdicción.

A raíz de esto, en 1976 se enviaría el primer esquema del Código a consulta en el que se plantea la posibilidad de un juez laico en un tribunal colegial.

2.2. REVISIÓN DEL PROYECTO DE LEY FUNDAMENTAL

En las sesiones IX y X, celebradas en 1975 y 1976 respectivamente, se revisaron las relaciones del laico y los *munera Ecclesia*. Especialmente hay que hacer referencia al canon 55 § 4:

> *"Christifideles, quippe qui baptismo Christo incorporati et de munere Christi sacerdotali, prophetico et regali suo modo participes facti sint, propiam sibi quoque in iisdem muneribus implendis partem habent"*[346].

---

346 COMMUNICATIONES, 9 (1977), 104.

En este momento, destacan las posiciones de W. Bertrams y P. Lombardía. Respecto a la posición de Bertrams, señala que toda potestad social se especifica por el fin que pretende conseguir. En la Iglesia, los fines y los medios son sobrenaturales, de ahí que la potestad específica de la Iglesia es sobrenatural y, por tanto, excede de las fuerzas de la naturaleza; por lo que para que alguien goce de esta potestad, hay que concedérsela. Esta es la razón fundamental por la que la potestad sobrenatural ha de conferirse con la ordenación sacramental, de modo que un laico sólo puede ejercer aquella potestad que no exceda el orden natural.

P. Lombardía no está de acuerdo con este planteamiento, ya que él no tiene ninguna dificultad en admitir que buena parte de los cargos de la organización eclesiástica pueden ser desempeñados por laicos sin que se ponga en peligro el sentido pastoral que debe tener el gobierno eclesiástico[347]. El Concilio Vaticano II reconoce la aptitud de los laicos para desempeñar cargos eclesiásticos y, además, establecida la distinción esencial entre el sacerdocio común y el sacerdocio ministerial, Lombardía afirma que los oficios atribuibles a los laicos son todos aquellos para cuyo ejercicio no sean necesarias las facultades derivadas del sacerdocio ministerial[348].

Por tanto, según este autor, no habría inconveniente en que los laicos pudieran ejercer ciertos oficios, como el de juez, puesto que la idoneidad para ejercer esos cargos no tiene porqué consistir en que los sujetos estén ordenados o no, sino en que tengan la pericia técnica y las cualidades oportunas[349].

Otro miembro del *coetus*, K. Mörsdorf, también había visto de manera crítica la incorporación del laico a los tribunales eclesiásticos. Aunque las razones no son las mismas que las aducidas por Bertrams. Y en lo que se refiere al juez laico, Mörsdorf sostiene que, en tiempos pasados, ya existieron jueces eclesiásticos por la separación entre el orden y el oficio, sobre el que se

347 Cfr. P. Lombardía, "Los Derechos de los laicos", *en: Escritos de Derecho Canónico III*, (Pamplona, 1974), 274.

348 Cfr. P. Lombardía, "Los laicos", en: *Il Diritto Ecclesiastico*, 83, (Pamplona 1972), 308.

349 Cfr. Lombardía, "Los Derechos de los laicos", 274.

desarrolló, en el alto Medioevo, un dominio de los laicos que fue superado a lo largo de los siglos. El progreso del Concilio Vaticano II es haber puesto fin a las tendencias de escisión.

Como se puede observar, hay diversidad de opiniones frente a la participación del laico en la potestad de régimen por lo que no llegaban a un punto de encuentro. Como posible solución, se intentó reducir el canon 55 a un solo parágrafo que tampoco fue aceptado. Finalmente, fue presentado un texto tan general que fue aprobado por todos.

Concretando sobre la participación del laico en el *munus regendi*, en el proyecto de Ley Fundamental tienen interés tres cánones:

– El canon 69 § 4. En la redacción final de este canon no puede afirmarse que los laicos estén incluidos entre aquellos que pueden tener el ejercicio de la potestad de régimen:

> *"Potestate regiminis in Ecclesia gaudent qui gubernationis ministerio divinitus in eadem instructi sunt, atque in eadem exercenda partem habent ii qui eam ad normam iuris legitime obtinuerint"*.

– Con el canon 75 § 1, hay un acuerdo de los consultores en excluir al laico de la potestad legislativa, sin embargo, en la redacción final del canon, se acepta el ejercicio de la potestad judicial por parte del laico, aunque se realizará una consulta a la Sagrada Congregación para la Doctrina de la Fe para que confirmara lo establecido por el canon. Su redacción final quedaría así:

> *"In Ecclesia particulari sibi commissa, potestatem legislativam habet et personaliter exercet solus Episcopus dioecesanus, eamque nulla persona nullumque collegium participat et Episcopus nonnisi in casibus iure universali expresse satatutis alii committere valet: exsecutivam potestatem exercet per seipsum asque etiam per alios ad normam iuris costituendos, qui vicariam qua instruuntur potestatem communiter exercet per tribunalia ad normam iuris constituta, quae quidem nomine Episcopi causas sibi legitime commissas cognoscunt et dirimunt".*

– Por último, el canon 78 en el que se incluyen a los laicos oficios en lo que se supone el ejercicio de la potestad de régimen. El canon dice:

> *"Christifideles laici quoque rationen baptismatis sui vicantur ut Episcopis in populo regendo praesent operam, variaque implere valent officia quae, debita competentia et praestantia si gaudeant, christifidelibus laicis ad normamiuris commiti possunt"*.

En el año 1976 se hizo una consulta a la S.C. para la Doctrina de la Fe por parte de la Comisión *"De Sacra Hierarquia"* sobre la necesidad de determinar los oficios que podían atribuirse a los laicos. Sobre la misma, J. Provost[350] opina que la Congregación no quería dar una respuesta exacta y afirma que, aunque la respuesta no le consta que se publicase, fueron tres los criterios presentados a la Comisión:

1. Dogmáticamente, los laicos sólo son excluidos de los oficios jerárquicos; la determinación de los oficios propios de éstos corresponde a los organismos establecidos *ad hoc* por la Santa Sede.
2. Ha de tenerse cuidado en no crear un ministerio pastoral laico.
3. Todo lo permitido a los laicos tiene que estar en el contexto del derecho existente.

La respuesta no fue muy precisa pero bastó para que, por parte del *coetus,* se afirmara la capacidad del laico para ejercer la potestad de régimen. A esto se oponían los que mantenían la absoluta inseparabilidad del orden y la jurisdicción, o consideraban que la totalidad de la potestad sagrada se transmite únicamente por el sacramento del Orden.

En la última fase de revisión de los cánones, el canon 75 y el canon 78 se hicieron definitivos con la respuesta de la Congregación, aunque pasaron a ser el canon 78 § 1 y el canon 81, respectivamente. Además, teniendo presente la

350 J. Provost, "The participacion of the laity in the Governance of the Church": en *Studia Canonica,* 17 (1983), 419.

posibilidad de que los laicos podrían ejercer oficios que supongan el ejercicio de la potestad de régimen en los casos determinados por la autoridad.

2.3. REVISIÓN DE LOS ESQUEMAS DE 1977 Y ANTERIORES

Esta revisión se centra sobre tres cánones:

- El canon 190, del esquema "*De sacramentis*", enviado a consulta en 1975;
- El canon 20, del esquema "*De modo procedendi pro tutela iurium seu de processibus*", enviado en 1976 y
- El canon 128 del esquema de 1977.

El canon 190[351] sobre el sacerdocio común y ministerial dejaba claro que todo bautizado goza de aptitud para ser llamado por la Jerarquía a desempeñar ciertas tareas eclesiásticas que no requieran la recepción del sacramento de Orden, siguiendo además con respecto a los cargos el M.P. *Causas matrimoniales* y aprobado la respuesta de la S.C. para la Doctrina de la Fe.

En relación al juez laico, tema del que trataba el canon 20, que se vuelve a revisar en 1978 por el *coetus "De procesibus"*, establecía esta posibilidad para que pudiera ser autorizada por la Conferencia Episcopal[352].

En sentido contrario, existían Consultores que dudaban de la posibilidad de conferir a los laicos jurisdicción, entre los que se encuentra G. Damizia que opina que el Concilio Vaticano II se esforzó por reconducir a la unidad la potestad de la Iglesia. De ahí reconoce el Orden como fuente de potestad, en consecuencia, el laico no puede ejercer la jurisdicción.

---

351 C. 190 del Esquema de 1975: Sacramento ordinis ex Christi institutione inter christifideles quídam, chraractere perenni quo signatur, constituuntur sacri ministri seu clerici, qui nemque eodem consecrantur et deputantur ut in persona Christi munera adimplentes Evangelium annuntiandi, christifideles regendi et divinum cultum celebrandi, Dei Populum pascant.

352 C. 20 § 1 del Esquema de 1977: In dioecesi constituantur ab Episcopo iudices dioecesani qui sint clerici. Ncessitate suadente potest Conferencia Episcopalis permittere ut collegium iudicans constet ex uno viro laico et ceteris clericis.

Sin embargo, la mayoría de los miembros del *coetus* veía las cosas de otra manera porque la potestad judicial es *quia haec potestas non innititur in ordine sacro,* es decir, que no todo el ejercicio de la potestad de régimen exige el Orden sagrado.

Por último, el canon 128[353] que se revisa, podía entenderse como una forma de decir que hay oficios, los capitales y otros con carácter más pastoral, para los que se requiere estar ordenado. Pero no se concreta mucho más.

Finalmente se aprobó una nueva redacción por los consultores en la que el juez laico no sólo podía estar en un tribunal constituido colegialmente, sino que podían ser nombrados jueces permanentes.

2.4. REVISIÓN DEL ESQUEMA DE 1980

Finalizada la revisión de los cánones de los esquemas del año 1977 y de los años anteriores, la Secretaría de la Comisión y los consultores se enfrentaron con el trabajo de coordinación. Apareció así el primer proyecto del Código que estaba formado por siete libros y se denominó *Schema* 80.

Este esquema fue presentado al Sumo Pontífice el 29 de junio de 1980 que dispuso que se ampliara la Comisión para que hubiera mayor participación de la Iglesia entera para la fase final de los trabajos.

En 1981 se enviaron numerosas enmiendas que fueron sometidas a examen por la Secretaría de la Comisión y a una colegial discusión. Una síntesis denominada *Relatio 1981* de todas las enmiendas y las respuestas dadas por la Secretaría y los Consultores fue enviada a los miembros de la Comisión en el mes de agosto de 1981.

Respecto a esta revisión, los cánones que más nos afectan son el canon 126 que establece quienes son los sujetos hábiles para ejercer la potestad de régimen en la Iglesia, y el canon 1373 § 2 que determina la posibilidad de que las Conferencias Episcopales puedan constituir jueces laicos en un tribunal colegial:

---

353 C. 128 del Esquema de 1978: Soli clerici obtinere possunt officia ad quórum execitium requiritur potestas ordinis aut potestas regiminis ecclesiastici ordine saro innixa.

Canon 126: *"Potestaits regiminis, quae quidem ex divina institutione est in Ecclesia et etiam potestas iurisdictionis vocatur, ad normam praescriptorum iuris, hábiles sunt, qui ordine sacro sunt insigniti; in exercitio eiusdem potestatis, quatenus eodem ordine sacro innitur, christifideles laici eam partem habere possunt quam singulis pro causis auctoritas Ecclesiae suprema ipsis concedit".*

Canon 1373 § 2: *"Episcoporum Conferentia permittere potest ut etiam viri iudices constituantur, ex quibus, suadente necessitate, unus assumi potest ad collegium efformandum".*

Las observaciones fueron abundantes y en distintos sentidos. Las primeras críticas iban en la dirección de evitar que el laico fuera incapaz de ejercer la jurisdicción; en cambio otras posiciones, entre las que se encontraba la de J. Ratzinger, proponían la supresión de la participación del laico en el ejercicio de la potestad de gobierno. Se añaden razones históricas y de conveniencia para la Iglesia. El Cardenal J. Ratzinger mantiene que orden y jurisdicción no pueden separarse en la Iglesia sin grave perjuicio. Otros, sin embargo, no veían obstáculos a la posible participación del laico en el ejercicio de la potestad de régimen.

En lo que se refiere al oficio de juez, se propone la supresión del canon 1373 § 2 porque suponía una violación de los principios fundamentales, al admitir al laico en el ejercicio de la potestad sacra[354]. Sin embargo, la respuesta de la *Relatio* fue contundente porque los consultores afirmaron de manera unánime que se mantuviera, porque no se aceptaba como principio demostrado que el Concilio Vaticano II hubiese afirmado el origen sacramental de toda potestad de régimen.

Se añadiría una precisión al canon 1373 § 2, para evitar futuras discriminaciones. Se especifica la admisión de la mujer a este oficio, es decir, la mujer

354 COMM, 16 (1984), 54: "Supprimatur, quia admissio laicorum in exercitium potestatis sacrae violationem principii theologici fundamentalis significat".

puede ser juez en un tribunal colegial: "*Placet admissio laicorum (alicui Patri), sed non placet exclusio mulieris ab hoc munere. Agitur de iniusta discriminatione, rationibus obiectivis non innixa (quinque Patres)*"[355].

La respuesta quedaba en manos de la Plenaria.

2.5. SESIÓN PLENARIA

La Sesión Plenaria se celebra a finales de octubre de 1981 convocada por el Sumo Pontífice para que se votara definitivamente el texto del Código.

Una de las cuestiones sobre la que se tenía que debatir era la de la redacción de los cánones 126, 244 y 1373 § 2, y, para ello, se mandó a los participantes un dossier que incluía las observaciones de varios cardenales. Hay que destacar a J. Ratzinger, cuya posición era contraria a la participación del laico en la potestad de régimen; también un voto de Alfonsus Stickler, Prefecto de la Biblioteca Vaticana, y un voto de Beyer, Decano de la Facultad de Derecho de la Pontificia Universidad Gregoriana, ambos defendían la validez de los cánones anteriores.

Se analizaron las afirmaciones de unos y otros, y en 1982 aparecería la siguiente numeración y redacción de los cánones:

> Canon 129: "*Potestatis regiminis, quae quidem ex divina institucione est en Ecclesia et etiam potestas iurisdictionis vocatur, ad norman praescriptorum iuris, hábiles sunt qui ordine sacro sunt insigniti; in exercitio eiusdem potestatis, christifideles laici tamen eam partem habere possunt, quam singulis pro causis auctoritas Ecclesiae suprema ipsis concedit*".
>
> Canon 273: "*Soli clerici obtinere possunt ad quórum exercitium requiritur potestas ordinis, firmo praescriptio canon 129*".

355 Ibid.

> Canon 1421 § 1: *"In diocesi constituantur ab Episcopo iudices dioecesani que sint clerici.*
> § 2. "Episcoporum Conferentia permittere potest ut etiam laici iudices constituantur, ex quibus, suadente necessitate, unus assumi potest ad collegium efformandum"
> § 3. "Iudices sint integrae famae et in iure canonico doctores vel saltem licenciati"

Los cánones ya modificados sólo tratan de una potestad de la que también pueden participar los laicos. Y el modo en que la potestad se funda en el Orden sagrado queda sin precisar.

El canon 129 finalmente establece que los ordenados son competentes para gozar de la potestad de régimen aunque esto no supone la inhabilidad absoluta de los laicos, ya que la autoridad suprema puede concederles, *singulis pro causis,* participar en ella.

El canon 273 reafirma lo anterior y establece que quedan reservados a los clérigos los oficios que requieran el ejercicio de la potestad de régimen y se excluye de la reserva los oficios que se pueden atribuir a los laicos.

Por último, el canon 1421 § 2 faculta a la Conferencia Episcopal para constituir jueces laicos.

Al final de la Sesión Plenaria, el esquema se aceptó por unanimidad y fue presentado al Sumo Pontífice para que éste aceptara los trabajos de revisión. Juan Pablo II quiso estudiar personalmente el *Schema novissimum.*

2.6. REDACCIÓN FINAL DEL CANON

Tras todas las consideraciones, el Romano Pontífice decretó que se promulgara el nuevo Código el 25 de enero de 1983. El canon 1421 quedaría igual. No así los cánones 129 y 273 que presentaban una nueva redacción:

> Canon 129 § 1: *"Potestatis regiminis, quae quidem ex divina institutione est in Ecclesia et etiam potestas iurisdictionis vocatur, ad norman praescriptorum iuris, hábiles sunt qui ordine sacro sunt insigniti.*

§ 2: *"In exercitio eiusdem potestatis, christifideles laici ad norman iuris cooperari possunt".*

Canon 273 § 1: *"Soli clerici obtinere possunt officia ad quorum exercitium requiritur potestas ordinis aut potestas regiminis ecclesiastici".*

2.7. CONCLUSIONES

A lo largo de la evolución del canon 129, se ha visto como se aceptaba cierta separabilidad de ambas potestades; se admitía que no todo ejercicio de la potestad de régimen, tenía que gozar de la potestad de orden; que la incapacidad del laico para ejercer la potestad del laico era de derecho eclesiástico.

Por otro lado, hubo consultores que se opusieron al reconocimiento de una capacidad que no tenía el laico, ya que el sacramento del orden confiere a los ministros sagrados una capacitación ontológica para gobernar la Iglesia.

Las discusiones no cesaron y su Santidad Juan Pablo II quiso estudiar la cuestión personalmente, con la ayuda de una doble comisión de expertos y consejeros, en el esquema de 1982.

La redacción del canon 129, finalmente, manifiesta la cooperación en el ejercicio de la potestad de régimen, aunque se reserva a los clérigos los oficios que supongan tanto el ejercicio de la potestad de orden como de régimen por medio del canon 274.

Tampoco el canon del juez eclesiástico experimentó cambio alguno, tipificado en el canon 1421 aunque la disciplina ha sido reformada por el actual M.P. *Mitis Iudex Dominus Iesus* en el año 2015.

V. OFICIOS CON POTESTAD DE RÉGIMEN

En los capítulos III y IV se ha visto una evolución histórica de lo que ha supuesto el binomio orden/jurisdicción y se ha comprobado que, independientemente de la postura doctrinal del momento o del poco desarrollo de la técnica jurídica, a lo largo de la historia de la Iglesia católica ha habido una separación en la práctica del orden y la jurisdicción por diversos motivos, entre los que se encuentran, por ejemplo, la pérdida de la jurisdicción por una sanción, mientras se mantenía la potestad de orden en la persona; o el caso de distintos sujetos que no habiendo recibido el orden sacerdotal, eran titulares de oficios que conllevaban la potestad de régimen.

En este capítulo se tratará de esos oficios[356] y cómo sus titulares y sus sucesores han ejercido dicha potestad a través de dicho oficio. Aquí trataremos los siguientes casos:

---

356 Trataremos de los oficios que, a nuestro juicio, han resaltado más a lo largo de la historia de la Iglesia, sin ser un elenco taxativo y sin incluir las numerosas particularidades de las diócesis de todo el mundo en las que un titular de un oficio que no ha sido ordenado ha ejercido la potestad de régimen, y sin analizar el ejercicio de los superiores de vida consagrada.

1. El arcediano o archidiácono que va a representar al obispo en el gobierno de la diócesis, llegando a ejercer las funciones de vicario general.
2. Una serie de abadesas mitradas que se dieron a lo largo de los siglos y que ostentaban mitra y báculo en Europa. Nos centraremos en la abadesa de las Huelgas en España; la abadesa de Conversano en Italia; y la abadesa de Fontenevraud en Francia.
3. El juez eclesiástico, oficio que puede ser ejercido por un laico dentro de un Tribunal colegial y que ha adquirido más importancia en los últimos tiempos gracias a la publicación del Motu Proprio *Mitis Iudex Dominus Iesus* (8 de septiembre de 2015).
4. El laico en la curia romana, analizaremos la Constitución Apostólica *Pastor Bonus* en la que Juan Pablo II reformó la curia y el laico en la reciente Constitución Apostólica *Praedicate Evangelium*, promulgada el 19 de marzo de 2022, en la que se vuelve a reformar dicha curia.

1. EL ARCEDIANO O ARCHIDIÁCONO[357]

Desde los primeros tiempos de la Iglesia nos encontramos con una serie de personas, auxiliares del obispo, que sólo habían recibido el ministerio del diaconado, pero que poseían facultades y misión de gobierno bajo y junto con el obispo, sobre presbíteros, diáconos, clérigos inferiores y laicos, se trata del *archidiaconus*[358].

Junto al arcediano se encontraba el arcipreste que tenía como tarea la representación del obispo para toda la actividad de la potestad de orden.

Estos dos ministerios paralelos demuestran la conciencia viva y práctica de la Iglesia relativa a una doble atribución del ministerio eclesiástico: el

357 Cfr. R. Naz, *Dictionaire de Droit Canonique*, (Paris 1935), Tomo I, 950-1004.

358 Cfr. Stickler, "La bipartición de la", 47-48.

arcediano basado en la potestad de jurisdicción y el arcipreste en la potestad de orden[359].

En la antigua disciplina, era la persona encargada de dirigir a los diáconos, razón por la cual se le llama de esa forma, archidiácono, palabra griega que significa el primero entre los diáconos[360].

Los arcedianos ayudaron al obispo en su gobierno y su poder se fue extendiendo poco a poco. Lejos de ser ordenados, los archidiáconos o arcedianos van a ver la ordenación como un "insulto"[361], ya que la ordenación les hacía perder el oficio, por lo tanto, la mayoría no se ordenaban[362]. Con el paso de los siglos, los arcedianos fueron adquiriendo mucho poder, por lo que los obispos fueron promoviéndolos a través de la ordenación para poder "quitárselos de encima"[363], por ejemplo, ocurrió en Etio de Constantinopla (453) y Honorato de Salona (590) su promoción fue considerada como una infamia y una injusticia[364].

Sin embargo, a partir del s. XI al XIII, aunque comienzan a ordenarse, no fue una práctica universal y siempre con excepciones. En este sentido, por ejemplo, el III concilio de Letrán[365], en 1179, defendía el nombramiento de arcedianos de menos de 25 años cumplidos. Pero como en la misma época había que tener 30 años para ordenarse presbítero[366], los archidiáconos de 25 años tenían que esperar 5 años para la ordenación en el caso de que la quisieran recibir[367]. En cualquier caso, los concilios con gran perseverancia exigen al

359 *Ibid.*, 49.

360 Perujo y Angulo, *Diccionario de ciencias eclesiásticas,* (Barcelona 1883), Tomo 1, 664.

361 Naz, Dictionaire de Droit, 952.

362 "Sidone de Apolinar habla del archidiácono Juan, más tarde sacerdote, luego obispo, que se mantuvo durante mucho tiempo en su oficio de archidiácono y en su rango de diácono, debido a las cualidades que mostraba. Elevarlo al sacerdocio habría significado privarse de su ayuda como archidiácono". Naz, *Dictionaire de Droit,* 952.

363 Cfr. Stickler, "La bipartición de la", 48.

364 *Ibid.*, 48.

365 Concilio de Letrán, 1179, XI ecuménico, Cfr. Decr.,I, tit. IV, c. 7 § 2.

366 Cfr. H. De San Víctor, *De sacramentis,* lib. II, part. III, c. XXI, P.L. t. CLXXVI, col. 432; P. Lombardo, *Sententiae,* lib. IV, dist. XXVI, col. 1105.

367 Cfr. Naz, *Dictionaire,* 976.

menos el diaconado, siendo uno de los principios de la reforma eclesiástica del s. XI, sin embargo, sus esfuerzos reiterados no podrán conducir a una disciplina uniforme y el archidiácono no seguirá las prescripciones de la Iglesia relativas a la ordenación[368].

Aparece, así, una facultad diferente de la de orden, que no deriva de ella y que hoy llamamos potestad de jurisdicción ya que, a pesar de no estar ordenado, el arcediano o archidiácono, ejerce funciones típicas de gobierno, sobre quienes pertenecían a un grado superior, aunque él pertenece a un grado de orden inferior[369].

El nombre de arcediano o archidiácono se encuentra por primera vez en los autores del siglo IV; Optato de Milevi lo nombra en su obra contra los donatistas[370]; en el año 400, el canon 20 del primer Concilio de Toledo menciona al archidiácono[371] y San Agustín llama a san Lorenzo arcediano[372]. Algunos años más tarde, Sozomeno, historiador que escribió sobre la Iglesia cristiana, atribuye el nombre de arcediano a un clérigo de Antioquía, en el año 361, que intenta impedir que el obispo san Melecio el Grande haga una profesión de fe ortodoxa sobre la Trinidad[373]. La misma historia destaca que san Gregorio Nacianceno, hacia el año 380, nombra arcediano de Constantinopla a Evagrio[374]. En el 403 se nombra arcediano en el Concilio de Chêne[375] y en el 404 en la carta de san Juan Crisóstomo al Papa Inocencio I.

Por tanto, se puede decir que, en el siglo IV, hay un diácono, cabeza del colegio en cada Iglesia, que lleva el nombre de archidiácono.

---

368 Cfr. *Ibid.*, 977-978.

369 Cfr. Stickler, "La bipartición de la", 47-48.

370 Optato, *De schrismate donatistarum,* lib. I, c. XVI, P. L., t. XI, col. 916.

371 Cf. Mansi, Conciliorum amplissima collectio, t. III, col. 1002.

372 San Agustín, *Sermones de diversis,* serm. CCCII, c. IX, P. L., t. XXXVIII, col. 1388.

373 S. H. Sozomeno, *Historia Eclesiástica,* lib. IV, c. XXVIII, P. G., t. LXVII, col. 1204.

374 *Ibid.*, Lib. VI, c. XXX, col. 1.384.

375 Mansi, *Conciliorum,* col. 1.144.

A partir del s. V, las menciones al arcediano se multiplican, es raro el texto en el que no figura[376]. En este momento, aparece nombrado como "l´agent íntime" [377] del obispo y su acción se va a extender a toda la disciplina eclesiástica, entre sus funciones se encuentran las siguientes: es el administrador de los bienes eclesiásticos de la diócesis; va a ser el representante del obispo en los concilios; va a tener funciones de vigilancia del cumplimiento de la ley, por ejemplo, en el I Concilio de Toledo, en el año 400, se confía al arcediano el cuidado de recordar la observancia de la ley a los sacerdotes y al obispo de la diócesis; se encarga de la formación de los seminaristas e incluso puede oponerse a su ordenación; por último, en sede vacante, se queda al cargo del gobierno de la diócesis, al menos hasta la llegada del visitador que envíe la metrópolis.

Las funciones del arcediano en este siglo V son funciones de gobierno que van aumentando y afianzándose a lo largo de los siglos.

Durante los siglos VI y VII, el arcediano es el "grand ministre"[378] y sus funciones son las siguientes:

1°. El arcediano gobierna no sólo a los clérigos de su diócesis[379], sino que su autoridad se extiende a los monasterios y sobre los clérigos que van a otras diócesis, su arcediano responde por él y el que lo recibe le dará las atenciones necesarias.

---

376 En el Concilio de Éfeso, el 11 ecuménico, en el año 431, se remarca el papel del arcediano del obispo Juan de Antioquía (Cf. Mansi, *Conciliorum,* T. IV, col. 1322). En la VI sesión del concilio, el obispo Teodoro de Gadara está representado por su arcediano Aeterio (Ibid. Col. 1.368). Hacia la misma época, san Isidoro de Pelusa escribe a los arcedinanos Pansafios (*Epistolar, lib. I, ep.* CLVII, P. G., t. LXXVIII, col. 288) y Lucio (*Ibid.*, ep. XXIX, col. 200). Socrate hable del arcediano Timoteo oponente de Cirilo en la sede de Alejandría a la muerte del obispo Teófilo en octubre de 412 (*Historia ecclesiastica, lib.* VII, c. VII, P. G., t., LXVII, col. 749). Y Sozomeno menciona las costumbres de la Iglesia de Alejandría conde el arcediano canta el evangelio (*Hist. Ecclesiast.*, lib. VII, c. XIX, P. G., col. 1477). Esta historia habla de Crispios, arcediano de Epifanio de Chipre (Sozomeno, *Historia...*, lib. VIII, c. XV, col, 1556), de Serapión, arcediano de San Juan Crisóstomo, etc.

377 Sozomeno habla expresamente de tres casos: Epifanio de Chipre (*Hist. Ecclesiast.*, lib. VIII); san Gregorio Nacianceno que nombra a Evagrius (*Ibid.*, lib. VI, c. XXX, col. 1384) y san Juan Crisóstomo a Serapión (*Ibid.*, lib. VIII, c. IX, col. 1537).

378 Naz, Dictionaire de Droit, 953.

379 Cfr. G. De Tours, *Historia de los Francos,* lib. X, c. VIII, (Paris 1893), 162.

2º. En el concilio, representa a su obispo y en la sesión de apertura el arcediano del lugar dirige las evoluciones de la ceremonia.

3º. En el gobierno de la diócesis, el obispo le confía especiales puntos de dirección tanto de los fieles, como que se encargue de las viudas y orfanatos, como del clero. En relación a los clérigos, su autoridad se extiende espiritualmente, moralmente y materialmente a las Iglesias que le son confiadas; el concilio de Chalons sur Marne, hacia el año 650, canon 14, mantiene expresamente la jurisdicción del obispo y del arcediano sobre los oratorios y los clérigos de las villas que les han sido confiados; instituye a los clérigos y arciprestes rurales.

4º. El arcediano era juez no sólo para los clérigos sino para los laicos ejerciendo la autoridad judicial del obispo. Interviene en los juicios civiles y nadie podía proceder contra un clérigo sin la autoridad del arcediano.

5º. Cuando fallecía un clérigo, el obispo o el arcediano debían administrar sus bienes, tanto eclesiásticos como privados, hasta la lectura del testamento y luego asegurarse la trasmisión de estos bienes de acuerdo al testador.

6º. Eran mandatarios del obispo, pero eran capaces de enfrentarse a él cuando se necesitaba preservar los bienes de la diócesis.

7º. El arcediano administra la diócesis en sede impedida y en sede vacante.

Sin embargo, en el s. VII el poder del arcediano todavía es precario y restringido ya que actúa todavía bajo la dirección del obispo, es un intermediario necesario entre el obispo y los fieles y, sobre todo, entre el obispo y su clero. Además, hay oficios que escapan a su control, como el del tesorero y del ecónomo. En los siglos siguientes, el s. VIII y el IX, se establecerá la plenitud de su poder.

En los siglos VIII a IX, el arcediano se convierte en el vicario del obispo ya que toda su jurisdicción estaba encomendada a su cuidado[380]. No entraremos en la discusión del concepto de vicario como tal, sólo estableceremos cómo es

380 Perujo, *Diccionario*, 674.

su poder en este tiempo. Hincmaro de Reims le llama *comministrum nostrum*[381], este título muestra bien la relación entre el poder episcopal y la autoridad del arcediano, y su beneficio arcedianal que se convierte en inamovible, incluso después de la muerte del obispo porque dirige la diócesis en sede vacante.

Aunque no se conoce la base jurídica de este poder, ya sea como agente episcopal, como vicario o como *chef du presbiterium*[382], el arcediano es una personalidad moral estable que defiende la silla ocupada y los intereses permanentes de la diócesis frente al obispo *pro tempore* y contra el abuso de su autoridad.

Es el primero en el gobierno del obispo. En la diócesis hay tres columnas: el arcediano, el arcipreste y el custodio, aunque el primero es el arcediano ya que domina a todo el presbiterio y todo clérigo, sin excepción, está sometido a él, incluido el arcipreste y el custodio. Él tiene el derecho y el deber de supervisar y castigar a los clérigos y, durante la visita, puede desplazar a los titulares hasta el juicio del prelado. Cada tres años, si el obispo está impedido, el arcediano debe visitar la diócesis, usando el derecho de corrección del obispo cada vez que crea necesario[383]. Respecto a las ordenaciones de los clérigos siguen como en la época precedente.

Durante los siglos siguientes, del X al XIII, se produce la multiplicación de los arcedianatos y la consecuente división de la diócesis ya que poco a poco se les va a ir asignando un territorio. En primer lugar, esto sucede en Francia ya que los obispos comienzan a tener funciones civiles que les hacían desatender los asuntos de sus diócesis, de ahí que el poder del arcediano fue transformándose. No todos los obispos aceptaron este afrancesamiento de la arcedianía y

381 HINCMARO, *Capitularia anno XII episcopatus superadita,* c.1, P. L., t. CXXV, col. 793.

382 NAZ, *Dictionaire de Droit,* 958.

383 Las capitulares de Gauthier d´Orleans (Cfr. P. L., t. C. CXIX, col. 725-729) insisten en este punto: "L´archidiacre examinera la foi du prêtre: sa fidelité à administrer les sacraments, sourtout le baptême, à célébrer la messe. Il s´assurera que le prête comprend parfaitment le sens des priéres de la messe; qu´il connaît le sens de l´oraison dominicales, du symbole, et qu´il les interprète suivant la foi catholique; qu´il appernd au peuple, aux jours fériés, à bien prononcer et comprendre ces prières; que l´on chante á la messe les prières prescrites"

empiezan los primeros enfrentamientos entre el obispo y su arcediano[384]. Le siguen otras regiones y países.

Sin embargo, en este tiempo, el arcediano llega al máximo poder ya que se les da un territorio propio, de tal manera que su potestad se convierte en ordinaria: "*Lorsque l´archidiacre eut un territoire bien déterminé, comprenant un certain nombre, d´ailleuirs trés variable suivant les diocéses, des paroisses, de décanats, ou archiprétes, il arriba fatalemnent que sa jurdiction devint ordinaire*"[385].

En consecuencia, sus funciones son muy extensas. Por ejemplo, el obispo da los sacerdotes el cargo de cura de almas; sin embargo, de la asignación de su iglesia se encarga el arcediano, como ministro necesario, por tanto, "la jurisdicción del obispo no es directa en el archidiaconado"[386]. En sede impedida, en su territorio: podrá suspender al presbítero de su oficio, imponer penas o excomulgar a los presbíteros o reconciliarlos, podrá hacerlo con mandato expreso del obispo; si el obispo está ausente durante tres meses, podrá presentar a la ordenación de los clérigos y adjudicarlos a una iglesia en caso de necesidad urgente y en caso de enfrentamiento, puede actuar él mismo como mandatario del obispo.

Los arcedianos aumentan la visita canónica que se hace una vez al año según las necesidades y circunstancias del territorio haciéndola, además, sin el obispo. En estas visitas examinaban las personas, los lugares y las cosas. Vemos algunas de sus competencias en este sentido y así, en relación a los clérigos, se les imponía la obligación de hacer cumplir a los presbíteros el cumplimento de los cánones de los concilios, ordenando, por ejemplo, a sus concubinas a casarse o a ingresar en un convento bajo pena de excomunión, o vigilaban

---

384 Hacia 1018, Herman, obispo de Toul, se ve obligado a entrar en una lucha con su arcediano, Odelric, que se opone al nombramiento de curas: "*Non mihi videtur laudabile quendo vestra jussio discordet a mea voluntate*" (Cfr. Hermanni Tullen ad Odelricum archidiaconus, 1018: Recueil des historiens des Gaules, t. V, 494)

385 NAZ, *Dictionaire de Droit*, 965.

386 *Ibid.*, 967.

si los clérigos tenían un título válido para gobernar o si tenían demasiados beneficios; además les examinaban sobre su ciencia, si sabían administrar los sacramentos, si obedecían a sus superiores y la celebración de los oficios[387].

En relación a los laicos, les dirigirá exhortaciones, consejos y enseñanzas. En la visita, los examinará en su fe, moral y la situación de su matrimonio. Se reprimirán los abusos, sobre todo los cometidos en las fiestas en los lugares sagrados, y se asegurará si los laicos saben bautizar en caso de necesidad.

Para las iglesias se controlará su consagración y se le asignará una dote. Se asegurará del estado de los libros litúrgicos y realizará un inventario de todo el mobiliario de cada iglesia, anotando en cada visita la diligencia de los clérigos con respecto al mismo. Se informará de la caridad de los fieles y se asegurará de la inscripción de todas las propiedades, controlándose el estado de cada edificio. Se informará de su enajenación que se hubiera podido hacer y se procederá, cuando se dé la ocasión, a su recuperación[388].

Para asegurar el resultado de la visita y estimular la obediencia de todos, el arcediano dispone del derecho de coerción eclesiástica.

Así pues, en el s. XIII, el arcediano ejerce en su territorio una autoridad de prelado y se encuentran en el apogeo de su poder. Nombran los titulares de los oficios, supervisan su ministerio, hacen la visita, aseguran el cumplimiento de los cánones y reglamentos eclesiásticos, aunque le falta la potestad de orden para que su poder sea asimilado al obispo. Su jurisdicción, incluso, va a comenzar a ser personal y esto supone una separación de la autoridad del obispo. Y sin embargo, en este momento del auge de su poder, el ardediano *"est dejá en butte aux difficultés et aux circunstances qui vont précipites son déclin et aussi sa ruine prochaine"* [389].

El poder del arcediano se fue limitando con el tiempo, de hecho, el Concilio de Trento limitó su poder, al igual que las numerosas veces que la Santa

387 *Ibid.*, 971.

388 *Ibid.*, 975.

389 *Ibid.*, 979.

Sede tuvo que intervenir en sus decisiones. Sin embargo, no es hasta la Revolución Francesa, con la que desaparecen todas las divisiones territoriales de la Iglesia francesa y de las Iglesias de los países a los que llegó la Revolución, de esta manera, ni el archidiáconado como, división territorial, ni el archidiácono como dignidad o ministro fueron restablecidos por los obispos, sino que nombraron a vicarios generales. Así, finalmente, el arcediano pasó a ser un mero título honorífico.

Se puede concluir que el arcediano o archidiácono es un oficio en el que un diácono no sólo se ocupa de representar al obispo en el gobierno de la diócesis si no que ejerce el gobierno como tal; que nace en el s. IV, que en el s. XIII es cuando llega a la plenitud de su poder, y aunque este poder va variando a lo largo de los siglos, llega hasta el s. XVIII en el que se produce su desaparición con la Revolución francesa.

Esto muestra que, durante 9 siglos, hay una conciencia práctica en el pueblo cristiano de que existe una separación entre la potestad de jurisdicción y la potestad de orden, a través de dos oficios, el del arcediano, que se encargaba de representar al obispo en las cuestiones de gobierno, y el arcipreste que se ocupaba de las cuestiones relacionadas con la potestad de orden y que representaba al obispo en las cuestiones sacramentales.

2. LAS ABADESAS

A lo largo de la historia de la Iglesia, se han dado una serie de abadías exentas de jurisdicción episcopal en las que su abadesa ha tenido tal poder de jurisdicción sobre sus súbditos y su territorio, que eran consideradas "Abadesas Mitradas" ya que ejercían un poder cuasi episcopal. Es otro ejemplo en la historia de la Iglesia en el que un laico, en este caso mujer, ha ejercido la potestad de gobierno y en donde que se vuelve a ver la separación de la potestad, en potestad de régimen y potestad de orden.

Estas abadesas eran mujeres que por lo general pertenecían a familias importantes de la aristocracia e incluso de la realeza; eran mujeres cuyo estatus les otorgaba dignidad y potestad en la sociedad feudal, y por su origen familiar y herencia económica gozaban también de poder civil. Las abadesas fueron titulares de la potestad jurisdiccional eclesial y de privilegios que les hacían hábiles para el desempeño de las funciones de gobierno. Es claro, que su potestad no derivaba del orden sacerdotal, sino que era atribuida por el Romano Pontífice[390].

Destacaremos tres casos que sobresalen de manera particular: la Abadesa de las Huelgas en España, la Abadesa de Conversano en Italia y la Abadesa de Fontenevraud en Francia.

Sin embargo, hay otros casos análogos, como la Abadesa del monasterio de Faremoutiers, situado en Francia, que fue el primer caso de occidente en el que una abadesa gobernaba tanto a hombres como a mujeres; o el monasterio de San Juan Bautista de Lyon en el que la parte femenina organizaba el trabajo de los mojes[391].

Antes de comenzar a tratar a cada una de las abadías en particular, hay que aclarar que, aunque guiados por una abadesa, se trata de monasterios dúplices, es decir, monasterios "de mujeres que se unieron algunas veces con los de varones, o por lo menos se edificaron en sus cercanías, parte para que los monjes atendieran a los oficios eclesiásticos, parte para tener en ellos un amparo en caso de acontecimientos, que no eran raros en aquellas épocas turbulentas"[392] o por otros motivos, como que así lo dispusiera su fundador. De ahí que su gobierno se ejerciera sobre hombres y mujeres.

390 Cfr. M. García-Nieto Barón, *La presencia de la mujer en el gobierno de la Iglesia: perspectiva jurídica,* (Pamplona 2023), 99.

391 *Ibid.*, 100.

392 Cita de Funk, *Compendio de Historia Eclesiástica,* Barcelona 1908, 184-185 en J. M. Escrivá, *La Abadesa de las Huelgas,* (Madrid 1944), 285.

2.1. LA ABADESA DE LAS HUELGAS EN ESPAÑA[393]

La abadesa de las Huelgas es un "supuesto histórico en el que una mujer ejerció verdadera potestad de régimen dentro de la Iglesia conforme al derecho canónico"[394]. El monasterio de Santa María la Real de las Huelgas, situado en la ciudad de Burgos (España), es un monasterio de la congregación de monasterios de monjas cistercienses de San Bernardo que fue fundado en 1189 por el rey Alfonso VIII de Castilla y su esposa Leonor de Plantagenet.

Fue la reina Leonor quien puso mayor empeño en conseguir esta fundación con el fin que las mujeres pudieran alcanzar los mismos niveles de mando y responsabilidad que los hombres, al menos dentro de la vida monástica. Elevaron al papa Clemente III la petición para fundar y consagrar el nuevo monasterio, petición que fue concedida de inmediato. Los reyes donaron cerca de cincuenta lugares cuyas tierras constituyeron desde el principio un importante patrimonio que se multiplicaría con el tiempo.

El Císter otorgó a este monasterio el derecho a instituirse como *matrem ecclesiam* equiparándose así al gran monasterio francés de Fontevraud que veremos más adelante. En 1199 se convirtió definitivamente en *casa madre* de los monasterios femeninos de Castilla y de León.

La vida del monasterio dio comienzo con un grupo de monjas que llegaron desde el Monasterio de Santa María de la Caridad de Tulebras (Navarra), donde existía desde 1157 el primer monasterio cisterciense femenino de la península. Las dos primeras abadesas fueron la infanta de sangre real Misol (o Mariasol) y la infanta Constanza, hija de los reyes fundadores.

La abadesa de Las Huelgas llegó a disfrutar de una autonomía y poder tan elevados que sólo dependía del Papa y estaba por encima de la curia episcopal. De su jurisdicción cuasi-episcopal nos lo dice ella en la cabecera de sus despachos:

---

393 Esta parte está recogida principalmente del libro de J. M. Escrivá, *La Abadesa de las Huelgas,* (Madrid 1944)

394 M. Blanco y M.M. Martín, *La Abadesa de las Huelgas*. Edición crítico-histórica, (Madrid 2016), 3.

"Nos Doña...., por la gracia de Dios y de la Santa Sede Apostólica, Abadesa del Real Monasterio de Las Huelgas, cerca de la ciudad de Buros, Orden de Cister, y hábito de M. P. S. Bernardo: Señora, Superior, Prelada, Madre y legítima administradora en lo espiritual y temporal de dicho Real Monasterio y su Hospital, que llaman del Rey y los Conventos, Iglesias y Ermitas de su jurisdicción, Señorío y vasallaje, en virtud de Bulas y concesiones apostólicas, con *jurisdicción omnímoda, provativa, quuasi episcopal, nullius Diocesis y Reales Privilegios, que una y otra jurisdicción ejercemos quieta y pacíficamente como es público y notorio*"[395].

La abadesa, como mujer, no podía confesar, celebrar una misa, ni predicar, pero era ella quien daba las licencias para que los sacerdotes hicieran estos trabajos. Esta concesión para que otorgara las distintas licencias y para que ejerciera su gobierno era dada en nombre de Dios y de la Sede Apostólica.

La abadesa era dueña de un señorío material y un señorío jurídico. El señorío material estaba compuesto por: 54 villas; tierras; molinos y exenciones fiscales de pontazgo, portazgo y montazgo.

El señorío jurídico tenía su propio fuero, cuyas leyes en el tema civil y criminal dirigía y vigilaba la abadesa. Podían nombrar alcaldes y ejercían su jurisdicción sobre un buen número de monasterios cuyas abadesas eran nombradas por la abadesa de Las Huelgas.

Todos los privilegios se mantuvieron intactos a través de los siglos hasta el siglo XIX, que fueron suprimidos por el papa Pío IX.

Entre sus privilegios encontramos los siguientes:

1. La Abadesa elegía a las abadesas de los conventos sobre los que ejercía su jurisdicción y nombraba en los mismos priora, subpriora, porteras, sacristanas, cilleriza y demás oficios mayores y menores"[396].

---

395 Escrivá, *La Abadesa de*, 136.

396 Escrivá, *La Abadesa de*, 66.

Recogemos el juramento de las abadesas electas a la abadesa del Monasterio de Huelgas, donde consta que se requería el permiso de la Ilustrísima Abadesa para la administración de bienes:

> "yo Doña...Abadesa del Monasterio...de la Orden del Cister, sito en el Obispado de ... *prometo la sujeción y reverencia* que los Santos Padres establecieron, según la Regla de nuestro Padre San Benito y Estatutos de Cister, a la Ilustrísima Señora Doña... Abadesa del Monasterio de Sta. María la Real de Huelgas cerca de Burgos, y a sus sucesoras que canónicamente la sucedieren; y que observaré y defenderé los Privilegios y libertades de nuestra religión y de mi Convento; y *que no enajenaré ni venderé, ni daré en prendas o feudo en manera alguna los bienes que a dicho mi Monasterio pertenecieren , aunque el convento quiera, sin expresa licencia de dicha Ilustrísima Señora Abadesa, mi Madre y Prelada. Así Dios me ayude y estos santos Evangelios."*[397]

2. Entre los poderes que tenía sobre las personas eclesiásticas y seglares de la sociedad civil se encontraban los poderes sobre los capellanes de Las Huelgas y del Hospital del Rey:

> "Además del Coro que forma aquella respetable Comunidad, se ve otro en la Capilla mayor de aquel gran templo, ocupado por veintiún capellanes seculares (incluso nueve músicos y además de éstos un Sacerdote con el empleo de Sacristán Mayor), a cuyo cargo está la celebración de las funciones eclesiásticas, Misas cantadas, aniversarios y otras obligaciones... *Todos estos capellanes están sujetos y subordinados a la Ilustrísima Abadesa,* a quien toca privativamente la provisión de dichas Capellanías: sus Cóngruas, además de otros emolumentos, ascienden a cerca de doscientos cincuenta ducados cada uno...."[398]

---

397 *Ibid.*, 67.

398 MEDULA, 172-173.

Así, en el acta redactada por la Comunidad de Las Huelgas en 1659, por la que se erige una Capellanía en honor de Felipe IV para corresponder a los favores de este Monarca, y que se otorga a Doña Jerónima de Góngora, Abadesa de esta Real Casa, Prelada y Superiora:

> "...ha acordado servirle, fundarle, como desde luego fundamos, en él una capellanía perpetua y beneficio eclesiástico de la calidad de la naturaleza de las que el él están fundadas por el santo Rey D. Alonso, fundador de esta Real Casa, que se ha de proveer por la Abadesa que es y por tiempo fuere della, como las veinte capellanías Reales que hoy están fundadas y dotadas en este Monasterio, y con las mismas calidades, honores y preeminencias que tienen los demás capellanes...".

Y si cupiera duda sobre el carácter de las capellanías del Monasterio, véase este otro documento de 1313 de la Infanta Doña Blanca sobre la fundación de las ocho capellanías de su nombre:

> *"...mando que haya, en el Monasterio dicho, siempre ocho capellanes más, que ponga la Abadesa... Et quando alguno dellos finare o dexase de su uoluntad la dicha capellanía, la abadesa que fuere por tiempo puede poner en su lugar otro qual entendiese segund Dios et su alma que más cumpliere para ello et sea perpetuo como dicho es..."*[399]

La subordinación de los capellanes a la señora abadesa se aprecia en los derechos que ésta tenía de visitarles y de dar definiciones y, sobre todo, en la potestad de enjuiciar su conducta y de imponer penas graves, si el caso lo aconsejaba.

Un ejemplo claro del ejercicio de esta jurisdicción lo tenemos en el proceso formado por la abadesa en 1595; mandó meter presos en la Torre del Compás a los veinte capellanes con orden de que no se les diesen "las raciones

399 Escrivá, *La Abadesa de*, 114.

de pan, vino y demás cosas hasta pasados los veinte días". Que tales medidas extremas no eran algo extraordinario se deduce de la protesta de los inculpados, "que habían sido siempre tan obedientes que cuando la causa lo requería se habían ido ellos a la cárcel, sin que les llevasen alguaciles seglares"[400].

3. Su jurisdicción no se limitaba sólo a los aspectos civiles sino que se extiende a aspectos jurídicos canónicos como el nombramiento de curas para las parroquias dentro de su territorio. Los términos de estas provisiones se deducen del siguiente despacho, expedido por la abadesa Dª Catalina Sarmiento, a 17 de septiembre de 1560:

> *"Por hacer bien y merzed a Don Fernando de la Peña, Clérigo, Vista vuestra habilidad y suficienzia, por la presente os Probeemos de Cura de la Iglesia y Parroquia del señor San Pedros del Lugar de la Lorilla, para que la tengáis y sirváis y administréis los santos Sacramentos y los oficios divinos a los vecinos de dicho Lugar durante todo el tiempo que fuere nuestra voluntad, e mandamos a los vecinos de dicho Lugar vos acudan con la razón e pitanza según y de la manera que al os que han tenido el dicho Cargo se acudió, sin que vos falte cossa alguna, e que lo fagan e cumplan so pena de dicho Hospital. En fée de lo cual os mandamos dar y dimos el presente firmado de nuestro nombre, e sellado con el sello Abazial del dicho Monasterio e refrendado de Andrés Domingo, escribano de su Magd."*[401].

Además, la abadesa concedía licencias para celebrar, confesar y predicar. Los despachos de licencias para confesar dadas por la abadesa contenían la siguiente fórmula, después del encabezamiento:

> "Por la presente y su tenor, atendiendo a la virtud y literatura de N. *le damos licencia en forma, para que por el tiempo… pueda administrar el santo Sacramento de la Penitencia (excepto a Religiosas, sin nuestra*

400 *Ibid.*, 115.
401 *Ibid.*, 122.

> *especial licencia) a todas las personas que con él se quisieren confesar, así en este dicho Monasterio como en nuestro Hospital que llaman del Rey, y en los demás Conventos, Iglesias y Hermitas de nuestra filiación y jurisdicción, sin perjuicio del derecho parroquial, absolviéndoles de todos sus pecados, excepto los reservados a su Santidad..."*[402].

Si las licencias se extendían a confesar monjas y a predicar el Santo Evangelio, se añadía: "Asimismo damos dicha licencia para que puede confesar monjas y predicar el santo Evangelio en dicho nuestro distrito y jurisdicción"[403].

Que la señora abadesa expedía dimisorias para que sus súbditos pudieran recibir las órdenes sagradas, es un hecho que tampoco ofrece la menor duda. Entre otros léanse los documentos siguientes, relativos a la ordenación de Don Santos de Zárate, que llegó a ser Obispo de Almería. Aparece, en primer término del expediente, la instancia que el interesado dirige a la Señora Abadesa. Dice así:

> *"Ilma. Señora: Santos Zárate, Clérigo de Prima, Capellán de ese Real Monasterio de Huelgas, a S. S. I. respetuosamente expone: que hallándose en la edad de 24 años y con vivos deseos de ascender a los Sagrados Ordenes de Grados y Epístola para irse así preparando a levantar lo más pronto posible las cargas anejas a su título. A. V. S. Suplica se sirva admitirle a examen y mediante la aprobación ejercitase para recibir los indicados Sagrados Ordenes de Grados y Epístola, en lo que recibirá merced. Dios guarde a V. S. Muchos años. Burgos, 7 de febrero de 1855. Ilma. Señora. Santos Zárate y Martínez, rubricado"*[404].

Terminando el expediente del candidato con la concesión de las letras dimisorias después de toda la tramitación correspondiente:

---

402 *Ibid.*, 125.

403 *Ibid.*, 123.

404 *Ibid.*, 126.

"AUTO. - *Visto el expediente y por lo que resulta, se aprueban sus diligencias en cuanto ha lugar en dro.: líbrense al interesado D. Santos Zárate las correspondientes Letras Dimisorias y se le debuelba la Fé de bautismo y título de prima tonsura, dejando en este expediente la correspondiente nota. La Ilma. Sª Dª Mª Joaquina Calderón. Abadesa del Rl. Monasterio de las Huelgas, con acuerdo de su Asesor Conyúdice Ecco. lo mandó y firman en el Contador bajo del mismo a veinte y siete de Febrero de mil ochocientos cincuenta y cinco, de que doy fé.- Mª Joaquina Calderón, Abadesa.- Dr. Manuel Martínez.- Ante mí: Román Pacheco, rubricados*"[405].

4. La señora abadesa instruyó numerosos expedientes matrimoniales que se conservan en el Monasterio; por ejemplo, el que realizó a Doña Juana de la Cantera, natural de Burgos y D. Isidro Arribas, natural de Cuenca.

5. Y llegamos a la cumbre de la jurisdicción abacial en el plano jurídico con el nombramiento de jueces para que administraran justicia en su nombre. Vamos a ver algunos ejemplos de cómo los jueces eclesiásticos, diputados al efecto por la señora abadesa, llegaron a eliminar censuras en varias ocasiones.

Siendo abadesa la Excma. Sra. Dª Ana de Austria, el alcalde mayor Tomás de Vallejo sacó a Pedro de Alonso, vecino de la ciudad de Burgos, de la Parroquia de San Antón, a pesar de estar retirado en sagrado. A petición del preso, los licenciados, los capellanes del Real Monasterio y jueces nombrados por dicha Excma. Sra., procedieron, en nombre de ésta, contra el alcalde mayor y llegaron a imponer censuras a fin de que remitiese libremente a Pedro de Alonso al lugar sagrado donde le habían prendido.

En 11 de marzo de 1684, los licenciados D. José Rodríguez de Guevara y D. Francisco de la Quintana, capellanes del Monasterio y jueces del Cabildo de Capellanes, nombrados por la Ilma. Sra. Dª Felipa Bernarda Ramírez de Arellano, despacharon censuras generales, a instancia de Juan de Turrientes y su mujer, para el descubrimiento de cuatro camisas, una ropilla, unos calzones,

---

405 *Ibid.*, 128.

una caldera y otros muchos bienes y alhajas que les habían hurtado, "a más de una perilla que estimaban en más de un doblón, que les daba por ella".

A principios del siguiente siglo, el día 7 de noviembre de 1716, vemos también al juez de la Abadesa Doña Teresa Badarán de Oxinalde, licenciado Don Ventura de San Román, que despacha censuras generales de pedimento del Procurador de Las Huelgas, para el descubrimiento de muchos bienes y alhajas que le tenían ocultados y le faltaban.

Poco tiempo después, el 29 de abril de 1719, siendo gobernadora Doña Inés de Osio y Mendoza vuelve a nombrar jueces a petición de D. Manuel de Hoces y Córdova, fraile comendador y procurador mayor del hospital del Rey.

Por todo lo que hemos visto, la abadesa de las Huelgas ejerció en su territorio y sobre sus súbditos verdadera potestad de jurisdicción. Hay que preguntarse ¿cuál es el fundamento jurídico de esta situación? J. M. Escrivá concluye que el fundamento de la jurisdicción de la abadesa de las Huelgas es el Derecho consuetudinario, el cauce de la costumbre *contra legem* por la que adquieren verdadero y pleno privilegio y "así, una mujer, la abadesa, puede ejercer la jurisdicción eclesiástica con efecto canónico"[406].

2.2. LA ABADESA DE CONVERSANO EN ITALIA[407]

En el año 1266 llegó a Bríndisi, huidas del convento de Santa María de Verga en Motone (Rumanía), una comunidad de monjas cistercienses, guiadas por la que sería la futura abadesa Dameta que procedía de la casa imperial de los Paleólogos.

A esta comunidad por orden del papa Clemente IV (1265-1268), se le concede el monasterio de San Benito de Conversano (Bari) y el anejo territorio de Castellana, iglesia y pueblo, con la particularidad que la abadesa y su comunidad no estarían sujetas a la jurisdicción del obispo si no que dependerían

---

406 *Ibid.*, 345.

407 Recogido de D. Gemmiti, *Donne col pastorale,* (Nápoles 2000).

directamente de la Santa Sede[408]. A partir de ese momento, la abadesa de Conversano ejercerá su potestad durante cinco siglos y medio en dicho territorio (1266-1810).

Este monasterio, abandonado por sus anteriores abades, fue fundado en el siglo VII y restaurado por Godofredo el Normando. Federico II, rey de Nápoles y Sicilia (1208), emperador del Sacro Imperio Romano (1220), lo declara monasterio imperial. La bula pontificia de Pascual II, el 15 de julio de 1110, concede al monasterio benedictino la dependencia inmediata de la Santa Sede. Con Celestino III se confirma la sumisión y con Alejandro IV, en 1258, se vuelve a confirmar la dependencia del monasterio de la Sede Apostólica, y se le reconoce unos territorios sobre los que gobernará un abad con el *status* de *praelatura nullius*, atribuyendo, así, una jurisdicción cuasi-episcopal[409].

La administración de este monasterio de San Benito, encomendada al obispo Bartolomé de Polignamo, no duraría mucho tiempo ya que al final del año 1267 el papa Clemente IV le encarga al cardenal Radulfo adjudicar la posesión de este Monasterio a las religiosas cistercienses con todos sus derechos, privilegios y posesiones, y encomendando su dirección a la abadesa Dameta. De este modo, el mencionado cardenal le envía una carta[410], el 5 de diciembre

408 Cfr. Gemmiti, *Donne col*, 237.

409 *Ibid*., 238-240.

410 S. Montanaro, *Vescovi, badesse e conte di coversano a difesa del proprio potere*, (Bari 2006), 378. Carta de Radulfo, obispo de Albania y cardenal Legado al obispo de Polignano: *"Radulphus miseratione divina episcopus Albanensis Apostolice sedis legatus venerabili fratri nostro (Bartolomé) Episcopo Polianensi salutem et sinceram in domino caritatem. Instantia nostra cotidiana sollicitudo ómnium ecclesiarum existit el illarum et illarum precipue que tedia viduitatis deplorant. Cum igitur Abbatiam sancti Benedicti de Cupersano que ad tantam desolationem deveneral malitia preteriti temporis faciente, quod nec abbatem nec conventum, nec religiosos aliquos habebat, qui ibídem domino famularentur. De mandato santissimi Patris domini Clementis pape IIII. Abatisse et conventui quondam monasterii sancte Marie de Verge cirtenciensis ordinis Methonensis diocesis, duxerimus in perpetuum concendendam, et etiam ecclesiam santi Benedicti in civitate polianiensis sitam, que fuit quondam monialium, eidem abbatie santi Benedicti de Cupersano duxierimus muniendam, Discretioni nostre qua fungimur auctoritate mandamus, quatenus ad dictam abbatiam santi Benedicti de Cupersano personaliter accedentes, Abbatissam et conventum monalium predicarum in corporalem possessionem dicte abbatie sancti Benedicti de Cupersano*

de 1267, al obispo Bartolomé, recordándole la voluntad del Pontífice. En esta carta viene ordenado la entrega del monasterio con todas sus posesiones y derechos:

> *"mandamus…. Abbatissam et conventum Monialium predictarum in corporales possessionem dicte abbatie sancti Benedicti de Cupresano cum omnibus possessionibs et iuribus suis et dictam Ecclesiam sancti Benedicti de Poliniano cum iuribus et pertinentiis suis pesonaliter inductas defendatis esadem".*

Y al obispo Bartolomé se le manda que hiciese prestar la debida obediencia y sumisión a la abadesa por parte de sus súbditos:

> *"Facientes dicte abbbatisse debitam obedientiem et reverentiam a suis subditis exhiberi, et in vassallis predicte abbatie sicut moris est, iuramentum fidelitatis prestari".*

En el aspecto jurídico y de jurisdicción cuasi-episcopal, se puede establecer un elenco de privilegios[411] que tenía el abad del monasterio y que pasarían a la abadesa de Conversano:

– Libertad de la abadesa de acoger a clérigos o laicos que deseen vestir el hábito monástico;

– La prohibición de que las monjas, después de haber hecho su profesión en el monasterio, salgan de él sin el permiso de la abadesa; nadie, sin embargo, se atreve a detener a quien sale del monasterio sin dicho permiso;

---

cum ómnibus possessionibus et iuribus suis et dictam ecclesiam sancti Benedicti de Poliniano cum iuribus et pertinentis suis personaliter inducatis, et inductas defendatis easdem. FAcientes dicte abbatisse debitam obedientiam et reverentiam a suis subditis exiberi (sic), et a vassallis predicte abbatie sicut moris est, iuramentum fidelitatis prestari. Contradictores per censuram ecclesiasticam appelatione ad nos interposita compescendo. Datum Brundusiis. III nonas decembris Pontificatus Domini Clemantis Pape III anno secondo". (D. Morea y F. Muciaccia, *Le Pergamene di Conversano,* Pergamena nº 5, A.D. 1267, 5 diciembre, 7)

411 Cfr. Gemmiti, *Donne col,* 239-240, (traducción propia)

– En caso de entredicho general, será lícito celebrar los oficios divinos en el monasterio, pero en voz baja, a puerta cerrada y con exclusión de los excomulgados y entredichos;

– Sin perjuicio de la comunión con la Sede Apostólica, todo obispo católico podrá atender las peticiones de la abadesa relativas al santo óleo, la consagración de altares o basílicas, la ordenación sacerdotal de los clérigos y la administración de los demás sacramentos;

– Confirmación y ratificación perpetua de las antiguas libertades e inmunidades concedidas al monasterio;

– Libertad de la abadesa para conceder el entierro, en la Iglesia de S. Benedetto y en sus demás ramas, a quien lo desee, excepto excomulgados, entredichos y usureros públicos;

– Ningún obispo o arzobispo, sin permiso del Papa, puede prohibir o excomulgar al monasterio, a las iglesias y lugares dependientes de él, a las monjas y a los propios clérigos que sirven a las iglesias y lugares monásticos;

– Prohibición absoluta de exacciones indebidas por parte de arzobispos, obispos, archidiáconos o decanos y de cualquier otra persona del clero secular o regular;

– Facultad de recuperar los diezmos y bienes debidos a las iglesias del monasterio, indebidamente en manos de laicos;

– La elección de la nueva abadesa se debe obtener, sin astucia ni violencia, con el consentimiento de todas las monjas o de sus «maior et sanior pars», en el temor de Dios y según la regla de San Pedro. Bendecido;

– Cualquiera que vaya al monasterio por devoción podrá confesarse allí; en las parroquias filiales, los monjes y párrocos podrán tener una pila bautismal con derecho a bautizar y confesar;

– Dentro del monasterio y en los lugares que le pertenecen, están prohibidos los robos, los hurtos, los incendios, los derramamientos de sangre, los secuestros de personas, los asesinatos y cualquier otro acto de violencia;

– Cualquier queja de las autoridades episcopales o civiles, no resuelta con la abadesa y las monjas del monasterio de Conversano, debe ser transmitida al propio Pontífice o a sus legados para que pueda ser resuelta con justo juicio e imparcialidad;

– En el monasterio se confirman y consolidan todas las libertades e inmunidades concedidas por los predecesores de Alejandro IV, así como las libertades y exenciones concedidas por los obispos, soberanos, príncipes y fieles;

– Nadie puede perturbar el monasterio, quitarle sus bienes, no devolverlos ni reducirlos: bienes que, sin embargo, deben conservarse intactos para el gobierno y el sustento de aquellos a quienes fueron concedidos, sin perjuicio de la autoridad del Sitio Santo; a este último, pues, como signo de la libertad obtenida, el monasterio pagará anualmente una onza de oro;

– Si en el futuro algún eclesiástico o regular, conociendo esta bula, transgrede uno u otro de sus preceptos, después de la segunda o tercera amonestación inútil, será excomulgado y, en el juicio final, será sometido a la pena severa;

– Por el contrario, quien ha tutelado los derechos del monasterio recibirá en la tierra el fruto de sus buenas obras y encontrará, ante el severo Juez divino, la recompensa de la paz eterna.

La última abadesa *nullius* de Conversano, fallecida en el año 1809, fue enterrada con mitra, báculo y las demás insignias episcopales.

Esta abadía desapareció porque el Gobierno de Nápoles había ya incorporado en 1806 a la diócesis de Conversano el territorio de Castellana, lo que Pío VII confirmó canónicamente el año 1818[412].

2.3. LA ABADESA DE FONTENEVRAUD EN FRANCIA

Los monasterios dúplices que adquirieron mayor fama fueron los de la Orden de Fontenevraud. Esta Orden fue fundada por el Beato Roberto de Arbrissel hacia el 1096, coadjutor del Obispado de Rennes y sintiendo la vocación de la vida contemplativa, se retiró a un bosque en Anjou para hacer vida

412 Cfr. ESCRIVÁ, *La Abadesa de*, 294.

eremítica. Sin embargo, Urbano II le hizo salir de su retiro y le obligó a predicar en sus diócesis vecinas, evangelizando Normandía, Bretaña, Anjou y Turena y llevando tras de sí penitentes de uno y otros sexo que necesitaban una organización debido a su gran número[413].

Gracias a algunos nobles, pudo construir un doble monasterio, donde reunió a hombres y mujeres. Para evitar la promiscuidad y el posible escándalo, adoptó una organización basada en un complejo formado por cinco edificios: el Gran Claustro para las contemplativas; Santa Mª Magdalena, casa de las pecadoras arrepentidas; San Juan del *"Habit"* para los hermanos; San Lázaro para leprosos y, junto a estos edificios, se levantó un hospital, *"Saint-Benoît"*[414] . Tenían además una Iglesia en común para monjes y religiosas[415].

Roberto llamó a sus compañeros los "pobres de Cristo" y les dio una regla muy severa, obteniendo la aprobación de Pascual II en 1106.

La singularidad de Roberto fue concebir un *"abbaziato femminile"*[416] en el que sometió todos los religiosos de su Instituto, varones y mujeres, a la jurisdicción de una abadesa, *"menre dovunque l'inferiorità della donna era considerata un fatto del tutto naturale"*[417]. La elección de elegir a una mujer era porque Roberto quería una conversa laica *"se mi è lectio nominare, quale abbadessa, una conversa laica"*, que sepa del mundo, una mujer que ha estado casada no una *"claustrensis virgo, che saprebe solo conversare con Dio. Il fondatore preferisce, quindi una Marta"*[418].

La característica propia de Fontenevraud, a diferencia de otros monasterios es que constituía una orden propiamente dicha, constituyendo una abadía madre y los prioratos, todos unidos a ella, todos siguiendo la misma constitución y todos bajo la autoridad de la abadesa, cabeza suprema de toda la Orden.

413 Cfr.*Ibid,* 290-293.

414 Cfr. Gemmiti, *Donne col,* 142.

415 Cfr. Escrivá, *La Abadesa de,* 290 -293.

416 Gemmiti, *Donne col,* 136.

417 *Ibid.,* 136.

418 *Ibid.,* 148.

Esa era la voluntad de su fundador[419]. La abadesa llegó a tener bajo su gobierno más de 60 monasterios[420].

En lo relativo a la potestad de jurisdicción de la abadesa, un extracto de los estatutos, distingue entre las obligaciones de los religiosos y de las religiosas, con un elemento esencial, que consiste precisamente en el primado absoluto de la abadesa, como resulta en la siguiente expresión:

> *"ut Pretonilla* (abadesa en esos momentos)*, electa a magistro Roberto et constituta abbatissa communi voluntate et devota petitione tam sancitmonialum quam religiosorum fratrum, habeat obtineatque potestatem regendi ecclesiam Fontis Ebraldi et ómnium locorum eidem ecclesiae pertinentium et obediat ei, venerentur eam ut suam matrem spiritualem in eiusque prudentia omnia ecclesiae negotia tam spiritualia quam saecularia permaneant, aut quibuscumque attribuerit et prout constituerit"*[421].

Entre las competencias que tenía la abadesa en relación al ejercicio de esta potestad, destacamos las más emblemáticas como: el juicio sobre la conducta de los religiosos y religiosas, incluyendo a los sacerdotes; su traslado; el pronunciamiento de censuras; la autorización para las investiduras y las profesiones religiosas; para los confesores, examen de las novicias y novicios. En relación a las confesiones de las religiosas, se sostiene que la abadesa, en particular una, Gabrielle (nombrada abadesa por Luis XIV, con apenas veinticinco años el 18 de agosto de 1670), las escuchaba antes de enviarles al sacerdote autorizado[422].

La abadía de Fontenevraud fue durante siete siglos un lugar de oración, lugar en el que hombres y mujeres se reunían para unirse con Dios y donde ejercitaban la caridad hacia el prójimo.

---

419 Cfr. *Ibid.*, 136-137.

420 Cfr. Escrivá, *La Abadesa de*, 293.

421 L.Cailleau, PL 162, coll. 1083-1085. Nota a pie de página de D. GEMMITI, *Donne col*, 154.

422 Cfr. Gemmeti, *Donne col*, 185.

La abadía desaparecería con la Revolución francesa. El 20 de junio de 1792 se pidió a los hermanos prestar fidelidad a la Constitución civil del clero. En 1804, en un decreto de Napoleón transforma la abadía en una institución penal[423].

2.4. CONCLUSIÓN

Hemos visto que, aunque las tres abadías, Huelgas, Conversano y Fontenevraud, presentan sus diferencias, debemos observar que estas instituciones tienen en común que al frente de su gobierno se encuentra una mujer que ha ejercido la potestad y un gobierno cuasi-episcopal en sus súbditos, tanto hombres como mujeres, laicos y clérigos, religiosos y religiosas, dentro de su territorio por medio de su autoridad.

3. EL JUEZ LAICO

3.1. CONCEPTO

El Código actual trata del juez en el Libro VII, de los procesos; Capítulo I, del Tribunal de primera instancia; Del Artículo I, Del Juez, en los cánones 1419 a 1427. Como es habitual, en el Código no se da una definición de lo que es el juez si no que presenta un concepto genérico que no se refiere a una persona concreta sino a los varios jueces que constituyen el tribunal de primera instancia o refiriéndose a quienes desempeñan la función de juzgar[424]. Además, el Código, en el canon 135 § 3[425] tipifica, de manera genérica, la potestad que tiene el juez y el colegio juzgador, es decir, especifica cuál es su característica principal: la posesión de la potestad judicial, de tal manera, que quien tiene la potestad judicial es juez y quien no la tiene no lo es[426].

---

423 Cfr. *Ibid.*, 195-198.

424 Cfr. J. García Martín, *Los jueces diocesanos de primera instancia,* (Valencia 2016), 145.

425 C. 135 § 3 CIC: La potestad judicial que tienen los jueces o tribunales se ha de ejercer del modo prescrito por el derecho, y no puede delegarse si no es para realizar los actos preparatorios de un decreto o sentencia.

426 Cfr. García Martín, *Los jueces diocesanos*, 146.

Como no hay definición de juez, vamos a acudir a la doctrina recogiendo varias definiciones de juez de diversos autores.

Etimológicamente la palabra juez deriva del latín *iudex* que, a su vez, integra dos conceptos, el de *ius* y el de *dicere*, que significa: aquel que pronuncia el derecho. Este pronunciamiento lleva consigo un conocimiento de la causa necesario para llegar a la tarea específica del *iudicum dare*.

Teniendo en cuenta esto, según M. J. Arroba, el juez puede ser definido como la persona que, de modo individual o colegial y legítimamente designada, ejerce la potestad judicial, en la doble función de conocer y de decidir la causa en el modo establecido por el derecho. El juez es un oficio que se considera público en el sentido que es designado según las normas vigentes, porque representa a la colectividad entera en el ejercicio de su oficio y sus decisiones gozan de relevancia ya que en cuanto posee potestad pública, se hace capaz de vincular a otros[427].

J. García Martín establece una noción de juez según el CIC de 1983: "El juez es la persona física y el colegio juzgador que, en virtud del oficio eclesiástico, legítimamente provisto, está dotado de la potestad ordinaria, propia o vicaria, para juzgar las causas propias de su competencia según las prescripciones del derecho"[428].

P. V. Pinto dice que "el juez eclesiástico es una persona pública, provisto de jurisdicción para conocer y definir en vía judicial, a tenor de las normas del derecho, las causas contenciosas, penales o administrativas, que son competencia de la Iglesia; por tanto, su oficio consiste en determinar el hecho y el derecho; o mejor aún, aplicar al hecho el derecho"[429].

El juez, por tanto, aplica la ley pero no tiene ninguna potestad sobre ella; es su ejecutor e intérprete.

---

427 Cfr. M.J. Arroba Conde, *Derecho procesal canónico,* (Madrid, 2022), 231.

428 García Martín, *Los jueces diocesanos*, 147.

429 P. V. Pinto, Los procesos en el Código de Derecho Canónico, Comentario sistemático al libro VII después de la reforma del papa Francisco con el M. p. Mitis Iudex Dominus Iesus, (Madrid 2021), 98.

Existen diversos tipos de jueces[430]:

- Jueces diocesanos, interdiocesanos y de los Tribunales Apostólicos (cánones 1420, 1421 § 1, 1423 § 1, 1442-1445).
- Jueces de primera instancia y de apelación (cánones 1429 § 2, 1438-1441, 1628-1640).
- Jueces clérigos, religiosos y laicos (cánones1421, 1427).
- Jueces principales y secundarios (cánones 1607-1611, 1428).
- Jueces ordinarios y jueces delegados (canon 131).

En nuestro caso, nos ocupamos específicamente del juez diocesano y laico.

3.2. MOTU PROPRIO CAUSAS MATRIMONIALES

La primera vez que aparece en la vida de la Iglesia universal que un laico puede ser juez en un tribunal eclesiástico es en 1971 con la publicación de Pablo VI del Motu Proprio *Causas Matrimoniales*[431]. A raíz de este documento, un laico varón puede ejercer el oficio de juez, aunque con una serie de condiciones.

En el Preámbulo del documento, consta la preocupación del Papa por el aumento notable del número de causas matrimoniales y la conciencia de que la Iglesia debe ocuparse de esta materia. De hecho, esta preocupación la manifiesta en el discurso a los Prelados Auditores de la Rota Romana, del año 1966, donde ya había hablado del peligro que este aumento de causas podía suponer para la vitalidad y felicidad de la institución familiar. Sin embargo, a pesar de lo dicho, el Papa desea evitar normas que alarguen demasiado la duración de los juicios matrimoniales, de tal forma, que haga más grave la situación espiritual de muchos de sus hijos.

A esto se une que, con los principios de revisión y reorganización del nuevo Código, a partir del Concilio Vaticano II, se empiezan a estudiar y desarrollar los conceptos de potestad y su participación en la misma. El inicio de la

430 *Ibid.*, 99.

431 PABLO VI, "Motu proprio *Causas matrimoniales*", (28-3-1971): AAS 63 (1971) 441-446.

discusión de la materia tuvo lugar en la sesión de noviembre de 1970[432]. Después de una serie de discusiones[433], en las actas de la Comisión, publicadas en 1971, se afirmaba expresamente que los laicos estaban dotados de potestad de jurisdicción[434]. Esta afirmación parece haber recibido la disposición de Pablo VI para promulgar el *M.P. Causas Matrimoniales* en el mismo año.

El 28 de marzo de 1971, se publicaba el *Motu Proprio Causas* Matrimoniales por el que se establecen algunas normas para una más rápida resolución de los procesos matrimoniales. Las principales novedades que introduce este Motu Proprio son:

1) La posibilidad de que las causas matrimoniales puedan ser juzgadas por un órgano unipersonal. Con esto se modificaba el criterio tradicional de que estas causas sean juzgadas por tribunales colegiados.

2) La posibilidad de que determinados cargos, reservados hasta ahora a los clérigos, sean desempeñados por laicos, más concretamente, el oficio de juez, dándose así la opción de que el varón laico pueda ser nombrado juez miembro en un Tribunal colegial[435].

En el Motu Proprio se abre, por tanto, a los laicos la posibilidad de ser jueces en un Tribunal eclesiástico. Sin embargo, se estipulan varias condiciones:

– El laico tiene que formar parte de un Tribunal colegial del que no puede ser presidente.

---

432 Coetus *de personis physicis et moralibus,* sesión VI, 9-13 de noviembre de 1970: *Communicationes* 21 (1989), 51.

433 Para ver más en este sentido, consultar, o.c. J. García Martín, *El juez diocesano de primera instancia,* (Valencia 2016)

434 Acta Commissionis, III. Opera Consultorum in parandis canonum schematibus. I. De Clericis-de Sacra Hierachia: Communicationes 3 (1971) 187.

435 Ibid: V. § 1. Si nec in Tribunali diocesano nec in Tribunali regionali, ubi erectum sit, collegium trium iudicum clericorum efformari possit, Conferentia Episcopalis facultate instruitur permittendi in primo et secundo gradu constitutionem collegii ex duobus clericis et uno viro laico.

§ 2. In primu gradu, cum nec per aggregationem viri laici collegium de quo in § 1 efformari possit, singulis in casibus causae nullitatis matrimonii clerigo tamquam iudici unico per eandem Episcopalem Conferentia demandari possunt. Qui iudex, ubi fieri possit, assessorem et auditorem in iudicio sibi asciscat.

– Esa posibilidad se les da sólo a los varones. Esta eventualidad de que sólo los varones y no las mujeres puedan ser jueces laicos y que éstas sólo pudieran intervenir en oficios secundarios, fue muy criticada. Si la capacidad para ser juez no se basa en la condición de clérigo, la diferencia de trato entre varones y mujeres no tiene una explicación evidente. Puesto que la Iglesia se rige por el principio de igualdad, reconocido como derecho del fiel en el canon 208[436] del actual Código, en lo que se refiere a la condición del cristiano y en el conjunto de derechos, deberes, capacidades...cuya titularidad no proviene del sacramento del orden, hay que poner en duda el hecho de establecer diferencias de capacidad jurídica entre los laicos por el hecho de ser varón o mujeres[437]. Esta condición quedó solventada con el nuevo Código y la redacción del canon 1421, como veremos más adelante.

– Por último, hay que añadir, que la facultad para constituir el Tribunal en una diócesis en el que se nombrara a un laico como juez, requería por el mismo Motu propio la autorización expresa de la Conferencia Episcopal[438]. Este requisito se recogerá posteriormente del mismo modo en el CIC del 83, en el canon 1421.

A pesar de todas las condiciones, el hecho de que se admitiera a los laicos al ejercicio de funciones jurisdiccionales como jueces en los tribunales eclesiásticos probaba que no existía ninguna razón de peso que incapacitara a los no ordenados para el desempeño de oficios que comporten potestad de jurisdicción y para los que no se necesite el sacramento del orden.

Sin embargo, se siguen poniendo límites. Según J. A. Souto, se sigue prefiriendo que se conozcan las causas matrimoniales por un solo juez, siempre

---

436 C. 208 CIC: Por su regeneración en Cristo, se da entre todos los fieles una verdadera igualdad en cuanto a la dignidad y acción, en virtud de la cual todos, según su propia condición y oficio, cooperan a la edificación del Cuerpo de Cristo.

437 Cfr. J. HERVADA, "La mujer y la función judicial": *Ius Canonicum* 12 (1972) 189-238, donde se muestran las opiniones, en este sentido, de mujeres canonistas y mujeres juristas; catedráticos de Derecho Canónico y juristas españoles.

438 Cfr. PABLO VI, *M. P. Causas,* V § 1.

que sea clérigo, que por un tribunal colegiado integrado por tres laicos[439]. Su actuación parece estar garantizada por un clérigo, "aunque el clérigo en cuestión no aventaje al laico ni en las virtudes ni en los conocimientos que a éste se le exigen"[440].

Por el contrario, C. De Diego-Lora prefiere jueces laicos siempre que tengan la formación adecuada a clérigos que no tengan conocimientos jurídicos, dice:

> "No deja de parecernos una manifestación de la timidez con que la legislación de la Iglesia va acogiendo el tema de la participación de los seglares en su vida y actividades públicas. Si en una Diócesis hay, por ejemplo, más de un seglar con verdadera aptitud científica en Derecho Canónico, y es posible, que aparte del Provisor, no haya otro clérigo con esa reconocida solvencia profesional, de manera que haya de acudir a un juez sinodal con dudosos conocimientos jurídicos, ¿por qué no constituir un Tribunal con el Provisor y dos seglares si, a su vez, estos reúnen, junto a esos conocimientos técnicos, relevante fe católica y costumbres merecedoras de esa confianza de la Iglesia?" [441].

Esta posibilidad ya es contemplada con el M. P. *Mitis Iudex Dominus Iesus* con el que se reforma el proceso matrimonial canónico y del que hablaremos posteriormente.

C. de Diego-Lora se apoya en Hervada y Lombardía ya que, como ellos determinan, hay ciertas líneas organizativas en las cuales la distinción clérigos-laicos es irrelevante, puesto que no todas las funciones de la organización son constitucionalmente clericales, es decir, propia de los clérigos por lo que esta

---

439 Pablo Vi, M. P. Causas... V § 2. In primu gradu, cum nec per aggregationem viri laici collegium de quo in § 1 efformari possit, singulis in casibus causae nullitatis matrimonii clerigo tamquam iudici unico per eandem Episcopalem Conferentia demandari possunt. Qui iudex, ubi fieri possit, assessorem et auditorem in iudicio sibi asciscat.

440 Cfr. SOUTO, *Lineas generales*, 100.

441 C. De Diego-Lora, "Reforma del proceso ordinario": *Ius Canonicum 12* (1972) 128.

posibilidad alcanza plena justificación en el caso del ejercicio de la función judicial.

Además, se tiene que tener en cuenta que, en su sentencia en el proceso de nulidad de matrimonio, nada añaden ni quitan los jueces al matrimonio contraído válidamente. Sólo se trata de constatar formalmente si el matrimonio aparente adolece o no de un vicio de nulidad. Habida cuenta de la naturaleza declarativa de las sentencias dictadas en estos procesos, ¿qué dificultad existe para que sean jueces laicos los que emitan tal juicio, siempre que su designación se haga legítimamente por quien tiene la autoridad en la Iglesia y gocen de los requisitos de ciencia, posesión de fe católica y buenas costumbres exigidas por el legislador canónico?[442]

3.3. EL JUEZ EN EL CÓDIGO DE 1983

Con la publicación del Código de 1983, las cuestiones de los nombramientos del juez y del juez laico promulgadas en el *Motu Proprio* son recogidas en el canon 1421. Aunque, en este sentido, se produce un avance con respecto a la legislación anterior ya que el Código elimina el requisito de que sólo puedan ser varones, dejando abierto así el camino para que una mujer pueda ser nombrada juez.

El canon 1419 § 1[443] determina que el obispo es juez de primera instancia en su diócesis y que puede juzgar por sí mismo o por otros. A su vez, debe nombrar a un vicario judicial, canon 1420 § 1[444], que forma un solo tribunal con el obispo, y que va a ejercer la potestad judicial de manera vicaria.

---

442 *Ibid.*,129.

443 C. 1419 § 1 CIC: En cada diócesis, y para todas las causas no exceptuadas expresamente por el derecho, el juez de primera instancia es el Obispo diocesano, que puede ejercer la potestad judicial por sí mismo o por medio de otros de acuerdo con los cánones que siguen.

444 C. 1420 § 1 CIC: Todo Obispo diocesano debe nombrar un Vicario judicial u Oficial con potestad ordinaria de juzgar, distinto del Vicario general, a no ser que lo reducido de las diócesis o la escasez de causas aconsejen otra cosa

El obispo puede nombrar jueces diocesanos clérigos y laicos. El canon 1421[445] determina que los jueces sean clérigos por lo que pueden ser sacerdotes o diáconos. Sin embargo, y de acuerdo con la legislación precedente, el § 2 del mismo canon establece una excepción: "La Conferencia Episcopal puede permitir que también los laicos sean nombrados jueces, uno de los cuales, en caso de necesidad, puede integrar el tribunal colegiado".

A la vista de este parágrafo, se elimina, por tanto, el que sólo puedan ser varones según señalaba la legislación precedente, pueden ser constituidos como jueces diocesanos de manera transitoria o permanente tanto hombres como mujeres. Sin embargo, para ello, se vuelven a exigir que se cumplan ciertas condiciones:

1. Que sea autorizado por la Conferencia Episcopal.
2. Que se nombren dentro de un tribunal colegial formado tanto por cinco jueces, un laico y cuatro clérigos; como por tres, dentro del cual dos serían clérigos. El laico no puede ser juez único.
3. También se requiere que haya necesidad, pero este requisito es bastante amplio, teniendo en cuenta las condiciones de titulación que son requeridas y que no se encuentran siempre entre los clérigos.

Se sigue en el § 3[446] del mismo canon, los requisitos y cualidades que se exigen para realizar esta función de juez, tanto para clérigos como para laicos y no se establece ningún requisito que les diferencie, de tal forma que el criterio general es que los jueces deben tener buena fama y ser doctores o, al menos, licenciados en derecho canónico.

Para P. V. Pinto esta incorporación al Código no se trató de una auténtica novedad puesto que la norma ya estaba en el motu proprio Causas matrimoniales de Pablo VI. Este argumento y la convicción de la mayor parte de los consultores de que la potestad judicial no se fundamenta en el orden sagrado,

445 C. 1421 § 1 CIC: El Obispo debe nombrar en la diócesis jueces diocesanos que sean clérigos.

446 C. 1421 § 3: Iudices sint integrae famae et un iure canonico doctores vel saltem licenciati.

han hecho posible la participación del laico en el ejercicio de la potestad judicial. Escribía J. M. Pinto Gómez, recogido por P. V. Pinto, que esto es posible porque la incapacidad del laico para ser juez era de derecho eclesiástico y no de derecho divino:

> "Nel diritto delle Decretali mai si pensò al giudice ordinario laico per le cause ecclesiastiche: fuorono sempre di competenza exclusiva dei chierici Prelati. Neanche fu ammesso che potessero giudicare queste cause come delegati dei Vescovi. Fu però è dottrina comunissima dei canonisti, che, essendo questa incapacità dei laici di diritto ecclesiastico, non di diritto divino, può il Sommo Pontefice delegare ai laici la potestà di giudicare"[447].

A partir de la promulgación del Código, numerosas Conferencias Episcopales de todo el mundo, en la creación de las Normas complementarias al Código, autorizaron la participación de los laicos en los tribunales eclesiásticos. Por otro lado, hubo países que no recogieron dicha autorización, como España. Citamos algunos casos en los que se hizo[448].

En Europa tenemos las siguientes:

– La Conferencia Episcopal italiana con deliberación número 12, de 13 de diciembre de 1983, y entrando en vigor desde enero de 1984, estableció que el laico podía desempeñar la función de juez en el tribunal colegiado, con tal de que esté provisto de los requisitos requeridos por la norma canónica;

– Alemania, donde existían dos Conferencias Episcopales, las normas tienen la *recognitio* el 16 de mayo de 1986, donde se da la aprobación general para que los laicos sean nombrados jueces;

– Los obispos de la Conferencia Episcopal de Inglaterra y Gales permite que fieles adecuadamente cualificados, puedan ser nombrados jueces diocesanos, la *recognitio* tuvo lugar el 9 de febrero de 1985;

447 P. V. Pinto, *Los procesos en el Código de Derecho Canónico*, 107, nota a pie de página 167.

448 J. Martín Gómez, *Laicado y función judicial: posibilidades, problemas y perspectivas*, (Roma 2005), 224-236.

– Irlanda, también autoriza con fecha de 19 de noviembre de 1985, a los laicos ser nombrados jueces;

– Yugoslavia, con la *recognitio* de 17 de noviembre de 1984 y entrada en vigor el 1 de enero de 1985, permite que los laicos sean constituidos jueces;

– La Conferencia Episcopal de Escandinavia, formada por Dinamarca, Finlandia, Islandia y Noruega, decreta que los laicos actúen como jueces en los tribunales diocesanos.

La Conferencia de Obispos católicos de Canadá, en conformidad con las prescripciones del canon 1421 § 2, decreta que donde sea oportuno hacerlo, los laicos que tengan las condiciones necesarias, según el derecho, pueden ser nombrados jueces como miembros de un tribunal colegial. Fue aprobado en la Plenaria de 16 de septiembre de 1983 y la *recognitio* es de 4 de abril de 1984.

Países de Latinoamérica entre los que se encuentran:

– Chile, que hizo la aprobación de la norma el 18 de mayo de 1984, siendo la *recognitio* el 4 de septiembre del mismo año, recogiendo la normativa con una fórmula muy amplia: "queda permitido que para el cargo de jueces diocesanos puedan ser nombrados laicos ya sean hombres o mujeres, los cuales han de ser doctores o licenciados en derecho canónico y tener las demás condiciones señaladas en el canon 1421 § 3";

– Bolivia, las deliberaciones fueron aprobadas en asamblea plenaria de 25 de mayo de 1984 y la *recognitio* el 17 de septiembre de 1985, aprobándose esta cuestión con la siguiente fórmula: "permitir que los laicos idóneos y peritos sean nombrados jueces para que puedan integrar el tribunal colegiado";

– Brasil, cuya Conferencia Episcopal es la más numerosa del mundo, utiliza esta sencilla expresión: "se permite que los laicos sean constituidos jueces", la *recognitio* es del 13 de diciembre de 1985;

– Argentina, cuya fecha del decreto es de 27 de octubre de 1988 y la *recognitio* al decreto sobre el permiso para que los laicos sean nombrados jueces en los Tribunales eclesiásticos, es el 3 de febrero de 1989;

– Colombia, aprobando, con la autorización de la Sede Apostólica el 11 de enero de 1986 que, como norma general en su territorio, los laicos puedan ser constituidos jueces eclesiásticos, estableciendo su participación además del tribunal diocesano en el Tribunal único de Apelación de Colombia y en el Tribunal Regional...

En África nos encontramos con la Conferencia Interterritorial de Obispos Católicos formada por Gambia, Liberia y Sierra Leona que permite los jueces laicos.

En la India, los obispos católicos promulgaron una serie de normas que afectan a los fieles de rito latino en su territorio y permite a los laicos capacitados ser nombrados jueces, norma aprobada en la asamblea plenaria de 1984 La votación arrojó el siguiente resultado, bastante llamativo: "de los 87 obispos que votaron, 85 votos fueron positivos, uno negativo y una abstención.

Por tanto, si el laico es nombrado juez ejerce la potestad judicial y parece que gozaría de dicha potestad, "a differenza di quanto sembrano suggerire i cánones 129 e 274, che restringono l´abilità per l´esecizio della potestà di governo a chi ha ricevuto l´ordine sacro"[449], según dice Arroba Conde.

Sin embargo, a pesar de lo que establece el canon, las numerosas Conferencias Episcopales en las que se autoriza a los laicos para ser jueces y de la práctica en los distintos tribunales eclesiásticos, las posturas a este respecto seguían divididas en dos posiciones ya que el juez diocesano laico sólo puede ejercitar su oficio como integrante en un colegio y ahí es donde se encuentra la dificultad. De tal manera que la doctrina, por un lado, considera que cada juez y sus decisiones son independientes dentro del colegio y le consideran verdadero juez y, por otro lado, se encuentran los que defienden que la potestad radica en el colegio como tal y en la igualdad de las decisiones y de los miembros, en consecuencia todo sería una acción colegial.

En el primer grupo está, entre otros, el profesor Arroba. Éste considera, en el caso de la función judicial, que la potestad del juez laico es de naturaleza

---

449 Arroba Conde, *Diritto processuale*, 94.

integrativa, ya que se ejerce dentro de un colegio. Este carácter integrativo en la acción judicial es el que presupone la titularidad propia de cada uno dentro del colegio. Sin embargo, su actuación no conlleva un ejercicio autónomo del oficio porque lo realiza en colaboración de dos clérigos aunque eso no significa que su función sea secundaria. La consecuencia de esta no autonomía, simplemente, es que el laico no puede ser presidente del Tribunal[450].

En este sentido, y además defendiendo la singularidad del juez y la autonomía en su oficio, se encuentran G. Dalla Torre[451] que no sólo da autonomía y potestad al oficio de juez ejercido por un laico, sino que llega a hablar, a raíz del Concilio Vaticano II, incluso, de un "stili laicali"[452]; más allá va J. H. Provost, llegando a argumentar sobre la posibilidad de que el juez laico sea presidente del colegio[453]; y J. Beyer que responde a varias preguntas, entre ellas, si el juez laico es verdadero juez[454], considerando que sí lo es porque así lo establece el Código y en el mismo artículo, critica las distintas opiniones que no consideran al laico como verdadero juez[455].

---

450 Cfr. *Ibid.,* 203.

451 Cfr. G. DALLA TORRE, "La collaborazione dei laici alle funcione sacerdotale, profetica e regale dei ministri sacri": *Monitor Ecclesiasticus,* I-II (1984), 140-165.

452 *Ibid.,* 165.

453 Cfr. J. H. PROVOST, "Role of Lay Judges": The Jurist 45 (1985), 328-329: "Could this other judge be a lay person? There is no specific qualification in the canon limiting this position to a cleric. The diocesan bishop could restric the position, however, in virtue of his overall supervision of the tribunal and in ligh of the specific possibility of his intervention with regard to the assignment of judges to individual cases (1425 § 3). If de bishop has not intervened, and if it is not posible for the judicial vicar or adjutant judicial vicar to preside in a specific collegiate tribunal, it apperars the judicial vicar is free to appoint a lay judge to this position".

454 Cfr. J.B. BEYER, "iudex laicus vir vel mulier", en: Periodica 75 (1986), 37-39: "Estne verumm quod iudex, si laicus sit, in collegio non iudicat? Ad primun haec sunt respondenda: iudex qui dicitur in Codice iudex vere iudex est. Si iudices collegium efformant, sunt, ut sit collegium, aequales. Collegium dicit Codex sit trium vel quinque iudicum".

455 Ibid, 38: "Qui iudex, vel qui solus agit vel qui collegiater agit, sententiam profert et ídem facit. Unde errata videtur sententia, quae potius compromissum suggerit quam veritatem quaerit, ut laicus sit et sum suggerit quem veritatem quaerit, ut laicus sit et maneat iudex, dicens illum facta indagare, de eorum valore opinionem proferre, consilio aliis iudicibus adiutorio esse, sententiam autem iudicialem non prferre. Quae opinio normae legis certo contradicit. Etsi iudices sunt plures: si tres vel quinquei sunt iuduces, inter quos ununs autem laicus, collegium non effromant tres vel quinque

Más radical es la postura de García Faílde[456] . Para él, el canon 129 § 1 establece el principio general que los que han recibido el orden sagrado son hábiles para recibir la potestad de régimen; "pero no excluye que quienes no hayan recibido el orden sagrado sean hábiles para recibir esa potestad...según esto, pues, este § 1 del canon 129 no asume la tesis de que "toda" potestad de régimen se reciba "únicamente" a través de una orden sagrada"[457]. Además, el § 2 del mismo canon, reconoce implícitamente que los laicos pueden recibir esa potestad de régimen porque determina que pueden cooperar en el ejercicio de la misma. Esa cooperación lleva consigo cierta participación en esa potestad, que no les viene dada por el orden sagrado, que no han recibido, sino por la autoridad eclesiástica competente por medio de la atribución de un oficio, como es el de juez.

Pero este autor da un paso más sobre esta cuestión, ya que dice que le provoca "una gran extrañeza la cicatería, proveniente no sé si de suspicacia, de desconfianza, de clasismo etc"[458] con la que el canon 1421 § 2 trata al laico cuando éste es hábil para cooperar en la potestad de régimen por medio de un oficio eclesiástico. Y, en consecuencia, no le parece acertada la limitación de la potestad judicial ordinaria de cada Obispo al exigirle el permiso de la Conferencia Episcopal para poder nombrar en su diócesis a jueces laicos.

---

sed duo et quattuor¡ Neque vocandus est iudex, qui non iudicat¡ inmo si tres sunt en collegio atque clerici diversam tenent sententiam, laicus, qui non esset iudex, rem dirimet. Quae omnia ita veritati videntur contraria, ut vix ne vix quidem hanc sententiem quis prudenter tenere possit. Melius fuisset dicere: errat legislator; verum collegium non constituitur, vera sententia collegialis non datur¡ Neque melior est altera opinio, quae laico iudice potestatem iudiciariam negat, cum in collegiali tribunali potestas sit collegii, non eius sodalium. Mira est enim haec sententia: si iudices efformant collegium, sunt primo iudices et ut tales conveniunt, at, si solum collegium iudicet, quid est collegium quod iudicibus non constat? Collegium est parium et qui ei praesidet primus inter pares. Tali opinione ipsa ratio collegii destruitur; nullus est qui dicat in collegio episcopali actum collegialem esse actus episcopatus quin ipsi sodales sint episcopi. Episcopale est collegium quod episcopis constat, que simul actum collegialem ponant. Eadem esta ratio omnis collegialitatis, neque dici potest collegium uti sua potestate qua sodales non sint qua tales et personaliter insigniti. Unde in sibtilitate huius distinctionis non invenitur solutio, quae sola e rei veritate est haurienda".

456 Cfr. J. J. García Faílde, *Tratado de Derecho Procesal Canónico,* (Salamanca) 2007, pág. 115-118.

457 *Ibid.,* pág. 116.

458 *Ibid.,* pág. 118.

Por otro lado, se encuentran los autores que, a pesar de que el Código permite nombrar a un juez laico dentro de un colegio con el permiso de la Conferencia Episcopal, niegan la titularidad de cada uno de los miembros del tribunal y, como consecuencia, la autonomía del juez laico. Entre estos autores, están D. M. A. Jaeger que, citando a Mörsdorf, defiende que la potestad de juzgar la tiene el colegio, sus actuaciones suponen una acción colegial y la igualdad de todos los miembros, concluyendo que la potestad la tiene el colegio como tal, siendo los laicos, por tanto, inhábiles[459]; y W. Bertrams[460] para el que los laicos, a pesar de ser nombrados jueces, están excluidos de ser sujetos activos de la potestad en cuanto que no han recibido el orden sagrado.

1. Por este motivo, el hecho de que un laico pueda ser juez en un tribunal eclesiástico colegial, le crea una serie de problemas y hace las siguientes argumentaciones:

---

459 Cfr. D. M. A. Jaeger, "Animadversiones quaedam de necessitudine inter porestatem ordinis et regiminis euxta CIC recognitum": *Antonianum* 59 (1984), 645-646: *"Cum distinctio haec inter mebra singula et collegium tam magni sit momenti ad canon 1421 § 2 recte intellegendum, cuisdam auctoris ob scientiam magni perspicacem eiusdem distincionis descriptionem opportune adferimus: <<Collegium... ex hominibus coalescit. Non est mera asumma membrorum, sed ens ab illis dictintum... Actus collegialis est actus ipsius collegii, non singolorum membrorum collegii. Membra collegii, que eius organa sunt, ad hoc vocantur, ut maioritate in singulis casibus requisita decernat, quae sit collegii voluntas. Etsi suffragia numeranur et adduntur, actus collegialis non est additio, sed integratio voluntastis singulorum membrorum in unitatem voluntatis collegialis. Peracta hac integratione ectus collegilis positus est et segregravus a coluntate singulorum collegii membrorum exsisitit. Ab actu collegiali distinguitur actus collectuvus, qui nihil est nisi mera additio coluntaris singulorum, que ad commune propositum tendunt, que autem in collegium non coalescunt. Deinde ad actu collegialii distinguendae sunt actiones communes membrorum collegii, quibus iura et officia prosequuntur, quae a solis personis physicis poni possunt et ab eis separari nequeunt... Tenendum ergo est ipsum collegio ulla sola iura officiaque habere er exercere posse quae a personis physicis ex quibus collegium coalescit separar possunt>>. Potestas igitur collegio lege tributa dici non potest eo acro a songulis collegii membris possideri posse vel ipso facto ab iisdem possideri posse debere. Non est laicale collegii membrum quod potestatem regiminis cuius inhabilis est exercet, sed collegium ut tale, cuius propia habilitas ontológica potestatis in clericorum membrorum sacra ordinatione fundata ad ecclesiastica autoritate ad actum expeditur. Cum vero de causis iudici único committendis agitur, Codex hunc* iudicem *clericum esse debere statuit (cfr.1425 § 4), quia secus, ut patet, iudicaturus potestatis regiminis iudicialis habilis non esset".*

460 Celeghin, *Origine e natura,* 100-101; W. Bertrams, "Communio, communitas et societas in lege fundamentali ecclesiae": Periodica, 61 (1972), 589-594.

2. El tribunal viene constituido por dos jueces clérigos y un laico, pero no significa que deba ser considerado juez en sentido pleno.
3. En caso de necesidad, el tribunal puede ser constituido por un solo juez que debe ser clérigo; por tanto, se excluye el laico como juez único en las causas matrimoniales.
   a) En las causas matrimoniales el juez puede intervenir en dos planos:
   b) Emitiendo un juicio sobre si el matrimonio es sacramento, en esta causa el laico no puede ser juez porque se trata de juzgar un derecho sobrenatural y esta potestad viene constituida por el sacramento del orden.
4. Emitiendo una sentencia sobre el contrato matrimonial, se trata de la constatación de un hecho, por lo que el laico puede hacer ese juicio. En este caso no supone el ejercicio de la potestad de jurisdicción.
5. Los laicos han ejercitado, en la historia de la Iglesia, la potestad pública o social, pero no toda la potestad pública es potestad de jurisdicción.

Este ejercicio de la potestad de jurisdicción, por parte del laico, debe ser considerado como abuso.

A pesar de la tipificación por el Código de que el laico puede ser juez, la cuestión doctrinal seguía sin resolverse, aunque en la práctica, en numerosas Conferencias episcopales, los laicos ejercían el oficio de juez válidamente.

3.4. MOTU PROPIO MITIS IUDEX DOMINUS IESUS[461]

Todos estos temas y sus interrogantes vuelven a cambiar con la reforma del Papa Francisco del proceso de nulidad matrimonial canónico en el año 2015. Con el M. P. *Mitis Iudex Dominus Iesus* se reforman los cánones del

461 Francisco, "Carta Apostólica en forma motu proprio Mitis Iudex Dominus Iesus, sobre la reforma del proceso canónico para las causas de declaración de nulidad matrimonial en el Código de Derecho Canónico, (15-8-2015)": Aas 107 (2015) 958-970.

Código que van desde el canon 1671 al canon 1691, además se establecen unas reglas de procedimiento para tratar las causas de nulidad matrimonial.

Con este Motu proprio el Papa Francisco da un paso más para el laico dentro de la Iglesia y para su participación en el ejercicio de la potestad de gobierno, más en concreto, en su participación en la potestad judicial.

El principal motivo que lleva al Papa Francisco a llevar a cabo esta reforma es recogido en el preámbulo del Motu Proprio, donde se dice que teniendo como guía y preocupación la ley suprema de la Iglesia que es la salvación de las almas, el motivo de este documento son las solicitudes por parte de los obispos, en la asamblea extraordinaria del Sínodo, de procesos más rápidos y accesibles, tras el número de fieles que se desaniman ante las estructuras jurídicas de la Iglesia.

Este Motu Proprio trae una serie de cambios en el proceso matrimonial, entre los que se encuentran: la desaparición de la doble sentencia conforme; a partir de este momento, sólo se requiere una sola sentencia de nulidad del juez en primera instancia para que se declare la nulidad de un matrimonio; tribunales con juez único; el papel fundamental del obispo como juez en su diócesis y la creación del proceso más breve.

Pero a esto se añade, como novedad, el aumento de jueces laicos en un tribunal colegial y se va a pasar de un juez laico a la posibilidad de que sean dos jueces laicos los que formen el tribunal colegial que va a juzgar una causa matrimonial. Lo recoge el canon 1673 § 3:

> § 3. Las causas de nulidad de matrimonio se reservan a un colegio de tres jueces. Este debe ser presidido por un juez clérigo, los demás jueces pueden ser también laicos.

De esta manera se elimina uno de los límites del canon 1241 que se establecía que sólo podía haber un juez laico dentro de un colegio de tres jueces.

Otra de las novedades es que el canon no establece que se requiera ninguna autorización para estos nombramientos de jueces, por lo que se eliminan el otro límite que establecía Código de 1983 en el canon 1241: el permiso de las Conferencias Episcopales para nombrar a un juez laico en una diócesis.

Por tanto, a partir de este momento, el obispo en su diócesis puede nombrar jueces laicos siempre que se cumplan los requisitos de idoneidad para la habilitación del juez. Se respeta, de esta manera, el derecho de cada Obispo a organizar la potestad judicial en la propia Iglesia particular de la que está al frente.

Gracias a este documento, no sólo se ha revalorizado el papel del obispo diocesano para proveer de miembros a su tribunal, sino el papel del laico en el ejercicio de la potestad judicial ya que se confirma que el laico es verdadero juez cerrando el paso a los que niegan la autonomía del juez laico y a los que niegan que se pueda ejercer verdadera potestad judicial por un laico considerándolo un abuso. Citando P. V. Pinto: "no puede dudarse de que el laico es juez, titular del oficio de juez y ejerce la *potestas iudicandi* en el colegio al igual que el juez clérigo del colegio"[462].

Para M. Arroba este Motu Proprio es un progreso en el sentido que ahora se puede formar el colegio que va a juzgar la nulidad de un matrimonio con dos jueces laicos que estén provistos de un título, evitando así la multiplicación de dispensas a favor de los clérigos sin título[463]. Además, no encuentra razones para explicar que el laico no pueda ser presidente dentro del colegio ya que la calidad del juez la aporta el conocimiento objetivo del Derecho de los que lo aplican[464] y no el que sea laico o clérigo.

Vuelve a ser más radical en su posición García Faillde que dice al respecto:

---

462 P.V. Pinto, *Los procesos en el Código de Derecho,* 109, nota a pie de página 171.

463 Cfr. M. J. Arroba Conde, *Giusto proceso e peculiarità culturali del proceso canonico, Aracne editrice,* (Roma 2016), 56.

464 *Ibid,* nota a pie 38: "Non ci sono invece ragioni per spiegare che possano essere solo due i laici nel collegio, né per giustificare che la "presidenza" si debba affidare a un chierico. Se ci sono ragioni queste saranno di altro genere, non quindi annesse ai valori del giusto proceso, dove la qualità dei giudici si rapporta exclusivamente alla conoscenza oggetiva del Diritti che sono chiamati ad appplicare.

> "Bienvenida sea esta ampliación de un solo juez laico a dos jueces laicos para formar parte del tribunal colegiado; pero, desgraciadamente, esta ampliación se ha quedado corta, porque bien pudo haber consistido en que, en lugar de dos, sean los tres los jueces laicos que formen tribunal colegial y en que, por tanto, un laico pudiera presidir dicho tribunal y un laico pudiera ser juez único en las causas de nulidad de primera instancia"[465].

La razón que da para esto, es que como el laico puede desempeñar la función de ponente en el tribunal colegiado ya que no dice nada en contra ni el Código, ni en el M. P. Mitis Iudex Dominus Iesus, no ve impedimento por el que un laico no pueda ser presidente del tribunal colegiado y juez único[466].

De esta misma opinión es C. Peña que destaca de este Motu Proprio "la aceptación de jueces laicos en el plano de igualdad con los clérigos, admitiendo sin condiciones que los jueces laicos puedan ser mayoría en un tribunal colegial"[467]. Para esta autora se trata de una disposición relevante a nivel doctrinal, en cuanto viene a confirmar lo ya señalado en el proceso codificador respecto a que la potestad judicial no requiere de suyo la potestad de orden, por lo que no ve obstáculos de peso que se permita el nombramiento de laicos como jueces, y que de aplicarse sin reticencias, puede tener notable incidencia en la praxis de los tribunales eclesiásticos, evitando, "en ocasiones, excesivo clericalismo y dando un nuevo estilo a la actuación judicial"[468].

---

465 J. J. García Faílde, "Comentario al motu proprio *Mitis Iudex Dominus Iesus*. Reflexiones críticas para su correcta comprensión y aplicación en los Tribunales eclesiásticos, en: *Subsidia Canonica*, (Madrid 2017), 30.

466 Cfr. *Ibid.*, 30.

467 C. Peña, "La reforma de los procesos canónicos de nulidad matrimonial: el Motu Proprio *Mitis Iudex Dominus Iesus*": *Estudios Eclesiásticos*, 90, (2015). 621-682; y también: "El proceso ordinario de nulidad matrimonial en la nueva regulación procesal", en: *Procesos de nulidad matrimonial tras la reforma del Papa Francisco,* (Madrid 2016) 93.

468 *Ibid.*, 93.

Además, la inclusión de esta referencia a los laicos permitiendo aumentar su presencia en los tribunales, se debe, en su opinión, a la experiencia de los últimos treinta años, en los que un creciente número de laicos, varones y mujeres, han colaborado como jueces en los tribunales eclesiásticos de la inmensa mayoría de países europeos, entre ellos desde hace años, los del mismo tribunal del Vicariato de la Urbe, en Roma, y de no pocos países americanos. En este sentido, España aparecía como una excepción entre los países de nuestro entorno, al ser uno de los pocos en que la Conferencia Episcopal no había autorizado el nombramiento de jueces laicos[469].

Para C. Morán, Decano del Tribunal de la Rota de la Nunciatura Apostólica en España, la importancia de esta reforma en relación a este canon y al juez laico, radica en que servirá para la celeridad[470] del proceso. Así con el canon 1673 § 3 se supera los límites del canon 1421 § 2, los laicos pueden formar parte del colegio de jueces, y llevará a una mayor factibilidad en la composición del colegio y, en consecuencia, a un tratamiento más veloz de las causas. También apoya la posibilidad de que el juez laico fuera presidente, ya que la rapidez del proceso sería mayor *"si se fosse permesso ai laici di*

469 Cfr. C. Peña, "La aplicación de la Instrucción Dignitas Connubii en España: Valoración y sugerencias de mejora tras 10 años de vigencia": *Periodica* en re canonica 104 (2015) 517-544.

470 En relación a la celeridad, S. Bueno Salinas, "La celeridad del proceso", en: *La Reforma del proceso matrimonial canónico,* (Pamplona 2017), 95-105, hace una reflexión en este sentido que recojo: "La nueva normativa procesal continúa exigiendo que al menos el presidente del tribunal sea clérigo. La norma se ha flexibilizado y se ha facilitado que los laicos puedan ser conjueces. Con todo, seguirán presentes dos serias dificultades. En primer lugar, la dedicación de los clérigos al órgano judicial difícilmente puede ser exclusiva en la actualidad dada la escasez de clero (al mismo tiempo, muchos jueces sacerdotes estiman que su dedicación a otras tareas pastorales enriquece igualmente su sensibilidad judicial). En segundo lugar, ni siquiera en las diócesis más grandes de Europa es fácil contar con laicos que cumplan los requisitos para ser nombrados jueces: titulación en Derecho canónico, inexistencia de incompatibilidades o de conflictos de intereses (no deben ser abogados en ejercicio...), y deben ser retribuidos adecuadamente por la Iglesia de acuerdo con su responsabilidad y la necesidad de poder mantener una familia (objetivo tampoco fácil si por otra parte se desea avanzar hacia la gratuidad universal de la justicia eclesiástica). Mientras perduren estas dificultades, se verá afectada la agilidad de los tribunales eclesiásticos.

essere anche presidenti del collegio"[471]. También se plantea la posibilidad del juez único laico en segunda instancia[472].

4. EL LAICO EN LA CURIA ROMANA

Para saber la posible participación del laico en la Curia romana, primero vamos a ver qué es la Curia y cómo ha evolucionado hasta llegar a lo que es en nuestros días.

Acudiendo al Código de Derecho canónico, el canon 360 es el que se refiere de la Curia:

> "La Curia romana, mediante la que el Romano Pontífice suele tramitar los asuntos de la Iglesia universal, y que realiza su función en nombre y por autoridad del mismo para el bien y servicio de las Iglesias, consta de la Secretaría de Estado o Papal, del Consejo para los asuntos públicos de la Iglesia y de las Congregaciones, Tribunales y de otras Instituciones, cuya constitución y competencia se determinan por ley peculiar".

Este canon no hace una definición como tal de lo que es la Curia, si no que presenta cuáles son los organismos que la componen: Secretaría de Estado, Consejo para los asuntos públicos, Congregaciones, Tribunales y otras Instituciones. Además, el canon establece que la Curia es el medio que tiene el Romano Pontífice para tramitar los asuntos de la Iglesia universal y que su finalidad es el bien y servicio de las Iglesias.

Como en el Código no hay ninguna definición, acudimos a la última reforma de la Curia romana que se ha realizado con la Constitución Apostólica

---

471 C. MORÁN BUSTOS, "Organizzazione dei Tribunali dopo la promulgazione del M. P. Mitis Iudex", en: *Ius et Matrimonium, Subsidia canonica 21* (Roma 2017)164.

472 Cfr. *Ibid.*, 164.

Praedicate Evangelium de 19 de marzo de 2022. Esta Constitución define la Curia en su artículo 1 de la siguiente manera:

> "La Curia romana es la institución de la que se sirve ordinariamente el Romano Pontífice en el ejercicio de su supremo oficio pastoral y de su misión universal en el mundo. Está al servicio del Papa, sucesor de Pedro, y de los obispos, sucesores de los Apóstoles, según las modalidades propias de la naturaleza de cada uno, cumpliendo su función con espíritu evangélico, trabajando por el bien y al servicio de la comunión, la unidad y la edificación de la Iglesia universal, y atendiendo a las exigencias del mundo en el que la Iglesia está llamada a cumplir su misión".

Es una definición más articulada y lo que se destaca en este concepto, es el carácter instrumental de la Curia ya que es la institución que ayuda al Romano Pontífice en el ejercicio de su ministerio pastoral y de su misión universal en el mundo. Además, se precisa en este artículo, que la Curia está tanto al servicio del Papa como de los obispos, es decir, no sólo el Romano Pontífice se beneficia del servicio que realiza la Curia respecto a la Iglesia universal y de las Iglesias particulares sino, también, el gobierno de los obispos respecto de las Iglesias particulares que les son encomendadas[473].

La Curia romana es, por tanto, un medio para servir a un fin concreto, que no es otro que el eficaz ejercicio de la potestad del Papa, potestad que él puede siempre ejercer de manera libre, ordinaria, suprema, plena, inmediata y universal, tal y como especifica el Código de Derecho canónico[474].

---

473 Ghirlanda, *Chiesa universale*, 292.

474 Canon 331: El Obispo de la Iglesia Romana, en quien permanece la función que el Señor encomendó singularmente a Pedro, primero entre los Apóstoles, y que había de transmitirse a sus sucesores, es cabeza del Colegio de los Obispos, Vicario de Cristo y Pastor de la Iglesia universal en la tierra; el cual por tanto tiene, en virtud de su función, potestad ordinaria, que es suprema, plena, inmediata y universal en la Iglesia y que puede ejercer siempre libremente.

Como tal instrumento, la Curia romana fue creada, ampliada y renovada a través de los siglos pero siempre bajo el principio de subordinación en todo al Romano Pontífice. De hecho, la Curia tiene la misma personalidad jurídica de la Sede Apostólica y, de tal personalidad unitaria, participan los diversos entes que la componen y en ella actúan, cada cual en el ámbito de las competencias concretas que el Romano Pontífice les ha atribuido, bien de modo estable a través de la ley o eventualmente por un mandato especial[475].

Desde los primeros siglos de la Iglesia, surge la necesidad de ayuda al Papa en su oficio como obispo de Roma y como sucesor de San Pedro[476]. La constatación de esta necesidad, justifica por sí misma la facultad de los Papas de buscarse colaboradores que hagan oportunamente sus veces en el gobierno de la Iglesia; por tanto, se puede afirmar, que esta facultad constituye un derecho-deber que hunde sus raíces en el ejemplo del mismo Cristo y además en la limitación intrínseca de la condición humana, con la que tuvo que contar Cristo al constituir sus vicarios sobre la tierra para un servicio adecuado de sus fieles[477]. De esta necesidad de ayuda del Romano Pontífice, nace la Curia romana·

Dicho esto, veremos en este epígrafe los siguientes temas:

– Breve recorrido histórico de la Curia romana para ver cómo ha evolucionado, en el que se recogerán las distintas reformas de la Curia que se han llevado a cabo a lo largo de la historia de la Iglesia;

– Analizaremos la Constitución Apostólica *Pastor Bonus* y cómo, sobre todo, el laico participa de manera colegial en el gobierno de la Iglesia;

– Cómo se han ido incorporando poco a poco a este organismo los laicos de manera más individual como miembros plenos de la Curia con los cambios posteriores a esta Constitución que el Papa Francisco ha ido realizando en la Curia desde el inicio de su pontificado;

---

475 M. M. Cortés Diéguez, "Composición de la Curia romana, participación de fieles laicos e idoneidad para el servicio": *Ius Canonicum*, 63 (2023) 99-140.

476 Cfr. A. M. Stickler, "Le riforme della Curia nella storia della Chiesa", en: Librería Editrice Vaticana, *La Curia romana nella Cost. Ap. Pastor Bonus",* (Città del Vaticano 1990) 1-2.

477 L. M. Muñoz Cárdaba, *Principios eclesiológicos de la "Pastor Bonus"*, (Roma 1999) 11.

– Hasta llegar a la última reforma con la Constitución Apostólica *Praedicate Evanglium* de 19 de marzo de 2022; reforma clave para el tema que nos ocupa ya que, con este nuevo cambio, un laico puede presidir un Dicasterio de la Curia.

El objetivo de esto es ver cómo la Curia se ha ido desarrollando y evolucionando según las necesidades históricas y de organización desde los primeros tiempos de la Iglesia hasta nuestros días, para ver cómo el laico ha participado en la ayuda del Papa en el gobierno de la Iglesia.

4.1. RECORRIDO HISTÓRICO

La Curia romana nace por la necesidad de ayuda que tiene el Romano Pontífice para llevar a cabo el gobierno de la Iglesia. En cierto sentido, la misión de la Curia ha sido simple: estar al servicio del obispo de Roma y, así, servir a los católicos de forma directa e, indirectamente, a los demás cristianos y a toda la humanidad. Dentro de esta simplicidad, sin embargo, la historia ha presentado muchas complejidades[478].

Como obispo de Roma, enseguida instituye colaboradores para el ministerio de su propia diócesis, tal y como lo estaban haciendo los demás obispos diocesanos pero como, a la vez, tiene que asumir las obligaciones como Cabeza del Colegio apostólico y como Cabeza de la Iglesia, pronto necesita cada vez más ayuda[479].

Entre los primeros oficios de colaboración del obispo se encuentra el archidiácono, del que ya hemos hablado. Además, surgen, otros oficios de entre los miembros del clero que asisten al obispo y que van a aparecer en Roma. Entre estos oficios se encuentran: los notarios que se encargan de la función jurídica; los defensores que podían ser laicos o eclesiásticos que eran abogados de la Iglesia y de los pobres; los administradores del patrimonio de la Iglesia de

478 Cfr. N. TANNER, "La reforma de la Curia romana a través de la Historia": *Concilium* 353 (noviembre 2013) 17-29.

479 Cfr. STICKLER, "Le riforme della Curia", 1-2.

Roma; y los palatinos, que servían a los Pontífices, de estos surgió un reducido grupo llamado jueces palatinos, que eran verdaderos ministros del Papa con competencias jurisdiccionales, judiciales y administrativas dentro y fuera de Roma. Todos ellos en su conjunto tomarán el nombre de "ufficiali dell´ Aula Papale"[480].

Según A. M. Stickler, aunque no existían dicasterios, si había ya una Curia de personas, en todos estos colaboradores del Sumo Pontífice encontramos todos los elementos de la Curia romana; sin embargo, no se llamará así hasta finales del primer milenio[481].

Tras el primer milenio de la Iglesia, hasta llegar a la primera reforma de la Curia de Sixto V en el año 1588, se van a ir incorporando poco a poco oficios, secretarías y tribunales como ayudas del Papa.

Sin embargo, antes de llegar a este momento, hay que mencionar la reforma de Gregorio VII, dada la importancia que tiene porque, aunque no es una reforma directamente de la Curia romana, es un cambio que afecta al seno de la Iglesia católica, ya que el Papa quería regresar a una Iglesia más apostólica para contrarrestar los abusos cometidos por reyes y otros gobernantes contra los derechos de la Iglesia. Por este motivo, la Curia entró pronto en juego ya que si el Romano Pontífice quería hacer cumplir esa política más fuerte ante la autoridad civil, iba a necesitar la ayuda de una Curia activa y bien organizada. De esta manera, la Curia va a experimentar una mezcla de expansión y reforma[482].

En la segunda mitad del siglo XI y en el siglo XII con la reforma de Gregorio VII, lo que se va a producir es una fuerte centralización romana de las decisiones judiciales y normativas. Dichas decisiones las tomará el Papa junto a un grupo reducido de personas a las que concedía la facultad de colaborar con él, aunque seguían siendo consideradas decisiones personales suyas. Esto va haciendo que se reserve a Roma, cada vez más, las causas mayores o decisiones

480 Cfr. *Ibid.*,1-2.

481 *Ibid.*, 3.

482 Cfr. Tanner, "La reforma de la Curia", 25.

de mayor trascendencia, provocando así una tendencia a la universalización y unificación de la legislación[483].

Los sínodos y los concilios van a ir perdiendo importancia decisoria en favor de la rapidez que supone que se tome la decisión en el consistorio, que consistía en una reunión de cardenales bajo la presencia del Papa para estudiar los asuntos de mayor importancia de la Iglesia. Poco a poco se van estableciendo y desarrollando lo que serían las decretales. Los cardenales van adquiriendo una importancia mayor, sobre todo desde que en 1150 se constituyó el Colegio cardenalicio y cuando en 1179 se convierten en los únicos electores del Papa[484].

Cada vez van surgiendo más cuestiones disciplinarias, organizativas, económicas y, sobre todo jurídicas, que requerían el ejercicio del Primado Papal y que favorecían poco a poco el cambio en la estructura de la Curia. En este periodo se asiste al nacimiento y desarrollo de aquellos oficios permanentes que hoy llamamos dicasterios. Éstos son instituciones que comprenden determinados sectores de actividad en función del objeto, de la materia o del procedimiento, y que desembocarán en las congregaciones, tribunales y oficinas de la Curia[485].

Así en los siglos XII y XIII se constituyeron de manera orgánica: la Cancillería Apostólica, donde las distintas categorías de colaboradores del Papa exponían su actividad; y la Cámara Apostólica encargada de la administración de los bienes materiales de la Santa Sede y, en un primer momento, de las relaciones políticas con los Estados. A mediados del siglo XV, apareció la Dataría Apostólica que concede dispensas, indultos, privilegios y beneficios; y a la mitad del siglo XV, se creó la Cámara Secreta para la relación de la Iglesia con los Estados, que dará origen a la futura Secretaría de Estado. Se desarrollan también los organismos jurídicos de la Curia. La Rota Romana, a partir del siglo XIV, irá

483 Cfr. Muñoz Cárdaba, *Principios eclesiológicos*, 17-18.

484 Cfr. *Ibid.*, 19.

485 Cfr. Stickler, "Le riforme della Curia", 5.

adquiriendo cada vez mayor relevancia como tribunal permanente para juzgar las causas presentadas al Papa. Se constituye también la Penitenciaría para la absolución de pecados y censuras, y el tercer tribunal surgió de modo estable en el siglo XV, la Signatura Apostólica para las cuestiones de gracia y justicia[486].

En el siglo XVI se empieza con la creación de las primeras congregaciones. Pablo III, que gobernó la Iglesia de 1534 a 1549, trajo aires de reforma y nombró varias comisiones cardenalicias con el encargo de preparar la reforma de la Iglesia. Es precisamente este pontífice el que crea, el día 21 de julio de 1542, la Congregación de la Inquisición o del Santo Oficio, compuesta por una comisión permanente de cardenales autorizados para intervenir especialmente contra los culpables de herejía o de cualquier otro aspecto con ella relacionado.

Pío IV, en 1564 constituye también de modo permanente, una comisión de cardenales para la recta aplicación de los decretos del concilio tridentino: Sagrada Congregación para la ejecución de los decretos del Concilio de Trento.

Pío V fundó en 1571 la Congregación del Índice, a la que dio la misión especial de recoger, estudiar y poner en la lista de libros prohibidos todos aquellos que defendieran la herejía o atentaran contra las buenas costumbres.

Gregorio XIII fundó en 1571 la Sagrada Congregación para las consultas de obispos como comisión permanente de cardenales, para atender, estudiar y solucionar las continuas consultas que los propios obispos elevaban a la Santa Sede. El mismo Gregorio XIII nombró, primero, una comisión de cardenales para atender también las consultas de los Regulares. En 1582, la constituyó en comisión permanente elevándola a rango de congregación: Sagrada Congregación para la consulta de los regulares.

Por tanto, nos encontramos, con cinco congregaciones funcionando más o menos perfectamente cuando llegó al pontificado el papa Sixto V[487].

La primera reforma de la Curia que fue realizada por el Papa Sixto V viene dada por los distintos cambios que se han producido en el mundo y la

486 Cfr. Muñoz Cárdaba, *Principios eclesiológicos*, 19.

487 Cfr. J. Sánchez y Sánchez, "La Curia romana hasta Pablo VI": REDC 22, (1976), 451.

consecuente adaptación de la Iglesia a los nuevos tiempos, como el descubrimiento de América y la consiguiente expansión misionera, planteándose una evangelización más moderna, a lo se une las consecuencias que había provocado la Reforma gregoriana. Estos hechos hacen que los órganos curiales dejaran de ser suficientes y adecuados, ya que no podían atender a la multiplicación y complejidad de los asuntos que se planteaban. Así, las comisiones cardenalicias de carácter transitorio del siglo XIV van a dar paso en el s. XVI a unas comisiones permanentes de expertos presididas por un cardenal con la participación de otros miembros[488].

Ya que su organización ha llegado hasta nuestros días, esta reforma que realiza el Papa Sixto V se considera la primera y más importante reforma de la Curia romana. Con la Constitución Apostólica *Immensa aeterni Dei* promulgada en 1588, se organiza la Curia e instituye quince congregaciones de cardenales[489], seis para el gobierno de los Estados pontificios y nueve para el gobierno de la Iglesia universal. Sixto V, consciente del poder adquirido por los cardenales a título personal, institucionaliza este sistema de Congregaciones y lo extiende a todo el gobierno central de la Iglesia[490].

---

488 Cfr. Muñoz Cárdaba, Principios eclesiológicos, 20.

489 Se constituyen y se reforman las siguientes Congregaciones: Congregación de la Santa Inquisición, instituida en 1542 por el Papa Pablo IV; Congregación de la Signatura de Gracia, para la concesión de gracias administrativas; Congregación para la Erección de iglesias y disposiciones consistoriales, es de nueva creación y trata acerca de las diócesis y su provisión; Congregación para los sagrados ritos y ceremonias, también de nueva institución, se encarga de la liturgia, de las canonizaciones y de las fiestas de los Santos; Congregación para el índice de libros prohibidos, ya existente, es renovada; Congregación para la Ejecución e Interpretación del Concilio de Trento, establecida en 1564 por el Papa Pío IV, se amplían sus competencias; Congregación para las Consultas de los regulares, fundada por el propio Sixto V; Congregación para las Consultas de obispos y otros prelados; Congregación para la Universidad de los estudios romanos, instituida para los estudios teológicos, jurídicos y humanísticos, y otras Universidades europeas; Congregación para la Tipografía del Vaticano, para la publicación y difusión de los documentos de la Iglesia; Congregación para el abastecimiento del Estado Pontificio; Congregación para el establecimiento y funcionamiento de la flota para la defensa del Estado Pontificio; Congregación de gravámenes, para la recaudación de contribuciones y tasas; Congregación para las calles, puentes y aguas; Congregación para las consultas, como instancia de recurso administrativo para las causas civiles y penales. (Stickler, "Le riforme della Curia", 7-8)

490 Cfr. Muñoz Cárdaba, *Principios eclesiológicos*, 20.

Con quince congregaciones no tardó en aparecer el problema del conflicto de competencias. No es fácil delimitar los campos y definir hasta qué punto puede llegar la competencia de una congregación. Por otra parte, el mismo Sixto V dijo expresamente que algunos asuntos podían ser tratados por diversas congregaciones. Así surgieron las interferencias jurisdiccionales entre los diversos dicasterios, que desembocaron en la llamada competencia cumulativa o competencia concurrente, por la cual acaecía con frecuencia que un asunto, negado en una congregación, era concedido por otra[491].

A esto se unen los grandes cambios que se van produciendo en la sociedad, entre ellos: numerosos movimientos cismáticos y heréticos, principalmente en Europa; una progresiva secularización de la vida religiosa por el influjo de movimientos como la Ilustración, el racionalismo, el liberalismo...; corrientes anti romanas como galicanismo, el febrionianismo o el josefinismo; y grandes conversiones en las tierras de América y Oriente con los problemas de evangelización que conllevaban[492].

Una nueva reforma se hizo más necesaria con la pérdida de los Estados Pontificios y ante el nuevo tipo de relaciones que la Iglesia debía mantener con los gobiernos de las Naciones, impuesto por la disolución progresiva del modelo de Estado confesional católico[493], por lo que las congregaciones relacionadas con el gobierno de los Estados Pontificios que, hasta el momento eran seis, se hicieron innecesarias[494].

Ante todos estos cambios, el 29 de junio de 1908 se promulga por parte del Papa Pio X la Constitución Apostólica *Sapienti Consilio* por la que se vuelve a reformar la Curia romana. Aunque se respeta la estructura básica de la Curia de Sixto V, se van a producir cambios importantes sobre todo en relación a las competencias de los distintos órganos; se suprimen, además, todos los organismos no directamente eclesiásticos; se determina con claridad la índole de los diecinueve

491 Cfr. SÁNCHEZ, "La Curia romana", 453.

492 Cfr. STICKLER, "Le riforme della Curia", 10-12.

493 Cfr. MUÑOZ CÁRDABA, *Principios eclesiológicos*, 23.

494 Cfr. TANNER, "La reforma de la Curia", 33.

dicasterios en los que se va a dividir la Curia; y se establecen tres tipos de categorías: las congregaciones[495], con competencias disciplinares; los tribunales[496], para cuestiones judiciales; y los oficios[497], de carácter administrativo.

Hay que decir que la reforma de Pío X estuvo ligada a la redacción del Código de Derecho Canónico de 1917, que promulgaría su sucesor Benedicto XV y que recogió casi íntegramente toda la reforma de la Curia.

Llegamos al Concilio Vaticano II. Los nuevos tiempos se van a caracterizar por un gran progreso cuyos resultados favorecían un amplio pluralismo cultural marcado por un secularismo cada vez mayor; en otros ámbitos, por el contrario, se creaba una pobreza deshumana creciente. Esto hizo que se encontrara en la Iglesia la conciencia general de la necesidad de una profunda renovación, especialmente en el Concilio Vaticano II[498].

Tras la celebración del Concilio Vaticano II, en diciembre de 1965, surge en la Iglesia la necesidad de adaptarse y evolucionar tras este cambio, aunque los Padres conciliares, ya dentro del Concilio expresaron la iniciativa de una reforma en la Curia romana[499].

Es revelador, según J. Souto[500], que esta reforma se lleve a cabo por la solicitud de los padres conciliares, ya que mientras las reformas llevadas a cabo

495 Las congregaciones son las siguientes, recogidas por el CIC de 1917: Congregación del Santo Oficio (canon 247), Congregación Consistorial (canon 248), Congregación de disciplina de los Sacramentos (canon 249), Congregación del Concilio (canon 250), Congregación de Religiosos (canon 251), Congregación de Propaganda Fide (canon 252). Congregación de Ritos (canon 253). Congregación Ceremonial (canon 254), Congregación de Asuntos Eclesiásticos Extraordinarios (canon 255), Congregación de Seminarios y Universidades (canon 256), Congregación de la Iglesia Oriental (canon 257)

496 Los tribunales: La Sagrada Penitenciaría (canon 258); la Sagrada Rota Romana (canon 259); Supremo Tribunal de la Signatura Apostólica (canon 259). CIC 1917.

497 Los oficios son seis: Cancillería Apostólica (canon 260); Dataría Apostólica (canon 261); Cámara Apostólica (canon 262); Secretaría de Estado (canon 263); Secretaría de Breves «ad Principes» (canon 264); Secretaría de cartas latinas (canon 264). CIC 1917.

498 Cfr. Muñoz Cárdaba, *Principios eclesiológicos*, 27.

499 Cfr. M. Semeraro, "Conferenza Stampa di presentazione della Constituzione Apostolica "Praedicate Evangelium" sulla Curia romana e il suo servizio alla Chiesa nel mondo": *Bollettino Sala Stampa della Santa Sede*, nº0192, (21.03.2022) 2.

500 J. Souto, "La reforma de la Curia romana": *Ius canonicum* 8 (1968), 547-548.

por Sixto V y Pío X fueron realizadas por iniciativa propia, la reforma de Pablo VI presenta como antecedente el ruego de los padres conciliares de que tal reforma se llevase a cabo. Este dato es tan solo un simple reflejo del transcendental cambio de temática operada en los dos últimos Concilios. El Concilio Vaticano I tuvo como objeto central de sus trabajos y deliberaciones el tema del primado pontificio, por el contrario, el Concilio Vaticano II tuvo como tema central, o al menos como cuestión más relevante, el tema del episcopado.

El Decreto Christus Dominus del Concilio Vaticano II dedica la sección 2 del capítulo 1 a las relaciones de los obispos con la Santa Sede. El Decreto emplea dos números para este tema, el número 9[501] y el número 10[502]. Es en el número 9 donde se menciona a la Curia romana, como organismo cooperador del Romano Pontífice y en el número 10 es donde se recoge la necesidad de una reorganización.

De estos dos números se pueden destacar como aspectos más importantes los siguientes: a) Reforma estructural de la Curia romana, pidiendo que los dicasterios que la integran sean reorganizados de nuevo según las necesidades de los tiempos; b) Participación de obispos diocesanos; c) Internacionalización

---

501 CD 9: "En el ejercicio supremo, pleno e inmediato de su poder sobre toda la Iglesia, el Romano Pontífice se sirve de los dicasterios de la Curia romana, que, en consecuencia, realizan su labor en su nombre y bajo su autoridad, para bien de las Iglesias y servicio de los sagrados pastores. Desean, sin embargo, los Padres conciliares que estos dicasterios, que ciertamente han prestado al Romano Pontífice y a los pastores de la Iglesia un servicio excelente, sean reorganizados según las necesidades de los tiempos y con una mejor adaptación a las regiones y a los ritos, sobre todo en cuanto al número, nombre, competencia, modo de proceder y coordinación de trabajos. Desean, igualmente, que habida cuenta del ministerio pastoral propio de los Obispos, se concrete más detalladamente el cargo de los legados del Romano Pontífice".

502 CD 10: "Puesto que estos dicasterios han sido creados para el bien de la Iglesia universal, se desea que sus miembros, oficiales y consultores e igualmente los legados del Romano Pontífice, en cuanto sea posible, sean tomados de las diversas regiones de la Iglesia, de manera que las oficinas u órganos centrales de la Iglesia católica presenten un aspecto verdaderamente universal. Es también de desear que entre los miembros de los dicasterios se encuentren algunos Obispos, sobre todo diocesanos, que puedan comunicar con toda exactitud al Sumo Pontífice el pensamiento, los deseos y las necesidades de todas las Iglesias. Juzgan, por fin, de suma utilidad los Padres del Concilio que estos dicasterios escuchen más a los seglares distinguidos por su piedad, su ciencia y experiencia, de forma que también ellos tengan su cometido conveniente en las cosas de la Iglesia".

que se concreta en la petición de que sus miembros, oficiales y consultores, e igualmente, los legados del Romano Pontífice, en cuanto sea posible, sean tomados de las diversas regiones de la Iglesia y no sólo de Italia; d) Descentralización, al reconocer a los Obispos diocesanos facultades específicas que no son concedidas por la suprema autoridad sino que tienen su origen en la naturaleza propia de su función pastoral[503].

Con la Constitución Apostólica *Regimini Ecclesiae Universae,* promulgada en el mes de agosto de 1967, Pablo VI reformaba la Curia romana. Entre las novedades introducidas destaca la presencia de obispos diocesanos en la Curia como miembros de los diversos dicasterios[504]; se optó por la internacionalización del personal curial[505]; es la primera vez que se nombra a los laicos dentro de la Curia, abogando por una mayor participación[506]; y se establece la movilidad de los cargos directivos[507].

Además, se crearon junto a los tribunales, congregaciones y oficios, los consejos y secretariados, con la función de estudio y animación[508] . Desapa-

---

503 Cfr. SOUTO, "La reforma de la Curia", 547-548.

504 REU, nº 2.2.

505 REU, nn 3 y 5.1.

506 REU, nº 5.1.

507 REU, nn 2.5, 5.1 y 2.

508 La nueva configuración de la Curia romana, es la siguiente: Dos organismos, la *Secretaria Status seu Papalis* (nn.19-25) y el *Sacrum Consilium pro Publicis Eccessiae negotiis* (nn.26-28), que ocupaban el primer lugar. Las Congregaciones pasaron de once a nueve: la Sagrada Congregación para la Doctrina de la fe (nn. 29-40); Sagrada Congregación para las Iglesias Orientales (nn. 41-45); Sagrada Congregación para los Obispos (46-53); Sagrada Congregación de disciplina de los Sacramentos (54-57); Sagrada Congregación de los Ritos (nn. 58-64); Sagrada Congregación para los Clérigos (65-70); Sagrada Congregación para los Religiosos y los Institutos seculares (nn.71-74); Sagrada Congregación de Institución Católica (nn75-80); Sagrada Congregación de la Evangelización o de Propaganda Fide (nn.81-91). Se crearon tres secretariados: el Secretariado para la Unidad de los Cristianos (nn.92-95); el Secretariado para los no Cristianos (nn. 96-100); y el Secretariado para los no Creyentes (nn.101-102). Se mantuvo el Consejo de los Laicos y la Pontificia Comisión de estudios de *"Iustitia et Pace"* (n.103). Los Tribunales continuaron siendo tres: el Supremo Tribunal de la Signatura Apostólica (nn.104-108); la Sagrada Rota Romana (109-110); la Sagrada Penitenciaría Apostólica (nn.111-113). Los Oficios pasaron de cinco a seis: Cancillería Apostólica (nn. 129-131); la Prefectura para la Economía de la Santa Sede (117-121); la Cámara Apostólica (n. 122);

recieron algunos dicasterios antiguos, es el caso de la *Dataria Apostolica* y de las Secretarías *Brevium ad Principes et Epistolarum Latinarum*; y se separó la Congregación para las Iglesias Orientales de Propaganda Fide, dada la nueva realidad ecuménica. Por último, se confirmó la tendencia de someter a normas precisas toda actividad de la Curia, sin dejar nada al arbitrio de los colaboradores[509].

A pesar de la reforma, no se cubrieron todos los objetivos de modo satisfactorio y esto fue criticado por diversos autores[510]; es más, parece que el mismo Pablo VI no debió quedar plenamente satisfecho, ya que a los cinco años de la C. A. *Regimini Ecclesiae Unirversae*, tal y como lo recoge Juan Pablo II en el Proemio de la nueva Constitución Apostólica *Pastor Bonus*[511], pidió que se evaluara y analizara la nueva regulación de la Curia romana.

4.2. CONSTITUCIÓN APOSTÓLICA *PASTOR BONUS*[512]

Pablo VI a los cinco años de su reforma de la Curia convoca una reunión para evaluar dicha reforma y, en 1974, nombra una comisión de estudio para su revisión. Los trabajos de la comisión se interrumpieron por la muerte de Pablo VI en agosto de 1978 y Juan Pablo II decidió seguir adelante. Tras la correspondiente consulta a los cardenales, las respuestas fueron que se hicieran reformas más o menos profundas.

El tema volvió a tratarse en el año 1982 y al año siguiente el Papa nombró una nueva comisión de curiales para que siguiera con los trabajos. En

---

la Administración para el patrimonio de la Sede Apostólica (nn.123-124); la Prefectura del Palacio Apostólico (125-128); el Oficio de Estadística (nn.129-131).

509 Cfr. MUÑOZ CÁRDABA, *Principios eclesiológicos*, 30.

510 *Ibid.*, 30-32.

511 PB, nº5 del Preámbulo: "No obstante, dándose perfecta cuenta de que la reforma de las antiguas instituciones requería un estudio más detenido, el mismo Romano Pontífice mandó que a los cinco años de la promulgaciones de la Constitución se evaluara más profundamente la nueva regulación y se analizara al mismo tiempo si realmente se acomodaba a los deseos del Concilio Vaticano II y si respondía las necesidades del pueblo cristiano y de la sociedad civil; y que en la medida que fuera necesario, se organizara de una manera más adecuada".

512 JUAN PABLO II, "Constitución Apostólica *Pastor Bonus* (28 de junio de 1988)": AAS 80 (1988) 841-912.

noviembre de 1985, se elaboró un proyecto que se votó en la plenaria de cardenales. Finalmente, Juan Pablo II en enero de 1986, crea una nueva comisión cardenalicia para la reelaboración del proyecto de acuerdo con las propuestas presentadas.

Después de dos años, en 1988, la comisión dio por finalizados los trabajos, entregando al Papa el texto de la nueva reforma. Un mes después, el martes 28 de junio de 1988, Juan Pablo II promulgó la nueva Constitución Apostólica *Pastor Bonus* sobre la Curia romana[513].

La Constitución Apostólica *Pastor Bonus* es un documento que consta de un preámbulo o introducción y de una parte canónica formada por 193 artículos. Los 38 primeros artículos se encargan de recoger todas las normas comunes a todos los dicasterios, mientras que el resto trata de cada uno de los organismos en particular: una secretaría; nueve congregaciones junto con dos comisiones; tres tribunales; doce consejos pontificios, tres oficinas y otros organismos[514].

---

513 Cfr. Muñoz Cárdaba, *Principios eclesiológicos*, 34-36.

514 La Curia romana está formada por los siguientes organismos: la Secretaría de Estado. Nueve Congregaciones y dos Comisiones: Congregación de la Doctrina de la Fe (arts. 48-55); Congregación para las Iglesias Orientales (arts. 56-61); Congregación del Culto Divino y de la Disciplina de los Sacramentos (arts. 62-70); Congregación de las Causas de los Santos (arts. 71-74); Congregación para los Obispos (arts. 75-82); Pontificia Comisión para América Latina (arts. 83-84); Congregación para la Evangelización de los Pueblos (arts. 85-92); Congregación para los Clérigos (arts. 93-98); Pontificia Comisión para la Conservación del Patrimonio Artístico e Histórico (arts. 99-104); Congregación para los institutos de vida consagrada y las Sociedades de vida apostólica (arts. 105-111); Congregación de los Seminarios e Instituciones de Estudios (arts. 112-116). Tres Tribunales: Penitenciaria Apostólica (arts. 117-120); Tribunal Supremo de la Signatura Apostólica (arts. 121-125); Tribunal de la Rota Romana (arts. 126-130). Doce Pontificios Consejos: Pontificio Consejo para los Laicos (arts. 131-134); Pontificio Consejo para el Fomento de la Unidad de los Cristianos (arts. 135-138); Pontificio Consejo para la Familia (arts. 139-141); Pontificio Consejo de Justicia y Paz (arts. 142-144); Pontificio Consejo "Cor Unum" (arts. 145-148); Pontificio Consejo para la Atención Espiritual a los Emigrantes e Itinerantes (arts. 149-151); Pontificio Consejo del Apostolado para los Agentes de la Salud (arts. 152-153); Pontificio Consejo de la Interpretación de los Textos Legislativos (arts. 154-158); Pontificio Consejo para el Diálogo entre las Religiones (arts. 159-162); Pontificio Consejo para el Diálogo con los No Creyentes (arts. 163-165); Pontificio Consejo de la Cultura (arts. 166-168); Pontificio Consejo de las Comunicaciones Sociales (arts. 169-170). Tres Oficinas: Cámara Apostólica (art. 171); Administración del Patrimonio de la Sede Apostólica (arts. 172-175); Prefectura de los

No vamos a tratar en este punto los principios eclesiológicos de la *Pastor Bonus*, ni la naturaleza del documento, ni la relación entre el Romano Pontífice y la Curia, ya que no es el motivo de este trabajo, nos centraremos en como el laico está reflejado en este nuevo documento que regula la Curia romana y cuál es su participación en ella.

Con la Constitución Apostólica *Pastor Bonus,* el Papa Juan Pablo II vuelve a reformar la Curia romana con una serie de propósitos e intenciones, que recoge en el Preámbulo de dicha Constitución. En él se dice que esta reforma se debe en primer lugar a las exigencias de este nuevo tiempo, teniendo en cuenta los cambios introducidos por Pablo VI. También se tiene en cuenta la renovación de las leyes originadas por la aparición del nuevo Código de Derecho Canónico y las que están en vías de efectuarse con la revisión del Código Canónico Oriental.

Se pretende que los Dicasterios e Instituciones se hagan más idóneos para participar en las funciones de gobierno, jurisdiccionales y ejecutivas. Además, se han tenido en cuenta los cambios y exigencias siempre nuevas de la sociedad eclesial. Y, por último, se quiere llegar a un modo de actuación caracterizado por la unidad. En resumen, se trata de responder a la línea eclesiológica del Concilio Vaticano II[515].

Según la *Pastor Bonus* en su artículo 1, la Curia romana:

> "Es el conjunto de dicasterios e institutos que ayudan al Romano Pontífice en el ejercicio de la suprema misión pastoral para el bien de la Iglesia universal y de las Iglesias particulares, con la que se fortalece la unidad de fe y de comunión del pueblo de Dios y se promueve a la misión propia de la Iglesia en el mundo".

Asuntos Económicos de la Santa Sede (arts. 176-179). Y otros Organismos, entre los que se encuentran: Prefectura de la Casa Pontificia (arts. 180-181) y la Oficina de las Celebraciones Litúrgicas del Sumo Pontífice (art. 182).

515 Cfr. PB Preámbulo.

La nota principal de esta ayuda de la Curia al Romano Pontífice es su índole ministerial e instrumental; es decir, es un instrumento en manos del Pontífice, de tal modo que la Curia no goza de ningún poder ni potestad al margen de los que recibe del Supremo Pastor[516]. Unido a esta instrumentalidad de la Curia hay que destacar su carácter vicario, puesto que no actúa por derecho y por cuenta propia, sino que ejerce la potestad recibida del Romano Pontífice[517].

La *Pastor Bonus,* por primera vez, reconoce el carácter vicario de la Curia romana en un documento de este tipo, ya que ni el Concilio Vaticano II, ni la Constitución Apostólica *Regimini Ecclesiae Universae* de Pablo VI, ni el mismo Código de Derecho canónico[518] que se había promulgado en 1983, lo habían hecho constar explícitamente, aunque ya se había empezado a hablar de este reconocimiento en varios discursos[519] del Papa a la Curia[520].

Desde una perspectiva canónica, la vicariedad de la Curia significa la desconcentración de las funciones de gobierno realizada de modo estable por el Romano Pontífice en favor de cada uno de los organismos de la Curia, estos permanecen subordinados al Papa que conserva su potestad original[521]. En este marco jurídico, la potestad de la Curia se define como ordinaria, ya que es la que va aneja a su oficio y vicaria, porque se ejerce en nombre del Papa[522].

---

516 PB, nº 7 del Preámbulo.

517 PB, nº 8 del Preámbulo.

518 La Curia romana es recogida por el canon 360: "La Curia romana, mediante la que el Romano Pontífice suele tramitar los asuntos de la Iglesia universal, y que realiza su función en nombre y por autoridad del mismo para el bien y servicio de las Iglesias, consta de la Secretaría de Estado o Papal del Consejo para los asuntos públicos de la Iglesia, de las Congregaciones, Tribunales y de otras Instituciones, cuya constitución y competencia se determinan por ley peculiar".

519 En relación a esto, se puede ver el discurso del 21 de noviembre de 1985 al Consistorio de cardenales (AAS 78, 1986,471) y el discurso de 30 de enero de 1986 a la Rota Romana (*AAS* 78, 1986, 924).

520 Cfr. MUÑOZ CÁRDABA, *Principios eclesiológicos*, 266.

521 Cfr. *Ibid*, 266.

522 Canon 131 CIC: § 1. La potestad de régimen ordinaria es la que va aneja de propio derecho a un oficio… § 2. La potestad de régimen ordinaria puede ser propia o vicaria.

No hay que olvidar, que la vicariedad de la Curia tiene sus límites en la existencia de los ámbitos de la potestad propia del Papa, como las decisiones del art. 18[523], que son las decisiones más importantes que corresponden a la Suprema Autoridad o las relacionadas con la promulgación o derogación de leyes, ya que la Curia no tiene potestad legislativa; además que la potestad vicaria de la Curia tiene que conjugar el propio celo por actuar, con la voluntad de aquel en quien tiene su origen, de tal manera que su actuación siempre se muestre en consonancia con esa voluntad[524].

En cambio, las congregaciones y algunos otros dicasterios son titulares de la potestad de régimen ejecutiva o administrativa. Se trata de una potestad ordinaria de régimen que tiene su título en la participación orgánica en la potestad del Romano Pontífice. Este ámbito de la potestad administrativa es el que plantea algunas cuestiones en relación con la posible participación de fieles laicos en el ejercicio de esa potestad vicaria del Papa y dentro del ámbito propio de la Curia romana, de acuerdo con la estructura de los dicasterios de la Curia de la C. A. *Pastor Bonus*–[525].

La relación entre el ministerio petrino y la vida eclesial no puede limitarse a las relaciones que deben existir entre los miembros del cuerpo episcopal y su Cabeza, y en consecuencia a las relaciones entre los obispos y la Curia romana. La comunión jerárquica sostiene y expresa toda la comunión eclesial, de ahí la importancia de la relación entre los fieles y la Curia ya que dicha

523 Art. 18 PB: Han de someterse a la aprobación del Sumo Pontífice las decisiones de mayor importancia, con excepción de aquellas para las que se hayan atribuido a los Jefes de Dicasterios especiales facultades y exceptuadas también las sentencias del Tribunal de la Rota Romana y del Supremo Tribunal de la Signatura Apostólica dictadas dentro de los límites de su respectiva competencia.

Los Dicasterios no pueden dictar leyes o decretos generales con fuerza de ley ni derogar las prescripciones del derecho universal vigente, a no ser en casos singulares y con aprobación específica del Sumo Pontífice.

Téngase por norma constante no hacer nada importante y extraordinario que no haya sido antes comunicado por los Jefes de Dicasterios al Sumo Pontífice".

524 PB, nº 8 del Preámbulo.

525 Cfr. A. Viana, "La participación de los fieles laicos en la potestad de los dicasterios de la Curia romana": *Ius et Iura,* (Granada 2010), 1109-1122.

comunión eclesial es la base para que todos los fieles participen en la misión de la Curia y para que la Curia, participe en la misión de todos los fieles[526].

Este aspecto de unidad eclesial está claramente enunciado, tal y como dice J. Beyer[527], en la Constitución Apostólica *Pastor Bonus*, cuando dice en su número 12:

> "Así puesto que la función de la Curia es eclesial, requiere la cooperación de toda la Iglesia a la que se dirige, pues nadie en la Iglesia está separado del resto, antes bien, cada uno forma un mismo cuerpo con todos los demás".

Esta Constitución exige, por tanto, la colaboración de todos los órdenes de personas en la Iglesia, órdenes de personas que no son solamente, presbíteros o diáconos, sino también religiosos no ordenados, religiosas, laicos, hombres y mujeres que ejercitan su propio apostolado en virtud del bautismo y de la confirmación[528].

La *Pastor Bonus* reconoce actividad administrativa de los fieles laicos en los dicasterios pero lo realiza en varios niveles: un nivel primario, de oficiales y consultores[529] que no son miembros directos de la Curia, que realizan los trabajos ordinarios de la curia que no conllevan potestad y que pueden ser tanto clérigos como laicos; y un nivel que supone la adscripción de los fieles que no tienen el sacramento del orden, a los dicasterios como miembros y, por lo tanto, con derecho a participar en las reuniones y a ejercer el voto.

Esto lo soluciona la Constitución Apostólica *Pastor Bonus* en sus normas generales por medio del reconocimiento del art. 3 § 2 que dice: "Según la peculiar naturaleza de algunos dicasterios, al grupo de cardenales y obispos pueden ser adscritos clérigos y otros fieles". A juicio de A. Viana, resulta claro que

---

526 Cfr. P. J. Beyer, "Le linee fondamentali della Constituzione Apostolica Pastor Bonus", en: Librería Editrice Vaticana, *La Curia romana nella Cost. Ap. Pastor Bonus,* (Cità del Vaticano 1990), 24.

527 *Ibid.*, 24.

528 Cfr. PB nº 9 del Preámbulo

529 PB art. 5, 8 y 9.

la redacción de este parágrafo, junto a la práctica de la Curia romana, hacen que se admitan como miembros a laicos y a clérigos, además de los cardenales y obispos[530].

Por otro lado, esta Constitución pone dos límites a esta participación del laico como miembro de la Curia y que son recogidos en el art. 3 § 3 y en el art. 7.

El primero de los límites aparece en el § 3[531] del art.3, que establece que los miembros propiamente dichos de las Congregaciones serán obispos y cardenales, por la importancia que éstas tienen en el trabajo ordinario y extraordinario de la Curia.

Sin embargo, en la Congregación para los Institutos de Vida Consagrada y Sociedades de Vida Apostólica algunos de sus miembros pueden ser superiores generales que no hayan recibido el sacramento del orden y, por tanto, son laicos en el sentido del canon 129 § 2 del CIC. En el año 2009 esta Congregación estaba formada por 12 cardenales, 5 obispos y 8 superiores religiosos generales, entre ellos el superior general de los Hermanos Maristas, que no es clérigo, de acuerdo con la naturaleza de congregación religiosa laical de la comunidad que preside[532].

Además, si acudimos al Anuario pontificio de 2021, un año antes de la nueva reforma de la Curia, estando vigente la Constitución Apostólica *Pastor Bonus,* esta Congregación la formaban: 22 cardenales, 11 obispos; 7 superiores generales, de los cuales había 6 presbíteros y un laico[533], además, se incorporan a la Congregación, 6 superioras generales[534]. Por lo que la práctica de la

530 Cfr. Viana, "La participación de los fieles laicos en la potestad", 1119.

531 Art. 3 § 3: "Pero los Miembros propiamente dichos de una congregación son los cardenales y obispos".

532 Anuario pontificio 2009, 1.230.

533 *Anuario pontificio* 2021, 1155: Irvin Robert Schieler, Superior General de los Hermanos de las Escuelas Cristianas.

534 *Ibid.,* 1156. "Reverendísimas Superioras Generales: Yvone Reungoat, Superiora General de las Hijas de María Auxiliadora; Françoise Massy, Superiora General de las Hermanas Franciscanas Misioneras de María; Luigia Coccia, Superiora General de las Hermanas Misioneras, Madres Piadosas de África; Simona Brambilla, Superiora General de las Hermanas Misioneras de la Consolación; M Rita Calvo

Curia romana se ha ido desarrollando en favor de la participación del laico, contradiciendo al mencionado art. 3 de PB. En la actualidad, en el año 2023, la estructura sigue siendo la misma, aunque se igualan al número de 7 las superioras generales[535].

El segundo límite para el laico es el del art. 7[536] de la *Pastor Bonus* que especifica que los miembros que forman la asamblea de los dicasterios de la Curia sean cardenales, pero también algunos obispos diocesanos, clérigos y otros fieles; aunque añade que, para los asuntos que requieran potestad de régimen, han de reservarse a los que han recibido el orden sacerdotal.

Se presenta un problema en la aplicación práctica de este artículo, ya que es muy difícil separar las cuestiones que llevan potestad de régimen y que son competencia de los sellados por el orden, de otras tareas propias del dicasterio. Cuestión cada vez más complicada porque en el caso de las congregaciones, como la dedicada a los Institutos de vida consagrada y Sociedades de vida apostólica ya que aunque la incorporación del laico, al principio, era de manera excepcional, poco a poco se han ido incorporando cada vez más, como en el año 2021. Además, para los consejos pontificios, con tareas de asesoramiento, impulso y promoción de tareas asignadas, se planteaban más problemas.

Para J. Beyer y según establece este artículo 7, si los laicos participaran en la dirección de algún consejo sus actos serían nulos de pleno derecho. Sin embargo, considera que este artículo es problemático y que esto ya no es sostenible. Hay que tener en cuenta que el texto no habla de "capacidad" para los clérigos, sino simplemente habla de "reserva" a los clérigos[537].

Sanz, Superiora General de la Orden de la Compañía de María de Nuestra Señora; Olga Krizova, Presidente del Instituto Secular Voluntarias de D. Bosco".

535 https://www.vitaconsacrata.va/it/chi-siamo/struttura/membri.html. 9-12-2023.

536 Art. 7 PB: "Los Miembros del grupo proceden de los Cardenales que residen en la Urbe o fuera de ella, a los que se añaden algunos Obispos, sobre todo diocesanos, en la medida en que gocen de una peculiar pericia en los asuntos que se trate, y también según la naturaleza del Dicasterio, algunos clérigos y otros fieles; pero teniendo como norma que los asuntos que requieren el ejercicio de la potestad de régimen han de reservarse a los que han recibido el orden sagrado".

537 Cfr. Beyer, "Le linee fondamentali della Constituzione", 26.

Por tanto, si dentro de las Congregaciones hay fieles laicos ¿cómo se los excluye de la discusión y votación de decisiones, que comportan potestad de jurisdicción, en las sesiones plenarias y ordinarias de un dicasterio? Cuando, además, cabe señalar que el ejercicio de un poder no debe limitarse al acto decisivo sino que hay una participación del poder en la consulta previa, que ya permite realizar un acto de gobierno[538].

El medio que se utiliza es que, además de la sesión plenaria, se ha constituido en algunos consejos un comité formado sólo por cardenales y obispos para resolver las cuestiones que requieran el ejercicio de la potestad de régimen. Sin embargo, para A. Viana esto no es una buena medida porque se privilegia más una sección del consejo que al pleno, cuando éste debería ser el órgano más importante y, por otra parte, no deja de ser extraño que un miembro pueda intervenir en la plenaria y no pueda hacerlo en un órgano inferior a ésta[539].

La solución que aporta este autor para determinar las funciones del laico en la potestad de los dicasterios de la Curia Romana, funciones que llevan consigo la toma de decisiones que conllevan la potestad de régimen, es que el desarrollo de esta participación debe estar enmarcada dentro del principio de colegialidad, en donde la voluntad colegial que se forma mediante el voto de sus miembros no se atribuye a cada uno de ellos en particular y que, además, esta particularidad puede no coincidir con la voluntad general, si no que se aplica al colegio como institución[540].

De cualquier manera y a pesar de los límites de esos dos artículos, durante el Pontificado del Papa Francisco hasta la reforma que realiza de la Curia, la incorporación de los laicos como miembros a las congregaciones y pontificios consejos ha sido cada vez más frecuente, por lo que el art. 7 empezaba a perder todo su sentido.

---

538 *Ibid*, 26.

539 Cfr. VIANA, "La participación de los fieles laicos en la potestad", 1109-1122.

540 *Ibid.*, 1.122.

4.3. REFORMAS DE LA CURIA ROMANA POSTERIORES A LA CONSTITUCIÓN APOSTÓLICA *PASTOR BONUS*

El Papa Francisco, desde el inicio de su Pontificado el 13 de marzo de 2013, junto con la mayoría de los cardenales, manifiesta la necesidad de una reforma de la Curia romana[541]. Tres años después de haber sido elegido, comienza a hacer cambios en la Curia con la derogación de varios artículos de la Constitución Apostólica *Pastor Bonus*, eliminando alguno de sus dicasterios y constituyendo otros más apropiados con los signos de los tiempos.

Comienza esta reforma con el Motu Proprio *Sedula Mater* de 15 de agosto de 2016. Con este Motu Proprio, el Papa da un paso más en la participación de los laicos en la Curia romana, ya que en este documento se elimina el Pontificio Consejo para los laicos con la derogación de los artículos 131-134 de la *Pastor Bonus* e instituye un nuevo dicasterio: Dicasterio para los Laicos, la Familia y la Vida[542].

En el preámbulo[543] del Motu Proprio *Sedula Mater*, se menciona que los dicasterios deben acomodarse a las situaciones actuales de nuestro tiempo y que se deben adaptar a las exigencias de la Iglesia universal y, en este caso en particular, "nuestro pensamiento", dice el Papa Francisco, se dirige a los laicos, a la familia y a la vida. La reforma de este dicasterio vuelve a deberse a un mejor ajuste de la Curia a la sociedad de nuestro tiempo.

En la constitución de este dicasterio, hay un cambio significativo, ya que en el artículo 132[544] de la *Pastor Bonus* se decía que el Pontificio Consejo para los laicos estaba formado por un presidente que era atendido por un comité formado por cardenales y obispos, aunque después podrían pertenecer al consejo otros fieles cristianos. Sin embargo, en la nueva regulación de *Sedula Mater* se prevé, en primer lugar, la participación de un laico como secretario del

---

541 GARCÍA-NIETO, *La mujer y*, 247.

542 FRANCISCO, "Motu Proprio Sedula Mater" (15-8-2016): AAS 108, nº 9 (2016), 963-967.

543 *Ibid.*, 963.

544 Art. 132 PB: Asiste al presidente un comité de presidencia formado por cardenales y obispos; entre los miembros del consejo figuran, sobre todo, fieles cristianos que actúan en los diversos campos de actividad.

dicasterio y segundo, se establece la posibilidad que los oficiales sean laicos. Y así dice en su artículo 2 § 1:

> "El dicasterio está presidido por un prefecto, asistido por un secretario que podrá ser laico, y de tres subsecretarios, y está dotado de un número conveniente de oficiales, clérigos y laicos, elegidos en la medida de lo posible de las diferentes regiones del mundo, según las normas vigentes de la Curia romana"[545].

En el año 2024, este Dicasterio está presidido por el Prefecto, el Cardenal Kevin Joseph Farrell que está asistido por laicos: un Secretario, Dr. Gleison De Paula Souza y dos Subsecretarios que son dos mujeres, Dª Linda Ghisoni y Dª Gabriella Gambino[546].

El artículo 3[547] también destaca que el dicasterio estará formado por sus propios miembros y hace referencia expresa a las distintas formas de laicado que pueden pertenecer a él: hombres y mujeres, casados y solteros, de hecho, así es en la actualidad[548].

Recientemente, en noviembre del año 2023, han sido nombrados para este dicasterio tres españoles: un arzobispo, D. José Ángel Sainz Meneses, arzobispo de Sevilla; un sacerdote, el rector de la Universidad Pontificia de la Santa Cruz, D. Luis Felipe Navarro Marfá; y una mujer, Dª Carmen Peña García, profesora de Derecho matrimonial en la Facultad de Derecho Canónico de la Universidad Pontificia de Comillas.

---

545 Traducción de Ius Canonicum / vol. 57 / 2017.

546 https://www.vatican.va/content/romancuria/es/dicasteri/dicastero-per-i-laici--la-famiglia-e-la-vita/struttura.html. Visto el día 18-04-2024.

547 Art. 3 § 1, Motu proprio *Sedula Mater*: El Dicasterio tiene sus propios miembros, entre los que se incluyen fieles laicos, hombres y mujeres, solteros y casados, empeñados en los diversos campos de actividad y procedentes de diferentes partes del mundo, de modo que reflejen el carácter universal de la Iglesia.

548 Estructura actual, de 18-04-2024, de este Dicasterio para los Laicos, la Familia y la Vida: https://www.vatican.va/content/romancuria/es/dicasteri/dicastero-per-i-laici--la-famiglia-e-la-vita/struttura.html

A los dos días de la publicación del Motu Proprio *Sedula Mater,* el 17 de agosto de 2016 el Papa Francisco publica el *Motu Proprio Humanam Progressionem*[549] por el que se instituye el Dicasterio para el Servicio del Desarrollo Humano Integral.

En modo particular, tal y como dice en su preámbulo, este dicasterio será competente en las cuestiones que se refieren a las migraciones, los necesitados, los enfermos y los excluidos, los marginados y las víctimas de los conflictos armados y de las catástrofes naturales, los encarcelados, los desempleados y las víctimas de cualquier forma de esclavitud y de tortura.

En la actualidad, este dicasterio tiene un prefecto que es Cardenal, Emmo. Card. Michael Czerny, sin embargo, el secretario es una mujer, la Hª. Alessandra Smerilli, F.M.A[550].

También derogan los artículos 142 a 153 de la *Pastor Bonus,* por lo que se suprimen los consejos pontificios que se indican a continuación: el Consejo Pontificio Justicia y Paz, el Consejo Pontificio *Cor Unum,* el Consejo Pontificio para la Pastoral de los Emigrantes e Itinerantes y el Consejo Pontificio para la Pastoral de la Salud, ya que de sus competencias se va a encargar este nuevo dicasterio.

Las competencias de este Dicasterio se recogen en *Acta Apostolicae Sedis.* En su estructura, el Romano Pontífice vuelve a introducir a los laicos como miembros, como lo tipifica el artículo 2 en sus § 1 y 2:

> § 1. "Il dicastero è presieduto da un prefetto, coadiuvato da un segretario e almeno un sotto-segretario, che possono anche essere fedeli laici.
> § 2. Il dicastero ha propri membri, fra cui fedeli laici impegnati nei diversi ambiti di competenza del Dicastero e provenienti dalle diverse parti del mondo, così che rispecchino il carattere universale della Chiesa"[551].

549 Francisco, *Motu Proprio Humanam Progressionem",* (17-8-2016): Aas 108 (2016), 968-972.

550 https://www.vatican.va/content/romancuria/es/dicasteri/dicastero-per-il-servizio-dello-sviluppo-umano-integrale/struttura.html, día 23-12-2023.

551 Aas 108, nº9 (2016), 969.

Con estos dos Motu Proprio, se puede comprobar que los pasos que ha ido dando el Papa Francisco van en dirección a que los laicos pueden pertenecer a la Curia romana en sentido pleno, que son incluidos en ella y, por tanto, pueden participar en el gobierno de la Iglesia ejerciendo la potestad vicaria que corresponde a la Curia.

De hecho, el 27 de junio de 2017, el Sumo Pontífice crea un nuevo dicasterio para la comunicación, llamado Secretaría para la comunicación[552], poniendo al frente como prefecto a un laico, D. Paolo Ruffini. Al año siguiente, por medio de un rescripto, cambia el nombre de esta Secretaría y pasa a llamarse, Dicasterio de la Comunicación[553]. Es llamativo el organigrama de este Dicasterio en agosto de 2022, donde la mayoría de sus miembros son arzobispos y obispos que tienen como superior a un laico[554].

El día 24 de febrero de 2014, se promulga el Motu Proprio *Fidelis Dispensator et Prudens*[555] por el cual, el Papa Francisco constituye una nueva estructura

---

552 Francisco, "Carta Apostólica en forma de "motu proprio" del Sumo Pontífice Francisco, Institución de la Secretaría para la Comunicación": *Bollettino Sala Stampa della Santa Sede* nº 515, (27-06-2015).

553 Francisco, "Rescriptum ex Audientia Ss.mi: Rescritto del Santo Padre con il quale ha deciso che la Segreteria per la Comunicazione si chiami d'ora in poi Dicastero per la Comunicazione": *Bollettino Sala Stampa della Santa Sede*, (23-06-2018)

554 Recogemos la composición del mismo: "Los Eminentísimos Cardenales: John Njue, Arzobispo de Nairobi (Kenia); Chibly Langlois, Obispo de Les Cayes (Haití); Charles Maung Bo, Arzobispo de Rangún (Myanmar); Leonardo Sandri, Prefecto de la Congregación para las Iglesias Orientales; Marcello Semeraro, Prefecto de la Congregación para las Causas de los Santos; Beniamino Stella, Prefecto de la Congregación para el Clero; Thomas Aquino Manyo Maeda, Arzobispo de Osaka (Japón); Mauro Gambetti, O.F.M. Conv., Arcipreste de la Basílica Papal de San Pedro en el Vaticano.
Los Excelentísimos Monseñores: Diarmuid Martin, Arzobispo de Dublín (Irlanda); Gintaras Gru⊠as, Arzobispo de Vilnius (Lituania); Stanislas Lalanne, Obispo de Pontoise (Francia); Pierre Nguyên V⊠n Kham, Obispo de My Tho (Vietnam); Ginés Ramón García Beltrán, Obispo de Guadix (España); Nuno Brás da Silva Martins, Obispo tit. Elvas, Auxiliar de Lisboa (Portugal); Jorge Eduardo Lozano, Arzobispo de San Juan de Cuyo (Argentina), Secretario General del Consejo Episcopal Latinoamericano (Celam); Borys Gudziak, Arzobispo de Filadelfia de los Ucranianos (EE UU); Emmanuel Adetoyese Badejo, Obispo de Oyo (Nigeria).
Superiores del Dicasterio: Prefecto, Doctor Paolo Ruffini; Secretario, Reverendo Monseñor Lucio Adrián Ruiz". (https://www.vatican.va/content/romancuria/es/dicasteri/dicastero-per-la-comunicazione/struttura.html).

555 Francisco, "Carta apostólica en forma de Motu Proprio Fidelis Dispensator et Prudens del Sumo Pontífice Fancisco para la constitución de una nueva estructura de coordinación de los asuntos

de coordinación de los asuntos económicos y administrativos, creando un nuevo Consejo de Asuntos económicos y una Secretaría de Asuntos económicos.

El propio texto dice literalmente que dicha secretaría estará presidida por un cardenal y le ayudará un prelado secretario. El número 6 dice: "La Secretaría de asuntos económicos está presidida por un cardenal prefecto, que colabora con el secretario de Estado. Un prelado secretario general tiene la tarea de ayudar al Cardenal Prefecto".

Pues bien, el 14 de noviembre de 2019[556] se publica el nombramiento como Prefecto de dicha Secretaría a D. Juan Antonio Guerrero Alves, sacerdote jesuita, que no ha recibido la ordenación episcopal y como secretario se nombra al Doctor Maximino Caballero Ledo que es un laico.

La praxis de la Iglesia vuelve a contradecir la parte teórica, tal y como ha ido sucediendo a lo largo de la historia de la Iglesia.

Viendo todos estos cambios en el sistema de la Curia romana, se puede comprobar que el Papa Francisco, poco a poco, va sentando las bases para que cualquier fiel bautizado sea obispo, sacerdote, religioso o laico o laica pueda presidir un dicasterio u organismo de la Curia y de este modo pueda participar en el gobierno de la Iglesia.

4.4. CONSTITUCIÓN APOSTÓLICA *PRAEDICATE EVANGELIUM*[557]

Llegamos a la reforma de la Curia romana que ha realizado el Papa Francisco, que entra en vigor el día 19 de marzo de 2022.

Lo primero que quiero destacar, citando a L. M. Muñoz Cárdaba, es que "la historia de la Iglesia muestra que se puede organizar el gobierno central de la Iglesia de muy distintas maneras, que no dejan de ser formas históricas,

económicos y administrativos de la Santa Sede y del Estado de la Ciudad del Vaticano", *Bollettino Sala Stampa Della Santa Sede* nº 137, (24-02-2014).

556 FRANCISCO, "Rinunce e Nomine,14/11/2019": *Bollettino Sala Stampa Della Santa Sede* nº 871, (14-11-2019).

557 FRANCISCO, "Constitución Apostólica Praedicate Evangelium, 19-03-2022": *L'Osservatore romano*, 31-03-2022, I-XII.

opciones técnicas de carácter organizativo que, si bien en un momento de la vida de la Iglesia han podido ser justas y adecuadas, pueden constituir también una forma inadecuada para otro momento diferente"[558]. En este momento de la historia de la Iglesia, correspondía una nueva reforma de la Curia romana adaptada a los nuevos tiempos.

Con la publicación de la Constitución Apostólica *Praedicate Evangelium* el día 19 de marzo de 2022, concluye un camino de 9 años desde que el Papa Francisco anuncia la reforma de la Curia el 13 de abril de 2013[559].

El Papa Francisco, en el preámbulo de la citada Constitución, argumenta que la razón de esta reforma es "armonizar mejor el actual servicio de la Curia con el camino de evangelización que la Iglesia, especialmente en este tiempo, está experimentando" (n. 6).

Establece, además, la naturaleza curial del servicio al Papa y a los obispos, en la forma que conviene a la naturaleza de cada uno (n.8) y declara, en los principios y criterios para el servicio de la Curia romana, el carácter vicario de la misma, ya que "cada institución cumple su misión en virtud de la potestad recibida por el Romano Pontífice, en cuyo nombre opera con potestad vicaria en el ejercicio de su munus primacial" (n.5).

La nueva estructura de la Curia romana está conformada por las denominadas instituciones curiales, por las oficinas y por otros entes al servicio de la Santa Sede. El concepto institución curial agrupa a la Secretaría de Estado, los dicasterios, los organismos de justicia y los organismos económicos[560].

Recordemos que el término dicasterio, según la Constitución Apostólica *Pastor Bonus*, incluía, además de la Secretaría de Estado, las congregaciones, los pontificios consejos, los tribunales y las oficinas. Con la *Praedicate Evangelium*, la estructura curial cambia y las congregaciones y pontificios consejos pasan exclusivamente a llamarse dicasterios, de tal modo, las once

558 Cfr. Muñoz Cárdaba, *Principios eclesiólogicos*, 12.

559 Semeraro, "Conferenza Stampa", 1.

560 Cfr. Cortez Diéguez, "Composición de la Curia romana", 101.

congregaciones y doce pontificios consejos, veintitrés entes en total, se agrupan ahora en dieciséis dicasterios[561]. Esta igualdad excluye la subordinación mutua y asegura la dependencia directa del Romano Pontífice, sin perjuicio de las relaciones de coordinación establecidas y que puedan ser dirigidas por la Secretaría de Estado[562].

La Constitución Apostólica *Pastor Bonus* comenzaba, tanto en la parte introductoria como sucesivamente en el articulado, destacando el componente jerárquico y clerical de la Curia romana y las características asociadas a tal condición canónica. En la introducción de esta Constitución, se decía que la Curia estaba compuesta por casi todos los padres cardenales; que los dirigentes de los dicasterios eran normalmente obispos y que entre sus miembros estaban algunos obispos diocesanos. Se indicaba, también, que tales cardenales y obispos precisaban colaboradores para el desarrollo de la actividad dicasterial, motivo por el cual serían llamados otros fieles. Aunque se añadía el límite,

---

561 La organización de la Curia romana según la C. A. *Praedicate Evangelium* queda de la siguiente manera: Secretaria de Estado. 16 dicasterios: Dicasterio para la Evangelización (arts. 53-68); Dicasterio para la Doctrina de la Fe (arts. 69-78); Dicasterio para el Servicio de la Caridad (arts. 79-81); Dicasterio para las Iglesias Orientales (arts. 82 – 87); Dicasterio para el Culto Divino y la Disciplina de los Sacramentos (arts. 88-97); Dicasterio de las Causas de los Santos (arts. 98 – 102); Dicasterio para los Obispos (arts. 103-112); Dicasterio para el Clero (arts. 113 – 120); Dicasterio para los Institutos de Vida Consagrada y las Sociedades de Vida Apostólica (arts. 121-127); Dicasterio para los Laicos, la Familia y la Vida (arts. 128-141); Dicasterio para la Promoción de la Unidad de los Cristianos (arts. 142-146); Dicasterio para el Diálogo Interreligioso (arts. 147-152); Dicasterio para la Cultura y la Educación (arts. 153-162); Dicasterio para el Servicio del Desarrollo Humano Integral (arts. 163-174); Dicasterio para los Textos Legislativos (arts. 175-182); Dicasterio para la Comunicación (arts. 183-188). 3 organismos de justicia: Penitenciaría Apostólica (arts. 190-193); Tribunal Supremo de la Signatura Apostólica (arts. 194-199); Tribunal de la Rota Romana (arts. 200-204). 6 organismos económicos: Consejo de Asuntos Económicos (arts. 205-211); Secretaría de Asuntos Económicos (arts. 212-218); Administración del Patrimonio de la Sede Apostólica (arts. 219-221); Oficina del Auditor General (arts. 222-224); Comisión de Materias Reservadas (arts. 225-226); Comité para las Inversiones (art. 227). 3 oficinas: Prefectura de la Casa Pontificia (arts. 228-230); Oficina para las Celebraciones Litúrgicas del Sumo Pontífice (arts. 231-234); Camarlengo de la Santa Iglesia Romana (art. 235-237).

562 A. Viana, "Novedades de la Praedicate Evangelium en cuanto a la terminología, distribución de competencias y actividad administrativa": *Ius Canonicum,* (2023), 3.

como ya hemos visto, del art. 7, lo que requería el ejercicio de la potestad de régimen, se reservaba a los que tienen el orden sagrado[563].

La Constitución Apostólica *Praedicate evangelium*, en cambio, se formula con otro estilo diferente, que puede apreciarse ya desde el inicio puesto que, tanto el preámbulo como la relación de los principios y criterios para el servicio de la Curia romana que preceden al articulado, contienen una serie de consideraciones y disposiciones que incumben por igual a todos los componentes de la misma, sea cual sea su puesto o su condición canónica[564].

Así, en el nº10 del preámbulo de la *Praedicate Evangelium*, el Papa, ya hace su declaración de intenciones aludiendo a que los fieles cristianos, en virtud del bautismo, se deben incluir en la actualización de la Curia y, por ello, se debe prever la participación de los laicos:

> "El Papa, los obispos y otros ministros ordenados no son los únicos evangelizadores de la Iglesia. Ellos saben que no han sido instituidos por Cristo para asumir por sí solos toda la misión salvífica de la Iglesia en el mundo. Todo cristiano en virtud del bautismo es discípulo-misionero en la medida en que se ha encontrado con el amor de Dios en Cristo Jesús. Esto no puede ser ignorado en la actualización de la Curia, cuya reforma, por tanto, debe prever la participación de los laicos, incluso en funciones de gobierno y responsabilidad. Su presencia y participación es también esencial, porque cooperan por el bien de toda la Iglesia".

Como veremos a continuación, el Papa Francisco, con esta reforma, ha reformulado la participación de los fieles laicos en el servicio a la Curia.

La Curia romana es un medio para servir al ejercicio de la potestad del Papa que es, tal y como dice el canon 331 del CIC, ordinaria, suprema, plena,

---

563 Cfr. Cortez Diéguez, "Composición de la Curia romana", 104-105.
564 *Ibid.*, 105.

inmediata y universal y que la puede ejercer libremente[565]. Por tanto, la Curia romana ejerce su potestad en razón de la potestad vicaria recibida de la potestad del Romano Pontífice, principio que recoge la Constitución Apostólica *Praedicate Evangelium* en su nº 5, como veremos. En virtud de esta potestad vicaria de la Curia, las instituciones curiales quedan habilitadas para intervenir autoritativamente en nombre del Papa en las materias que le son de su competencia, por petición de los obispos o por iniciativa propia si fuere necesario[566].

La naturaleza vicaria de la Curia supone una potestad recibida del Romano Pontífice, que no se ejercita en nombre propio, ni viene en función del orden episcopal recibido[567], esto supone que, como explicó G. Ghirlanda en la presentación oficial de esta Constitución, la potestad vicaria para desempeñar un oficio sea la misma si es recibida tanto por un obispo, por un sacerdote, como por un consagrado o una consagrada o incluso por un laico o una laica[568].

Por tanto, aunque la declaración de la naturaleza vicaria de la Curia no es nueva, ya que también se recogía en la *Pastor Bonus,* con esta reforma sí trae una de las novedades más importantes en relación a los laicos, ya que, gracias a esta vicariedad, a los laicos se les incluye expresamente en funciones de gobierno y responsabilidad; es decir, la Curia actúa vicariamente, en nombre del Papa, con independencia de que la actividad concreta que desarrollen los diferentes miembros de la misma, a través de los diversos oficios, conlleve o no ejercicio de gobierno en general o potestad de régimen en particular[569].

---

565 Canon 331: El Obispo de la Iglesia Romana, en quien permanece la función que el Señor encomendó singularmente a Pedro, primero entre los Apóstoles y que había de transmitirse a sus sucesores, es cabeza del Colegio de los Obispos, Vicario de Cristo y Pastor de la Iglesia universal en la tierra; el cual, por tanto, tiene en virtud de su función, potestad ordinaria, que es suprema, plena, inmediata y universal en la Iglesia y que puede siempre ejercer libremente.

566 Cfr. G. Ghirlanda, "Líneas inspiradoras de la Constitución Apostólica *Praedicate Evangelium*", en: *El Derecho Canónico en una Iglesia Sinodal,* Asociación Española de Canonistas, (Madrid, 2023), 39.

567 Cfr. García-Nieto, *La mujer y la potestad,* 250.

568 Cfr. Ghirlanda, "Conferenza Stampa", 19, (Traducción propia)

569 Cfr. Cortez Diéguez, "Composición de la Curia romana", 115.

Todo esto hace que, según el art. 5 de la Constitución Apostólica *Praedicate Evangelium*[570], cualquier fiel pueda presidir un dicasterio o un organismo de la Curia romana. La Constitución habla de "cualquier fiel", con esta expresión, por tanto, se elimina todo tipo de límites para que un laico pueda estar incluso al frente de un dicasterio ya que se elimina la necesidad del orden sagrado. Eso sí, siempre hay que tener en cuenta las condiciones de idoneidad requeridas para dicho oficio y la particular competencia de cada individuo.

Ante todo esto, es evidente, como dice G. Ghirlanda, que hay dicasterios que por su propia naturaleza y finalidad requieren que el prefecto sea un obispo y el secretario un presbítero, (por ejemplo, el Dicasterio para la Evangelización, el de la Doctrina de la Fe o el de los Obispos...); sin embargo, hay otros dicasterios para los que se podría juzgar oportuno que estos cargos fueran asignados a laicos o a laicas (por ejemplo, el Dicasterio para los Laicos, la Familia y la Vida; el del Servicio al Desarrollo Humano Integral; el de Comunicación, el de los Textos Legislativos...)[571].

Además, *Praedicate Evangelium*, en su artículo 15, recoge expresamente que los miembros de las instituciones curiales (nombre con el que se llama así a los antiguos dicasterios) son nombrados de entre los cardenales, a los que se suman obispos y, según la naturaleza del asunto, algunos presbíteros, diáconos, miembros de institutos de vida consagrada y sociedades de vida apostólica, también a algunos fieles laicos[572].

570 PE nº5 de los Principios: Cada institución curial cumple su misión en virtud de la potestad recibida del Romano Pontífice, en cuyo nombre opera con potestad vicaria en el ejercicio de su *munus* primacial. Por eso, cualquier fiel puede presidir un dicasterio o un organismo, teniendo en cuenta la particular competencia, potestad de gobierno y función de estos últimos.

571 Cfr. Ghirlanda, "Líneas inspiradoras de la Constitución", 39.

572 PE Art. 15: Los miembros de las instituciones curiales son nombrados de entre los cardenales residentes tanto en la Urbe como fuera de ella, a los que se suman, como particularmente expertos en las materias en cuestión, algunos obispos, especialmente diocesanos y eparquiales, así como, según la naturaleza del dicasterio, algunos presbíteros y diáconos, algunos miembros de los institutos de vida consagrada y sociedades de vida apostólica, y algunos fieles laicos.

Todo esto choca frontalmente con lo que decía el art. 7 de la Constitución Apostólica *Pastor Bonus*[573]; *según* el cual, se reservaba el ejercicio de la potestad de régimen a los que habían recibido el orden sacerdotal. En cambio, ahora los miembros laicos de una institución curial, en las sesiones ordinarias y plenarias, no sólo pueden participar sino que no están excluidos de votar incluso sobre asuntos que implican el ejercicio del poder de gobierno[574], aunque, para la decisión, las propuestas deben ser presentadas al Romano Pontífice. Los laicos ejercen, de este modo, la potestad de gobierno, sobre todo si presiden la institución o desempeñan el cargo de secretario[575].

Hay que tener en cuenta las condiciones de idoneidad del laico para ejercer el oficio. Sin embargo, éstas se exigen también para cualquiera de los que van a servir en la Curia, tanto obispos, presbíteros, diáconos, como para miembros de los institutos de vida consagrada y sociedades de vida apostólica. Estas condiciones de idoneidad consisten en: vida espiritual, buena experiencia pastoral, sobriedad de vida y el amor a los pobres, espíritu de comunión y de

---

573 PB art.7: Los miembros de la asamblea se asumen entre los cardenales residentes en la Urbe o fuera de la Urbe, a los que se añaden algunos obispos, sobre todo diocesanos, en cuanto especialmente expertos en la materia de que se trata, así como también, según la naturaleza del dicasterio algunos clérigos y otros fieles cristianos, pero con esta ley: Lo que requiera el ejercicio de la potestad de régimen, se reserva a los que tienen el orden sagrado.

574 PE art. 26: § 1. Los miembros de los dicasterios se reúnen en sesiones ordinarias y plenarias. § 2. Para las sesiones ordinarias, sobre asuntos habituales o frecuentes, basta con convocar a los miembros del dicasterio residentes en la Urbe. § 3. Todos los miembros del dicasterio son convocados a la sesión plenaria. Debe celebrarse cada dos años, excepto si el *ordo servandus* del dicasterio disponga un periodo de tiempo más largo, y siempre después de haber informado al Romano Pontífice. La sesión plenaria se reserva para los asuntos y las cuestiones que, por la naturaleza misma del dicasterio, son de mayor importancia. También debe ser convenientemente convocada para cuestiones de carácter general y para aquellas que el dirigente del dicasterio estime necesario tratar de esta forma. § 4. Que, en la planificación de los trabajos de las sesiones, especialmente de las plenarias que requieran la presencia de todos los miembros, se procure racionalizar los viajes, utilizando también videoconferencias y otros medios de comunicación suficientemente confidenciales y seguros, que permitan un eficaz trabajo conjunto, independientemente de la efectiva presencia física en el mismo lugar. § 5. El secretario participa en todas las sesiones con derecho a voto.

575 Cfr. GHIRLANDA, *Chiesa universale*, 302.

servicio, competencia en los asuntos que se les encomiendan y capacidad para discernir los signos de los tiempos (n.7, principios).

Estos requisitos no sólo figuran en el preámbulo de la Constitución, sino en las normas generales del documento, en los principios operativos de la Curia romana, en su artículo 7[576], donde se exige para los que trabajen allí que estén capacitados y lo que esto implica; es decir, profesionalidad, competencia y habilidad en la materia. Por tanto, el laico ahora, con la *Praedicate Evangelium,* no está incapacitado para ejercer un oficio en la Curia solo por el hecho de ser laico.

Este documento supera los titubeos de la Constitución Apostólica *Pastor Bonus* eliminando, por una parte, las clausulas limitativas sobre la potestad de los fieles que no han recibido el sacramento del orden y afirmando, por otra parte, que cualquier fiel puede presidir un dicasterio o un organismo de la curia. La gran novedad consiste en que la presidencia ni siquiera está reservada a los clérigos, de tal manera, que un laico puede presidir un dicasterio[577]. Como es el caso de D. Paolo Ruffini que siendo laico preside el Dicasterio para la Comunicación.

La *Praedicate Evangelium* añade algunas cautelas que podrían sonar, en cierto modo, como manifestaciones de desconfianza hacia una plena participación de los laicos en las instituciones de la Curia. Así, por ejemplo, el Consejo de Economía es presidido por un cardenal[578] y en la composición del Consejo[579], hay mayoría de cardenales y obispos, éstos tienen que ser ocho,

576 PE art. 7 § 1: Para el buen funcionamiento de cada uno de los componentes de la Curia romana es indispensable que, además de dedicación y rectitud, los que trabajan en ella estén capacitados. Esto implica profesionalidad, es decir, competencia y habilidad en la materia en que está llamado a desempeñarse. Se forma y adquiere con el tiempo, mediante la experiencia, el estudio, la actualización; sin embargo, se debe encontrar una preparación adecuada desde el principio a este respecto.

577 A. VIANA, "La potestad de la Curia romana según la Constitución Apostólica Praedicate Evangelium": *Ephemerides Iuris Canonici* 62 (2022) n. 2, 535-564.

578 Art. 206 § 2: El consejo es convocado y presidido por el cardenal coordinador, asistido por un secretario.

579 Art. 206 § 1: El consejo se compone de ocho cardenales u obispos, que representan la universalidad de la Iglesia; y de siete laicos, elegidos de entre expertos de diversas nacionalidades. Los quince

frente a los siete laicos. Además, no se prevé la participación de laicos en los Organismos de justicia: la Penitenciaría Apostólica, el Tribunal Supremo de la Signatura Apostólica y el Tribunal de la Rota Romana.

A pesar de esto, con esta Constitución, el avance en la participación del laico en la potestad de gobierno es clara.

---

miembros son nombrados por cinco años por el Romano Pontífice.

VI. COOPERACIÓN DEL LAICO EN LA POTESTAD DE RÉGIMEN. CONCLUSIÓN

En el primer capítulo de esta tesis se ha visto el concepto, naturaleza y tipos de potestad de régimen o potestad de gobierno en la Iglesia. El Código de derecho canónico no hace una definición de potestad, sin embargo, establece los sujetos titulares de la misma.

El canon 129 § 1 recoge que los sujetos hábiles de potestad son los sellados con el orden sagrado. Por otro lado, no excluye que los laicos puedan ser titulares de la misma, de hecho, el § 2 del mismo canon, establece que el laico puede cooperar en el ejercicio de la potestad.

Este trabajo intenta encontrar el alcance de esa expresión; es decir, hasta donde llega o puede llegar la cooperación del laico en la potestad de régimen, si puede ser sujeto de potestad o de su ejercicio, o por el contrario, es una mera ayuda que el laico realiza en la Iglesia.

En este sentido, nos encontramos con dos tipos, principalmente, de doctrinas que dan una explicación a esta cuestión. Sin embargo, no lo tratan desde la titularidad o desde el sujeto titular, sino que parten de cómo se transmite esa potestad de gobierno y, a través de esa transmisión, el laico podrá ser titular o no de la potestad.

Se parte de dos elementos: el sacramento del orden y la misión canónica como instrumento jurídico con el que la autoridad concreta el ejercicio de la potestad. La relación que se da entre ambos elementos es lo que se ha llamado, a lo largo de la historia de la Iglesia, binomio orden/jurisdicción.

Al conjugar ambos elementos nacen, principalmente, dos teorías sobre la transmisión de la potestad:

En primer lugar, tenemos a los que defienden que la transmisión de la potestad se hace única y exclusivamente a través del sacramento del orden; de tal forma que orden y jurisdicción irían unidos. Por tanto, la misión canónica sólo sería la concreción de esta jurisdicción y, por ello, un elemento secundario. Para estos autores los únicos titulares de potestad serían sólo los sellados por el orden sagrado; no habría ninguna opción de titularidad para el laico. Son los llamados autores de la potestad única.

En el otro lado, se encuentra la doctrina de la bipartición, donde sacramento de orden y jurisdicción se pueden dar por separado. Y así por el sacramento se confiere la potestad de orden sacerdotal y por la misión canónica se otorgaría la jurisdicción.

A pesar de estas dos posiciones, la tesis de la potestad única presenta varias objeciones, ya que sus defensores no pueden justificar ni solucionar casos en los que el laico ha ejercido la potestad de gobierno siendo titular de un oficio que conlleva potestad, como tampoco puedes dar respuesta a los casos de obispos declarados heréticos que perdían la jurisdicción pero no el orden.

Los capítulos III y IV se encargan precisamente de esta cuestión; es decir, contemplan desde el inicio de la vida de la Iglesia cómo ha ido evolucionando este binomio orden/jurisdicción. Viendo este recorrido histórico, se ha podido comprobar las numerosas manifestaciones que se han dado en la práctica de la Iglesia donde había una separación entre sacramento y jurisdicción, ya que, aunque no existía un desarrollo doctrinal del tema, en la práctica se presentaban problemas de la vida diaria de la Iglesia que había que solucionar y cuya solución, imponía una separación entre gobierno y sacramento.

En sus comienzos, la Iglesia todavía no tenía una estructura organizativa desarrollada; sin embargo, pronto comienza a hacerse una diferenciación entre los que recibían el orden sacerdotal y los que no lo tenían. Poco a poco, la organización eclesial se va a ir construyendo alrededor de los que recibían el sacramento para ir formando parte de la jerarquía de la Iglesia. Sin embargo, aunque el obispo se presenta como guía y autoridad, los fieles laicos también forman una estructura que les hace participar en funciones directivas. Por ejemplo, en esta Iglesia incipiente, los laicos participaban en la elección del obispo y del papa.

En estos primeros siglos hay una distinción clara entre orden y potestad. La figura central sigue siendo la del obispo y, dado el aumento de tareas y trabajo, en la práctica, empiezan a aparecer auxiliares del obispo en los que hay una diferenciación de ámbitos. Aparecen así los arcedianos y los arciprestes. El arcediano, como hemos visto, es un oficio ejercido por fieles que, en todo caso, habían recibido el diaconado y realizaba tareas de gobierno de la diócesis en nombre del obispo; sus funciones aumentarán y el oficio se extenderá por Europa a lo largo de los siglos. Por otro lado, se encontraban los arciprestes, fieles ordenados que eran los encargados en ayudar al obispo en todo lo relacionado con la potestad de orden y los sacramentos.

Además, poco a poco, con la expansión del catolicismo, se va haciendo necesario una organización territorial y se empieza a desarrollar la estructura territorial de la Iglesia, formándose las diócesis y con esto la diferenciación en grados entre los obispos. Se empiezan a formar las metrópolis y eso conlleva la elección del obispo metropolitano, que va a gozar de una superioridad jerárquica con respecto a los demás obispos.

Avanzando en los siglos, después de las invasiones de los pueblos bárbaros en Europa, aparece la figura de Gregorio I, que fue elegido papa siendo diácono en el mes de febrero del año 590. Sin embargo, no fue consagrado obispo hasta septiembre del mismo año. A pesar de esta circunstancia, desde la aceptación del cargo siendo diácono, ejerce la potestad de gobierno en la Iglesia y toma decisiones. Con este ejemplo, se vuelve a manifestar en la vida práctica de la Iglesia que una cosa es el gobierno y otra el sacramento del orden. No será el único caso, ya que a lo largo de los siglos serán varios papas los que se encuentran en esta situación y ejercen plenamente desde el primer momento la potestad.

Hay que añadir que, desde el principio, en la Iglesia también existió una conciencia de una diferenciación cualitativa en relación al titular del gobierno universal de la Iglesia con los demás obispos, ya que el Romano Pontífice siendo obispo, tiene una superioridad que viene por la naturaleza rectora del oficio.

En los siglos VIII al XII vuelve a darse varios casos de separación del binomio orden/jurisdicción, por ejemplo, el caso del coriepíscopo. Estos eran considerados obispos auxiliares y lo que recibían para el cargo era la tonsura sin llegar, en muchos casos, a consagrarse obispos, aun así, eran titulares en sus diócesis y ejercían el gobierno en ellas. Se daba el caso contrario, fieles consagrados obispos pero que no ejercían el gobierno hasta que no llegaban a su diócesis.

Llegamos al Decreto de Graciano, año 1140. En el Decreto no se recoge ninguna diferenciación teórica del binomio orden/jurisdicción, de hecho, el término jurisdicción es muy poco frecuente, sin embargo, hay una separación entre ambas por los problemas que se van afrontando en la vida práctica de la Iglesia. En concreto, Graciano trata de la transmisión del orden de un obispo separado de la Iglesia; del ejercicio del poder sacerdotal realizado por un monje y el valor de la excomunión pronunciada por un hereje. En ningún caso el orden se pierde, sí lo hace el ejercicio de funciones.

Tras la publicación del Decreto de Graciano aparecen los decretistas que irán fijando, en torno a los comentarios al Decreto, la cuestión de la jurisdicción sobre todo aclarando las cuestiones prácticas referidas anteriormente y a la que se une la relación entre el papa y los obispos, aunque todos son consagrados hay una diferencia en la autoridad, en el grado.

Junto a los decretistas, aparecen los decretalistas dada la gran actividad legislativa por parte de los papas. La doctrina de los decretalistas no es unitaria;

sin embargo, hay una distinción dentro del poder episcopal entre lo que procede de la consagración y lo que se deriva de la jurisdicción. El principal uso de la distinción entre ambas potestades viene dado por la cuestión del poder del obispo entre su confirmación y su consagración.

Uno de los puntos más importantes en la separación entre orden y jurisdicción lo encontramos en los siglos XI y XII, con la aparición de una serie de abadesas con poder cuasiepiscopal y que lo van a ejercer dentro de su territorio. Su gobierno va a ir desde la administración de los bienes, al nombramiento de párrocos, hasta dar las licencias necesarias para confesar.

Como ejemplo, destacamos a la Abadesa de las Huelgas, cuyo privilegio fue mantenido hasta el siglo XIX; la Abadesa de Conversano en Italia, que ejercerá su potestad durante más de cinco siglos (1266-1810); y la Abadesa de Fontenevraud que llegó a tener bajo su gobierno más de 60 monasterios y que desaparecería con la Revolución Francesa.

En los siglos siguientes se produce el paso de la Edad Media a la Edad Moderna con la aparición de las monarquías y el cisma de occidente que, entre otras consecuencias, produjo la intervención de la autoridad civil en la Iglesia. Aunque pudiera parecer contradictorio, esta intervención trajo consigo cosas positivas en un momento determinado para la vida de la Iglesia, como fue la reforma que hicieron los Reyes Católicos del episcopado y de los estudios teológicos y que influyó en tiempos posteriores.

De esta intervención de la autoridad civil en la Iglesia, surge la institución del Patronato Regio que consistía en la presentación por parte del poder político de las personas que iban a ser investidas de cargos eclesiásticos. El Papa dará este privilegio a distintos monarcas europeos.

Tras el descubrimiento de América, el Patronato Regio es concedido por el Papa a los Reyes Católicos. Esto propició un beneficio a ambas partes, ya que los Reyes controlarían los beneficios eclesiásticos en América pero, a su vez, la Iglesia tenía la garantía de que esos nuevos territorios iban a ser evangelizados, ya que la responsabilidad de los misioneros y los gastos que suponía el desembarco constante en América era algo de lo que la Iglesia no podía hacerse cargo y, por tanto, fueron sufragados por la Corona.

Llegamos al Concilio de Trento, que se convoca por la aparición de nuevas confesiones cristianas, principalmente el luteranismo. En relación al binomio orden/jurisdicción, el Concilio no va a aclarar la cuestión porque la discusión se va a centrar en la relación entre los obispos y el oficio primacial; es decir, si la jurisdicción del obispo es de origen divino o, por el contrario, se halla en la potestad del papa. Los padres conciliares no consiguieron llegar a un acuerdo en este sentido.

Los siglos posteriores vienen marcados por la aplicación del Concilio y por la Revolución Francesa, hasta llegar a la época de la codificación, propiciada por Francia y extendida por toda Europa.

La Iglesia promulga su primer Código en 1917, en el que destaca en relación a nuestro tema, el canon 108. En este canon hay una diferencia entre el orden y jurisdicción, ya que se recoge una jerarquía en razón del orden y la potestad de jurisdicción, que formaba la jerarquía sagrada que constaba del pontificado, episcopado subordinado, a las que se añadían otros grados por la jurisdicción.

A estos otros grados pertenecían los llamados clérigos que lo único que recibían, para considerarse dentro de este estamento, era la tonsura; es decir, el rito litúrgico por el que a un fiel se le consideraba clérigo era la tonsura. Con este rito se les capacitaba para recibir las órdenes y, además, podían obtener ya la potestad de jurisdicción.

Con el Concilio Vaticano II, que supone un cambio profundo en todas las dimensiones de la Iglesia, llegamos al *ius hodierno*. Se promulga la Constitución Apostólica *Lumen Gentium*, sobre la Iglesia donde, por primera vez, se trata específicamente de la cuestión de los laicos.

El tema del binomio orden/jurisdicción no se va a discutir en relación a los laicos, sino más específicamente se va a estudiar la cuestión del episcopado en relación a la sacramentalidad y su colegialidad con el Papa, tal y como sucedió en Trento. Tras largas discusiones sobre el contenido, en este sentido, la Constitución Apostólica *Lumen Gentium,* parecía que se había llegado a un acuerdo en la segunda sesión. En esta sesión se había manifestado que el poder en la Iglesia pertenecía por derecho divino al colegio de los obispos unido a su cabeza. Sin embargo, había una minoría que no estaba de acuerdo porque con esta declaración se reducía la autoridad del Papa. Por este motivo, en el último momento, Pablo VI incluyó la Nota explicativa previa a la luz de la cual había que leerse la *Lumen Gentium.*

Esta Nota explicativa establece que para el ejercicio concreto del poder episcopal es necesaria la determinación canónica o jurídica por parte de la autoridad jerárquica.

Lejos de llegarse a un acuerdo doctrinal sobre el origen del episcopado, tras el Concilio la cuestión siguió abierta, como tampoco quedó aclarada la cuestión de la transmisión de la potestad. Ambos grupos doctrinales, tanto los que apoyaban la transmisión sólo por el orden, como los de la bipartición de la potestad, no ponían en duda la sacramentalidad del episcopado, como tampoco lo hace esta tesis; sin embargo, para unos la determinación canónica es algo accesorio ya que la potestad del obispo es una y plena desde la consagración y para otros, esa determinación es un elemento esencial e independiente porque la consagración se tiene que concretar a través de dicha determinación, en caso contrario, no hay ejercicio de potestad.

Hasta este momento, final del Concilio Vaticano II, hemos podido comprobar que, a lo largo de la historia, no hay una declaración doctrinal clara, ni teórica de cómo se transmite la potestad de gobierno y de si el laico puede ejercer esta potestad y, por tanto, si puede ser sujeto de potestad. Sin embargo, a través de las necesidades prácticas de la Iglesia el laico ha sido titular de oficios en los que ha podido ejercer la potestad porque se ha separado el orden de la jurisdicción.

Llegamos, de esta manera, al punto de nuestro tema, ¿qué sucede con el laico como sujeto de la potestad de régimen en la actualidad?

Con la promulgación del Código de 1983, último documento del Concilio, como hemos visto en el primer capítulo y en el desarrollo del canon 129, tampoco se aclara la cuestión de la potestad del laico, simplemente, el canon 129 § 1 establece como sujetos de potestad a los ordenados y en el § 2, designa al laico como cooperadores.

Sin embargo, en 1971, Pablo VI había promulgado el Motu Proprio *Causas Matrimoniales* por el que un laico varón podía ser nombrado juez en un tribunal colegial de un proceso matrimonial y siempre con el permiso de las Conferencias Episcopales. Por tanto, a pesar de los límites, se da la posibilidad al laico varón de participar en la potestad judicial a través del oficio de juez.

Esta posibilidad pasa al Código en el canon 1421 § 2, aunque reformada, ya que en el Código se habla de laico, por lo que ahora se incluye también a la mujer para poder ser designada en el oficio.

Numerosas Conferencias Episcopales en todo el mundo dan la autorización para ello y numerosos jueces laicos ejercen la potestad judicial en sus diócesis. Como hemos estado viendo, aunque la cuestión teórica sigue sin solucionarse, en la práctica se van dando una serie de cambios en favor del laico, dadas las necesidades diarias y particulares de la Iglesia, en este caso la necesaria celeridad en los procesos de nulidad matrimonial. En España, la Conferencia Episcopal nunca llegó a dar este permiso.

Se añade en el año 1988, con la promulgación de la Constitución Apostólica *Pastor Bonus* por San Juan Pablo II por la que se reformaba laCuria romana, que el laico podía participar de manera colegial en un dicasterio, tal y como hemos visto en el capítulo V.

La llegada del Papa Francisco ha supuesto un gran cambio para el laico. En el año 2015, se promulga el *Motu proprio Mitis Iudex Dominus Iesus* y con él se elimina el requisito de la Conferencia episcopal para que en los tribunales eclesiásticos pueda haber jueces laicos; esto supone que es el obispo diocesano el que puede hacer los nombramientos directamente y elegir a laicos como jueces, siempre que se cumpla con los requisitos de idoneidad necesarios. En este Motu Proprio, además, se da otro avance ya que aumenta, dentro del colegio juzgador, el número de un juez a dos jueces laicos.

El juez para ejercer el oficio no necesita el orden sacerdotal, sino conocimientos de técnica jurídica en Derecho canónico, porque para juzgar una causa matrimonial lo que hay que hacer es aplicar la ley. Si es nombrado juez un laico por su obispo, con permiso de la conferencia episcopal o sin él como en la actualidad, tiene la misma potestad y ejerce la misma jurisdicción que un clérigo y su voto es decisivo e independiente, como el del clérigo. Ya que, si en un colegio de tres jueces hay dos clérigos y un laico, y los clérigos han dado dos votos con distinto resultado, el laico es el que tiene que decidir y su voto es perfectamente válido. Si los laicos son dos en un colegio, con más motivo, sus votos son decisivos y la sentencia es válida y ejecutiva. El laico, en este caso, ejerce la potestad judicial tanto como lo hace el clérigo.

Por tanto, si antes se les presentaba un problema para justificar el oficio de juez diciendo que no ejercían verdadera potestad a los que defienden la transmisión de la potestad a través del orden, transmisión única, se vuelve a complicar la defensa de esta teoría con la posibilidad de que pueda haber dos jueces en un mismo colegio.

Con la última reforma de la Curia romana en el mes de marzo de 2022, se ha dado un paso más en el ejercicio en la potestad del laico. Es cierto, que el papa Francisco, a lo largo de estos años, ha ido haciendo reestructuraciones de los dicasterios de la Curia y ha ido incorporando a laicos poco a poco. Hasta que ha llegado el *Motu proprio Praedicate Evangelium* que reforma la Curia romana y donde se habla específicamente de la potestad vicaria de la curia y, lo más importante en este caso, que los dicasterios pueden ser presididos por cualquier fiel bautizado, dando paso así a los laicos a ejercer la potestad vicaria del Papa en el gobierno de la Iglesia. En la actualidad, como ya hemos señalado, de hecho, hay un laico ya presidiendo un dicasterio.

Por tanto, a la vista de todo lo que hemos expuesto, se ha comprobado que a nivel doctrinal, hay diversidad de escuelas donde para unas el laico no puede ser titular de la potestad de jurisdicción, sin embargo, para otras, si es posible que el laico ejerza la potestad por medio de la misión canónica.

Por otro lado, tampoco el Magisterio de la Iglesia ha aclarado esta cuestión, sigue siendo un tema que todavía se encuentra abierto, ya que, los distintos Concilios con las consecuentes discusiones, se han centrado en determinar la sacramentalidad del episcopado.

Sin embargo, una cosa es la parte teórica o doctrinal, de la que no podemos decir que se haya llegado a una conclusión ni a ninguna determinación definitiva, y otra, es la parte práctica de la vida de la Iglesia, ya que, como hemos visto, en la parte fáctica, el laico, a lo largo de la Historia, ha ejercido la potestad de gobierno a través de un oficio según las necesidades concretas de cada momento. Es más, en la actualidad, con la promulgación del Motu Proprio *Praedicate Evangelium*, un laico puede ejercer la potestad vicaria del Papa cuando preside un dicasterio, como de hecho, sucede en la actualidad.

Por tanto, por un lado, nos encontramos con el plano doctrinal en el que se discute sobre la potestad de gobierno, el binomio/orden jurisdicción, la posible participación o no del laico y como se puede ejercer esa cooperación, y por otro lado, nos encontramos con el plano fáctico, con los hechos, que nos muestran como el laico, sí es sujeto de potestad de jurisdicción. De este modo, puede que los hechos hagan reflexionar a la doctrina.

Concluimos así, que dada la práctica común de la Iglesia, el laico puede ejercer la potestad de gobierno en la Iglesia cuando es titular de un oficio que conlleve potestad de gobierno, cuando no sea necesario el sacramento del orden sacerdotal y siempre que cumpla con las condiciones de idoneidad para ese oficio, es decir, la comunión con la Iglesia, además de las particulares que exija ese oficio. No es la persona la que lleva consigo la potestad sino que es la persona cuando es titular de un oficio que conlleve esa potestad cuando la ejerce.

Porque tal y como hemos visto a lo largo de toda esta tesis, los laicos han ejercido la potestad de gobierno por medio de un oficio (arcediano, abadesas, jueces...) y sus actos han sido válidos. Por tanto, la Iglesia, a lo largo de todos los siglos de su existencia hasta la actualidad, no es posible que se haya equivocado tantas veces en su práctica, simplemente contesta y soluciona necesidades concretas que se presentan en el día a día aunque no haya una cuestión doctrinal definida.

Terminamos esta conclusión citando al Papa Francisco[580]:

> "Las reformas en las estructuras y en lo organizativo son necesarias, sin duda, pero lo verdaderamente importante es la renovación de la mente y del corazón de las personas. Todos estamos llamados arrimar el hombro. Y no olvidemos que las leyes y los documentos son siempre limitados y casi siempre efímeros. Otros tiempos vendrán. Otras circunstancias darán al mundo un nuevo color... Y la Iglesia, en su constante diálogo con el mundo, con un pie firme en los orígenes y fiel a la Tradición, adaptará nuevamente en su vida y sus estructuras humanas a las condiciones cambiantes de los tiempos. Así, la Iglesia seguirá ofreciendo el Evangelio al mundo de una forma renovada. Es nuestra condición, pues creemos que "Jesucristo es el mismo ayer, hoy y siempre" (Hb 13,8). Así, los creyentes de hoy vamos pasando el testigo a las siguientes generaciones".

580 Prólogo de "Praedicate Evangelium", una nueva curia para un tiempo nuevo. Una conversación con Fernando Prado. Card. Óscar A. Rodríguez Maradiaga, (Madrid, 2002), 3.

BIBLIOGRAFÍA

1. FUENTES

1.1. DOCUMENTOS CONCILIARES

CONCILIO ECUMÉNICO VATICANO II, *Constituciones. Decretos. Declaraciones,* Edición bilingüe promovida por la Conferencia Episcopal Española (Madrid 1993).

CONCILIO ECUMÉNICO VATICANO II, *Decreto Christus Dominus, sobre el ministerio pastoral de los obispos,* (28-10-1965), AAS 58 (1966).

CONCILIO VATICANO II, *Decreto Apostolicam Actuositatem, sobre el apostolado de los laicos,* (18-11-1965): AAS 58 (1966).

CONCILIO DE LETRÁN, 1179, XI ecuménico, Cfr. Decr. I, tit. IV, c. 7 § 2.

1.2. ROMANOS PONTÍFICES

FRANCISCO, "Carta Apostólica en forma motu proprio Mitis Iudex Dominus Iesus, sobre la reforma del proceso canónico para las causas de declaración de nulidad matrimonial en el Código de Derecho Canónico", (15-8-2015): AAS 107 (2015).

FRANCISCO, "Motu Proprio Sedula Mater" (15-8-2016): AAS 108 (2016).

FRANCISCO, "Motu Proprio Humanam Progressionem" (17-8-2016): AAS 108 (2016).

FRANCISCO, "Carta Apostólica en forma de Motu Proprio del Sumo Pontífice Francisco, Institución de la Secretaría para la Comunicación": Bollettino Sala Stampa della Santa Sede nº 515, (27-06-2015).

FRANCISCO, "Rescriptum ex Audientia Ss.mi: Rescritto del Santo Padre con il quale ha deciso che la Segreteria per la Comunicazione si chiami d'ora in poi Dicastero per la Comunicazione": *Bollettino Sala Stampa della Santa Sede* nº 473, (23-06-2018).

FRANCISCO, "Rinunce e Nomine,14/11/2019": *Bollettino Sala Stampa Della Santa Sede* nº 871, (14-11-2019).

FRANCISCO, "Carta apostólica en forma de Motu Proprio Fidelis Dispensator et Prudens del Sumo Pontífice Fancisco para la constitución de una nueva estructura de coordinación de los asuntos económicos y administrativos de la Santa Sede y del Estado de la Ciudad del Vaticano": *Bollettino Sala Stampa Della Santa Sede* nº 137, (24-02-2014).

FRANCISCO, "Constitución Apostólica Praedicate Evangelium, 19-03-2022": *L´Osservatore romano*, 31-03-2022, I-XII.

JUAN XXIII, Discurso Gaudet Mater Ecclesia en la inauguración del Concilio Ecuménico Vaticano II, AAS 54 (1962).

JUAN PABLO II, Constitución Apostólica *Sacrae Disciplinae Leges,* 25 de enero de 1983.

JUAN PABLO II, "Constitución Apostólica *Pastor Bonus* (28 de junio de 1988)": AAS 80 (1988).

JUAN PABLO II, "Celebración Eucarística En La Basílica De Santa María La Mayor, Homilía Del Santo Padre Juan Pablo II" (8-12-1978), AAS 61 (1979).

PABLO VI, "M. P. Causas matrimoniales"*: AAS 63* (1971).

1.3. OTROS DOCUMENTOS

ANUARIO PONTIFICIO 2009, Città del Vaticano, 2009.

ANUARIO PONTIFICIO 2020, Città del Vaticano, 2020.

BERNARDO DE PARMA, *Glosa ordinaria super Decretalium Gregorii IX,* en: *Decretales D. Gregorii Papae IX suae integritati cum glossis restitutae* (Roma 1582).

CATECISMO DE LA IGLESIA CATÓLICA, Nueva Edición conforme al texto latino oficial (Ciudad del Vaticano 1999).

CODEX IURIS CANONICI, *auctoritate Joannis Pauli PP II promulgatus* (Ciudad del Vaticano 1983).

H. DE SAN VÍCTOR, *De sacramentis,* lib. II, part. III, c. XXI, P.L. t. CLXXVI, col. 432

J. Otaduy – A. Viana – J. Sedano (dirs.), *Diccionario General de Derecho Canónico* (Navarra 2012).

Edición de E. Friedberg, en *Corpus Iuris canonici, Pars prior, Decretum Magistri Gratiani,* (Lipsiae 1879 = Graz 1959).

Cipriano, *Epistolarium,* ed. DIERKS, I-III, CCL 3, Turnholti 1994, 1996, 1999.

Dezinger, H., Hünerman, P., *El Magisterio de la Iglesia. Enchiridion symbolorum deifintionum et declarationum de rebus fidei et morum,* Barcelona 1999.

Didajé, en: *Fuentes Patrísticas 3,* Madrid 1992, 61.

Huguccio, *Summa super decretis.* Al no existir una edición impresa de esta obra se han tomado los pasajes contenidos en: R. L. Benson, *The Bishop-elect. A study in medieval ecclesistical office* (Princenton-New Jersey 1968); M. Van De Kerckhove, *La notion de jurisdiction chez les décretistes et les premiers decretalistes (*1140-1250): *Études franciscaines* 49 (1937); y L. Villemin, *Pouvoir d´ordre et pouvoir de jurisdiction. Historire théologique de leur distinction* (Paris 2003).

Mansi, Conciliorum amplissima collectio, t. III, col. 1002.

Naz, R., *Dictionaire de Droit Canonique,* (Paris 1935), Tomo I.

Optato, *De schrismate donatistarum,* lib. I, c.XVI, P. L., t. XI, col. 916.

P. Lombardo, *Sententiae,* lib. IV, dist. XXVI, col. 1105.

Real Academia Española, *Diccionario de la Lengua Española,* (Madrid 2001), Tomo I, 22ª edición.

Rufinus, *Summa,* ad D. 70, en: *Die Summa Decretorum des Magister Rufinus,* ed. H. Singer (Paderborn 1902).

Sozomano, S. H., *Historia Ecclesiastica,* lib. IV, c.XXVIII, P. G., t. LXVII, col. 1204.

San Agustín, *Sermones de diversis,* serm. CCCII, c. IX, P. L., t. XXXVIII, col. 138.

Scriptum super Sententiis, In libro IV, d. 6, q. 1, a. 3, qc. 3, ad. 2, en: *Sancti Thomae Aquinatis Dotoris angelici Ordinis Praedicatorum Opera omnia ad fidem optimarum editionum accurante recognita. Tomus VII: Commentum in quatuor libros Sententiarum Magistri Petri Lombardi, Vol. 2.* (Parmae 1858).

Summa Theologiae, en *Sancti Thomae Aquinatis doctoris angelici opera omnia: iussu edita Leonis XIII P.M. Edita Tomus IV-XII* (Romae 1888-1906).

2. AUTORES

ALBERIGO G., "La Ecclesiologia del Concilio di Trento": *Rivista di Storia della Chiesa in Italia* 18 (1964).

ARRIETA J., *Potestad regiminis y sacramento del orden, Sacramentalidad de la Iglesia y sacramentos,* (Pamplona 1983).

—"Comentario al canon 129", en: A. BENLLOC POVEDA (dir.) *Código de Derecho Canónico, Edición bilingüe anotada* (Pamplona 1992).

ARROBA CONDE, M. J., *Diritto processuale canonico,* (Roma 2006).

—, *Derecho procesal canónico,* (Madrid, 2022), 231

—, *Giusto proceso e peculiarità culturali del proceso canonico,* Aracne editrice, (2016).

ASTIGUETA G., *La noción del laico desde el Concilio Vaticano II al Código de Derecho canónico de 1983,* (Roma 1999).

AUBRUM, M., *Le Livre des Papes. Liber Pontificalis (492-891*), (Belgium 2007).

BABIC, L., *Il Fedele laico nell'ufficio del giudice ecclesiastico sviluppo storico, prospective, problematiche,* (Roma 2015).

BENLLOCH A., "Comentario al Canon 145", en: *Edición anotada de EDICEP,* (Valencia 1995).

BERTRAMS, W., "Communio, comunitas e societas in Lege Fundamentali Ecclesiae": *Periodica 61* (1972).

—, "De quaestione circa originem potstatis iutisdictionis episcoporum in Concilio Tridentino non resoluta": *Periodica 52* (1963).

—, "De Subiecto Supremae Potestatis Ecclesiae": *Periodica 54* (1965).

—, *De relatione inter episcopatum et primatum. Principia philosophica et theologica quibus relatio iuridica fundatur inter officium episcopale er primatiale,* (Roma 1963).

—, *Il potere pastorale del Papa e del Collegio dei Vescobi,* (Roma 1967).

BEYER J., "Episcopato e presbiterado nella Lumen Gentium": *Communio 59* (1981).

—, "Iudex laicus vir vel mulier", en: *Periodica 75* (1986).

BLANCO, M. Y MARTÍN, M.M., *La Abadesa de las huelgas. Edición crítico-histórica,* (Madrid 2016).

BUENO SALINAS, S., "La celeridad del proceso", en: *La Reforma del proceso matrimonial canónico,* (Pamplona 2017).

MUÑOZ CÁRDABA, L. M. *Principios eclesiológicos de la "Pastor Bonus",* (Roma 1999).

CARÓN, P. G., *I poteri giuridici del laicatto nella Chiesa primitiva,* (Milano 1975).

—, *La renuncia all´ufficio ecclesiastico. Nella storia del diritto canonico dalla età apostolica alla reforma cattolica,* (Milano 1946).

CARRASCO, A., *Le primat de l'Évêque de Rome. Étude sur la cohérence ecclésiologique et canonique du primat de jurisdiction,* (Fribourg, 1990).

CASEAU, B., "Christianiser la société", en: J.R. ARMOGATHE- P. MONTAUBIN- M.Y. PERRIN, *Histoire générale du christianisme. Des origines au XVe siécle,* Vol.1, (Paris 2010).

CASTELLA, G., "Historia de los papas I", (Madrid 1970), 70-75

CATTANEO, A., *Questioni fondamentali della canonistica nel pensiero di Klaus Mörsdorf* (Navarra 1986).

CELEGHIN, A., *Origine e natura della potestà sacra* (Brescia 1987).

CONDORELLI, O., "Ejercicio del ministerio y vínculo jerárquico en la Historia del Derecho de da Iglesia*": Ius Canonicum,* 14 (2005).

CORECCO, E., "L´Origine del potere di giurisdizione episcopale. Aspetti storico.giuridici e metodológico-sistematici della questione", ScCatt 96 (1968).

CORTÉS DIÉGUEZ, M. M., "Composición de la Curia romana, participación de fieles laicos e idoneidad para el servicio": *Ius Canonicum*, 63 (2023).

CHENAUX, P., *El Concilio Vaticano II,*(Madrid 2014).

D´AURIA A., "I laici nel munus regendi", en: *I Laici nella ministerialita della Chiesa* (a cura del Grupo Italiano Docendi di Diritto Canonico), (Milán 2000).

DALLA TORRE G., "I laici nella nuova legislazione canonica": *Studia Urbaniana 19,* (1983).

—, "La collaborazione dei laici alle funcione sacerdotale, profetica e regale dei ministri sacri": *Monitor Ecclesiasticus I-II* , (1984).

DAMIÁN A., *La noción del laico desde el Concilio Vaticano II al CIC 83,* (Roma 1980).

DANEELS, F., "De participatione laicorum in ecclesiae munieribus iuxta schema emendatum legis ecclesiae fundamentalis": *Periodica* 72 (1973).

D´ERCOLE, G., *Communio- collegialitá- primato e sollicitudo ómnium ecclesiarum dai Vangeli a Constantino,* (Roma 1964).

DE BERNARDIS, L. M., *Le due potestà e le due gerarchie della Chiesa,* (Roma 1943).

DE DIEGO-LORA, C., "Reforma del proceso ordinario": *Ius Canonicum 12* (1972).

DE LA HERA, A., *Iglesia y Corona en la América Española,* (Madrid 1992).

—, "La doctrina del vicariato regio en Indias", en: Orbis Incognitus. Avisos y legajos del nuevo mundo (Huelva, 2007).

DELGADO, G., *Desconcentración orgánica y potestad vicaria,* (Pamplona 1971).

DE PAOLIS V., "De natura sacramentalis potestatis sacrae": *Periódica 65* (1976).

—, *Il libro I del codice: norme generali,* en *Il diritto nel misterio della Chiesa,* (Roma 1988).

—, *Los bienes temporales de la Iglesia* (Madrid 2012).

—, Normas generales, (Madrid 2013).

DEL PORTILLO A., *Fieles y laicos en la Iglesia,* (Pamplona 1969).

DELORNEL J., *El Ministerio y los Ministerios según el Nuevo Testamento,* (Madrid 1975).

DE TOURS, G., *Historia de los Francos,* lib. X, c. VIII, ed. G. Collon, (Paris 1893).

DÍAZ MORENO J. Mª., "Pastoral y Nuevo Código de Derecho Canónico": *El laicado en la Iglesia,* (Salamanca 1989).

D´IMPERIO, F.S., *Gregorio Magno-Bibliografía per gli anni 1980-2003* (Firenze 2005).

DOGLIO A., *De capacitate laicorum ad potestatem eclesiasticam praesertim iudicialem,* (Roma 1962).

ERDO P., "Il senso della capacitá dei laici agli uffici nella Chiesa", en: *Fidelium iura* 2 (1992).

ESCRIVÁ DE BALAGUER J.M., *La abadesa de las Huelgas,* (Madrid 1944).

ESCRIVÁ IVARS, J., "La formalización del estatuto jurídico del fiel-laico": *Fidelium Iura* 8, (1998).

ESTRADA DÍAZ J.A., *La identidad de los laicos,* (Madrid 1990).

FAGIOLO, V., "Il munus docendi: I canoni introduttivi del III libro del Codex e la dottrina conciliare sul magisterio autoritativo della Chiesa", *Monitor Ecclesiaticus* 112 (1987) 27-29.

FANTAPPIÉ, C., *Introduzione storica al diritto canonico,* (Bologna 1999).

—, *Storia del diritto canonico e delle istituzioni della Chiesa,* (Bologna, 2011).

FAIVRE, A., *Naisance d´une hiérarchie. Les premiéres étapes du cursus clerical* (Paris 1977).

FELICIANI, G., *Elementos de Derecho Canónico,* (Navarra 1980).

FERNÁNDEZ, A., *Munera Christi et Munera Ecclesiae. Historia de una teoría,* (Pamplona 1982).

FERNÁNDEZ VELASCO, A., *La Distinción ordo/iurisditio. A propósito de la controversia entre mendicantes y seculares en la Universidad de Paris en el siglo XIII,* (Madrid 2009).

FREE, H., "Esercizio della potestà e diritti dei fedeli": *Ius Ecclesiae,* (1999).

FUNGHINI R., "I laici nell´attività giudiziaria della Chiesa", en: *I laici nel diritto della Chiesa* (Città del Vaticano 1982).

GARCÍA DE VILLOSLADA R., *Historia de la Iglesia católica 2. Edad Media: 800-1303,* (Madrid 1963).

GARCÍA FAÍLDE, J. J., *Tratado de Derecho Procesal Canónico* (Salamanca 2007).

GARCÍA GARCÍA, A., *Historia del Derecho canónico 1. El primer milenio,* (Salamanca 1967).

GARCÍA HERVÁS D., "Una aproximación al concepto jurídico de la sacra potestas en la Iglesia": *Ius Canonicum 33* (1993).

GARCÍA MARTÍN, J., *Normas Generales del Código de Derecho Canónico* (Valencia 2006).

—, *Los jueces diocesanos de primera instancia,* (Valencia 2016).

GARCÍA MATAMORO L., "Los laicos, jueces eclesiásticos en las causas matrimoniales": *Ciencia Tomista 123* 81996).

GARCIA, D., "Una aproximación al concepto jurídico de sacra potestas en la Iglesia": *Ius Canonicum* 33, (1993).

GARCÍA-NIETO BARÓN, M., *La presencia de la mujer en el gobierno de la Iglesia: perspectiva jurídica,* (Pamplona 2023).

GARÓN, P. G., *I poteri giuridici del laicato nella Chiesa primitiva,* (Milano 1975).

—, "I laici nella patrística": Monitor Eclesiasticus, CVIII (1983).

GAUDEMET J,. *Église et cité. Histoire du droit canonique,* (Paris 1994).

—, *Il Diritto Canonico,* (Torino 1991).

—, "Le gouvernement de l´Église a l´epoque classique 2: le gouvernement local", en: *Histoire du droit et des Institutions de l´Eglise en Occident 8.2, VIII, 2,* (Paris 1979).

—, *L´Église dans l´Émpire Romani: IV-V siècles. Histoire du Droit et del Institutions de lÉglise en Occident 3,* (Paris 1989).

GHIRLANDA G., "De laicis iuxta novum Codicem": *Periodica* 72, (1983).

—, "De obligationibus et christefidelium laicorum", en: *De christifidelibus, de eorum iuribus, de laicis, de consociationibus,* (Roma 1983).

—, "De potestate iuxta schemata a Comissione Codicis recognoscendo proposita": *Periódica* 70 (1981).

—, "Note sull´origine e la natura della potestà sacra": *La Civiltà Catolica* 139, (1988).

—, *El Derecho en la Iglesia misterio de comunión. Compendio de Derecho Eclesial.* (Madrid 1992).

—, "De hierarchica communione ut elemento constitutivo officii episcopalis iuxta Lumen Gentium", PMRMLC 70, (1980).

—, "Líneas inspiradoras de la Constitución Apostólica *Praedicate Evangelium*, en: *El Derecho Canónico en una Iglesia Sinodal,* Asociación Española de Canonistas, (Madrid, 2023).

—, *Chiesa universale e Chiesa particulare (Cann. 330-572),* (Roma 2023).

Gil De Las Heras F., "Organización judicial en el nuevo código", en: *Ius Canonicum* 24 (1984).

Godding, R., *Bibliografía de Gregorio Magno 1890-1989,* (Roma 1990).

González Del Valle J. M., "La función y los laicos": *Ius Canonicum 23* (1972).

Grocholewski Z., "Comentario al can. 1420",en: v*Comentario exegético al Código de derecho canónico,* vol.IV/1 (Pamplona, 1996).

—, "Nominatio laicorum ad munus promotoris iustitiae et defensoris vinculi in recentissima praxi": *Periódica 66,* (1977).

Grisar, H., *San Gregorio Magno,* (Roma 1928).

Gutiérrez, A., "Collegium episcopale tamquam subiectum plenae ac supremae potestatis in universam Ecclesiam", Div 9, (1965).

Henne, P., *Gregorio Magno,* (Madrid 2011).

Hervada J.-Lombardía P., *El Derecho del Pueblo de Dios,* (Pamplona 1970).

Hervada J., *Comentario al canon 204 de la edición anotada de EUNSA,* (Pamplona 1983).

—, *Elementos de Derecho Constitucional Canónico,* (Navarra 1987).

—, "Estructura y principios constitucionales del gobierno central": *Ius Canonicum 11,* (1971).

—, "La mujer y la función judicial": *Ius Canonicum* 12 (1972).

—, "La definición nominal de laico": *Ius Canonicum* 8 (1968).

Hincmaro, *Capitularia anno XII episcopatus superadita,* c. 1, P. L., t. CXXV, col. 793

Jedin, H., El Concilio de Trento en su última etapa, (Barcelona 1965).

—, Historia del Concilio de Trento IV, vol. 2, (Pamplona 1981).

Interlandi, R., *Potestà sacramentale e potestà di gobernó nel primo milenio. Esercitio di ese e loro distinzione,* (Roma 2016).

Izquierdo, C., *Para comprender el Vaticano II. Síntesis histórica y doctrinal,* (Madrid 2012).

Jaeger, D. M. A., "Animadversiones quaedam de necessitudine inter porestatem ordinis et regiminis euxta CIC recognitum": *Antonianum* 59 (1984).

LABANDEIRA, E., *Tratado de Derecho Administrativo Canónico* (Pamplona 1988).

LABOA GALLEGO, J. M., *Historia de los Papas. Entre el reino de Dios y las pasiones terrenales* (Madrid 2005).

LEMAIL A., *Les minesteres aux origines de l'Eglise. Naissance de la Triple hierechíe: evêques, presbytres, diaces,* (Paris 1971).

LLORCA B., *Historia de la Iglesia católica. Edad antigua 1,* (Madrid 1964).

—, *Historia de la Iglesia católica. Edad Media 2,* (Madrid 1964).

LO CASTRO, G., "Il Laici nel Diritto della Chiesa": *Studi Giuridici XIV,* Librería Editrice Vaticana, (1987).

—, *Il sogegetto e i suoi diritti nell'ordinamento canonico,* (Milano 1985).

LOMBARDÍA P., "Los derechos del laico en la Iglesia": *Concilium 68* (1971) 281-298

—, "Los derechos de los laicos": *Escritos de Derecho Canónico III,* (Pamplona1974).

—, "El estudio de la organización eclesiástica": *Escritos de Derecho Canónico III,* (Pamplona 1974).

—, *Lecciones de Derecho Canónico,* (Madrid 1984).

—, "Los laicos", en: *Il Diritto Ecclesiastico,* 83, (Pamplona 1972).

LÓPEZ GASCO J., *EL Juez laico y el tribunal unipersonal* (Salamanca 1991).

LORTZ, J., *Historia de la Iglesia,* Madrid, 1962, 112

MALUMBRES, E. "Los laicos en la potestad de régimen en los trabajos de reforma codicial: una cuestión controvertida": *Ius Canonicum XXVI* (1986).

MARTÍNEZ SÁEZ, J.F., *La misisión de Cristo y los fieles en el CIC,* (Toledo 2004).

MANZANARES, J., "Comentario al canon 129", en: *Código de Derecho canónico,* Edición bilingüe comentada (Madrid 2003).

MARTÍN, F., *Histoire de l' Èglise Vol. 5,* (Paris 1938).

MARTÍN GÓMEZ, J., *Los fieles laicos en la Iglesia y en el mundo,* (Toledo 2009).

J. MARTÍN GÓMEZ, *Laicado y función judicial: posibilidades, problemas y perspectivas,* (Roma 2005).

MARTÍNEZ MARCOS E., *Las causas matrimoniales en las* Partidas *de Alfonso X el Sabio,* (Salamanca 1966).

MÁRTON ANTALÓCZY P., "Alcune considerazioni sull'ufficio dei laici", en: *Folia Canonica 2* (1999).

MASSÓN, J., "De mulieris loco et officio in mundo et in Ecclesia. Reflexiones post recentiorem synodum episcoporum": *Periodica* 64, (1975).

MAZZONI G., "Ministerialità e potestà", en: *I laici nella ministerialitá della Chiesa* (Milán 2000).

MOLANO, E., *Introducción al estudio del Derecho Canónico y del Derecho Eclesiástico del Estado,* (Barcelona 1984).

—, *La Constitución jerárquica de la Iglesia,* (Pamplona 2013).

MONTAN, A., "I Laici nel Diritto della Chiesa. Presupposti ecclesiologici e profilo giuridico": *Lateranum* 33, (1987).

MONTANARO, S., *Vescovi, Badesse e Conte di coversano a difesa del proprio potere,* (Bari 2006).

MORÁN BUSTOS, C., "Organizzazione dei Tribunali dopo la promulgazione del M. P. Mitis Iudex", en: *Ius et Matrimonium, Subsidia canonica 21,* (Roma 2017).

MÖRSDORF, K., "De conceptu Officii Ecclesiatici": *Apolinaris* 33, (1960).

—, *De sacra potestate: Apollinaris XL* (1967).

—, "Munus regendi et potestas iurisdicitionis", en: Acta Conventus Internationalis Canonistarum, (Roma 1968).

NAVARRETE, U., *Derecho Matrimonial Canónico,* (Madrid 2007).

NAVARRO, L., *Persone e soggetti nel diritto della Chiesa. Temi di diritto della persona* (Roma 2008).

OLMOS, M. E., "La participación de los laicos en los órganos de gobierno de la Iglesia (con especial referencia a la mujer): *REDC* 46 (1989).

O´MALLEY, J. W., *Historia de los papas. Desde Pedro hasta hoy,* (Santander 2011).

PEÑA, C., "El proceso ordinario de nuliadd matrimonial en la nueva regulación procesal", en: *Procesos de nulidad matrimonial tras la reforma del Papa Francisco,* (Madrid 2016).

—, "La aplicación de la Instrucción Dignitas Connubii en España: Valoración y sugerencias de mejora tras 10 años de vigencia",: *Periodica* 104 (2015).

—, "La reforma de los procesos canónicosde nulidad matrimonial: el Motu Proprio *Mitis Iudex Dominus Iesus": Estudios Eclesiásticos*, 90, (2015).

PETRONCELLI M., "I laici e la potestas iudicialis nel Codice Canonico", en: *Racolta di scritti in onore de Pio Fedele, Vol I,* (Perugia 1984).

PHILIPS, G., "L´Eglise, sacrament et mystère", EThL 42 (1966).

PINTO, P. V., *Los procesos en el Código de Derecho Canónico, Comentario sistemático al libro VII después de la reforma del papa Francisco con el M. p. Mitis Iudex Dominus Iesus,* (Madrid 2021).

PIZZOLATO, L. F., *La visione della Chiesa in Ignazio d´Antiochia:* Rivista di Storia e Letteratura religiosa, 3 (1967).

PORTERO, L., "El papel del laicado en la Iglesia", en: *Semana Española de Derecho Canónico* 18, (Salamanca 1994).

POIRIER, M., "Vescovo, clero e laici in una comunità cristiana del III secolo negli scritti di San Cipriano": *Rivista di storia e letteratuta religiosa,* 9 (1973).

PROVOST, J., "The participacion of the laity in the Governance of the Church": *Studia Canonica,* 17 (1983).

—, "Role of Lay Judges": *The Jurist* 45 (1945).

RADRIZZANI, J. F., *Papa y Obispos en la potestad de jurisdicción según el pensamiento de Francisco de Vitoria, O.P.: Estudio hecho en las obras del Maestro publicadas hasta hoy,* (Roma 1967).

RAGAZZINI, *La potestà nella Chiesa* (Roma 1963).

RAMOS F. J., "Los jueces diocesanos, con especial relación a los laicos": *Angelicum 65* (1988).

RATZINGER J., *Il nuovo popolo di Dio. Questioni ecclesiologiche,* (Brescia 1992).

REGATILLO, E., *Instituciones iuris canonici* (Santander 1956).

ROBLEDA O., "Iurisdictio-Officium ecclesiasticum": *Periódica 59* (1970).

—, "La noción canónica de oficio" en: *Gregorianum 54* (1953).

—, "Sobre la *Sacra Potestas.* Entorno a un libro reciente": *Gregorianum* 57 (1976).

RODRÍGUEZ MARADIAGA, O. A., *"Praedicate Evangelium". Una nueva curia para un tiempo nuevo. Una conversación con Fernando Prado,* (Madrid 2022).

ROUCO, A. M., *El Episcopado y la estructura de la Iglesia,* en: Teología y Derecho, (Madrid 2003).

SABA, A. Y CASTIGLIONI, C., *Historia de los Papas,* (Barcelona 1963).

SÁNCHEZ Y SÁNCHEZ, J., "La Curia romana hasta Pablo VI": REDC 22, (1976).

SCHMAUS, M., La Iglesia. Comentario a la Constitución dogmática Lumen Gentium", (Vitoria 1966).

SEMERARO, M., "Conferenza Stampa di presentazione della Constituzione Apostlica "Praedicate Evangelium" sulla Curia Romana e il suo servicio alla Chiesa nel mondo": *Bollettino Sala Stampa della Santa Sede,* nº0192, (21.03.2022).

SERRANO, J. L., *Palabra, sacramento y carisma. La eclesiología de E. Corecco,* (Roma 2012).

SOTILLO L. R., "La potestad arbitral y judicial de la Iglesia en las causas temporales entre los cristianos de los primeros siglos": *Miscellanea Comillas 1* (1943).

SOULARD R., "La participatiòn des laics à l´activité des tribunaux ecclésiatiques. Questiones de Motu Proprio Causas Matrimoniales": *Studia Universitatis S. Thomas in urbe 7,* (Roma 1976).

SOUTO, J. A., "Lineas generales de la reforma": *Ius Canonicum* 12 (1972).

—, "Aspectos jurídicos de la función pastoral del Obispo diocesano": *Ius Canonicum* 7 (1967).

—, "La función de gobierno": *Ius Canonicum* 11(1971).

STICKLER A. M., "Le pouvoir de gouvernement ordinaire et pouvoir délégué": *L´année canonique 24,* (1980).

—, "La potestas regiminis: Visione teologica": *Apollinaris 56* (1983).

—, "Origine e natura della Sacra Potestas": *Studi sul primo libro del Codex Iuris Canonici,* (Padova 1993).

—, "La bipartición de la potestad eclesiástica en su perspectiva histórica"*: Ius canonicum* 15 (1975).

—, "De potestatis sacrae natura et origine", PRMLC 71, (1982).

—, "Le riforme della Curia nella storia de della Chiesa", en: LIBRERÍA EDITRICE VATICANA, *La Curia Romana nella Cost. Ap. Pastor Bonus",* Cità del Vaticano 1990

STAFFA, D., "De collegiali episcopatus ratione", RET 24 (1964).

SATRABON, W., *Libellus de exordiis et documentis quarundam in observationi ecclesiasticis rerum,* c. XXXII, (Hanover 1897).

TORRES, M., *La Didajé o doctrina de los doce apóstoles,* (Ávila 1991).

TANNER, N., "La reforma de la Curia romana a través de la Historia": *Concilium* 353 (noviembre 2013).

VIANA, A., "Comentario al canon 129", en *Comentario Exegético.* Volumen I (Navarra 2002).

—, "La participación del laico en la potestad de los dicasterios de la Curia Romana"*: Ius et Iura,* (Granada 2010).

—, *La organización en el gobierno de la Iglesia,* (Pamplona 2010).

—, *"Officium" según el derecho canónico* (Pamplona 2020).

—, Novedades de la Praedicate Evangelium en cuanto a la terminología, distribución de competencias y actividad administrativa": *Ius Canonicum,* (2023).

VILLEMIN, L. *Pouvoir d'ordre et pouvoir de jurisdiction. Histoire théologique de leur distinction,* (Paris 2003).

Ediciones Universidad San Dámaso

Catálogo completo en *https://www.sandamaso.es/tienda/*
Pedidos a SOLUZIONO T. 91 447 35 66 info@soluziono.com www.soluziono.com

DISSERTATIONES CANONICAE

19 José Nicolás Ayala Torres, *La santidad en la vida de la Iglesia: Fundamento histórico-teológico de la disciplina canónica actual y la promoción en la Iglesia particular* (2024) 381 pp. ISBN: 978-84-17561-92-5 [20 €]

18 Juan José Degroote Castellanos, *La ausencia de fe personal de los contrayentes y la validez del sacramento del matrimonio* (2023) 599 pp. ISBN: 978-84-17561-72-7 [30 €]

17 Víctor Fabio Pérez Gómez, *La nueva proposición de la causa en el derecho canónico codificado* (2023) 318 pp. ISBN: 978-84-17561-69-7 [20 €]

16 Miguel Benito Pascual, *Indisolubilidad del matrimonio y eucaristía. Perspectiva canónica desde la encíclica* Arcanum *(1880) hasta la exhortación apostólica* Sacramentum Caritatis *(2007)* (2022) 316 pp. ISBN: 978-84-17561-62-8 [20 €]

15 Léonard Bahati Nankola, *Le gouvernement d'une Église particulière par l'Évêque diocésain selon les normes canoniques. Étude de la clause « Ad normam iuris » (c. 391)* (2022) 414 pp. ISBN: 978-84-17561-56-7 [20 €]

14 Pedro Manuel Luís, *As misericórdias portuguesas face ao Estado e à Igreja. Na Promoçao das Obras de Misericórdia Estudo Canónico* (2022) 403 pp. ISBN: 978-84-17561-44-4 [15 €]

13 João Alberto Simão Amaral Vergamota, *A nomeação e o sustento do clero paroquial em Portugal antes e durante a monarquia constitucional (1820 – 1910)* (2021) XXII + 438 pp. ISBN: 978-84-17561-39-0 [20 €]

12 Francis-Ludovic Ahouandjissi, *L'exorcisme dans l'Eglise catholique romaine (c. 1172 §1) une necessite pastorale pour la nouvelle evangelisation. Le cas du diocèse d'Abomey en République du Bénin* (2019) XXVII + 591 pp. ISBN: 078-84-16639-95-3 [25 €]

11 Francisco José Cardona Vidal, *Los diecisiete artículos de Richard Kane* (2018) 255 pp. ISBN: 978-84-16639-87-8 [disponible form. electr.]

10 Catherine Declercq, *La enseñanza de la teología en las universidades católicas: contribución a la nueva evangelización* (2018) 580 pp. ISBN: 978-84-16639-82-3 [25 €]

9 JAVIER DOMINGO FERNÁNDEZ GONZÁLEZ, *El derecho de libertad religiosa y la defensa de la paz como fundamento de la convivencia social en los ordenamientos jurídicos internacionales y en el Magisterio de Benedicto XVI* (2018) 341 pp. [disponible form. electr.]

8 EDGAR C. FLORES CALDAS, *Libertad religiosa y enseñanza de la religión católica en el ordenamiento jurídico peruano y en el Acuerdo con la Santa Sede de 1980* (2018) 577 pp. [30 €]

7 PÊGD-WÊNDÉ WENCESLAS BELEM, *Le principe de conciliation dans les causes matrimoniales. Étude du canon 1446* (2017) 424 pp. ISBN: 978-84-16639-59-5 [20 €]

6 VÍCTOR GONZÁLEZ FERNÁNDEZ, *«Vita consecrata per consiliorum evangelicorum professionem» (can. 573 § 1 del CIC 1983). Los fundamentos teológicos y canónicos de la* vida consagrada *en los Padres latinos (Tertuliano, San Cipriano y San Ambrosio) y en los concilios de Hispania y del norte de África, del siglo IV* (2016) 714 pp. ISBN: 978-84-16639-19-9 [35 €]

5 ALFONSO PUCHE RUBIO, *El Tribunal de la Rota de la Nunciatura Apostólica en España. Estudio Histórico-Jurídico* (2015) 513 pp. ISBN: 978-84-15027-84-3 [disponible form. electr.]

4 FABIÁN ANDRÉS RAMOS CASTAÑEDA, *Derecho fundamental de libertad religiosa en el ordenamiento constitucional y jurisprudencial de la República de Colombia: análisis histórico y régimen jurídico* (2014) 459 pp. ISBN: 978-84-15027-57-7 [25 €]

3 FÉLIX MENÉNDEZ DÍAZ, *Dummodo non determinet voluntatem* (2014) 456 pp. ISBN: 978-84-15027-53-9 [disponible form. electr.]

2 ANTONIO JOSÉ MELLET MÁRQUEZ, *La competencia de la Iglesia en el matrimonio (c. 1059 CIC 83)* (2014) 432 pp. ISBN: 978-84-15027-52-2 [disponible form. electr.]

1 DOMINGO MORENO RAMÍREZ, *Relevancia de la sacramentalidad del matrimonio en relación con la nulidad del consentimiento* (2014) 486 pp. ISBN: 978-84-15027-46-1 [25 €]

STUDIA CANONICA MATRITENSIA

8 JOSÉ LUIS LÓPEZ DE ZUBILLAGA – JOSÉ CARLOS MARTÍN DE LA HOZ (eds.), *Las Instrucciones Secretas de la Suprema Inquisición* (2020) 222 pp. ISBN: 978-84-17561-21-5 [20 €]

7 JUAN JOSÉ GARCÍA FAÍLDE, *La nulidad del matrimonio y las ciencias humanas y naturales. Aportaciones de la Psicología, filosófica y científica, de la Psiquiatría, de la Biología y de las Neurociencias al Derecho sustantivo y procesal Matrimonial* (2020) 446 pp. ISBN: 978-84-17561-18-5 [disponible form. electr.]

6 VELASIO DE PAOLIS, *Los estados de vida de las personas en la Iglesia. Fieles cristianos, laicos, clérigos, consagrados y asociaciones de fieles* (2020) 434 pp. ISBN: 978-84-17561-09-3 [25 €]

5 JUAN JOSÉ GARCÍA FAÍLDE, *Nuevo Tratado de Derecho Procesal Canónico* ([3]2018) 1012 pp. ISBN: 978-84-16639-86-1 [agotado]

4 ROBERTO SERRES LÓPEZ DE GUEREÑU, *La nulidad del matrimonio canónico. Un análisis desde la jurisprudencia* ([2]2017) 593 pp. ISBN: 978-84-16639-49-6 [30 €]

3 ANTONIO CIUDAD ALBERTOS, *Asociaciones públicas - Asociaciones privadas* (2015) 468 pp. ISBN: 978-84-15027-75-1 [disponible form. electr.]

2 SERGIO MUÑOZ FITA – JUAN MANUEL CABEZAS CAÑAVATE, *La incardinación en los institutos seculares. Estudio genético del c. 715 a partir del Concilio Vaticano II y acercamiento a su aplicación y precisión en el periodo post-codicial* (2015) 154 pp. ISBN: 978-84-15027-70-6 [disponible form. electr.]

1 Antonio María Rouco Varela, Ecclesia et Ius. *Escritos de derecho canónico y concordatario* (2014) 479 pp. ISBN: 978-84-15027-64-5 [disponible form. electr.]

INSTRUMENTA CANONICA

7 Eduardo José Gonçalves López, *El postulador en las causas de los santos. Subsidio para postuladores* (2022) 369 pp. ISBN: 978-84-17561-57-4 [25 €]

6 Víctor González Fernández, *La iniciación cristiana en la Iglesia latina: el orden tradicional y los fundamentos teológicos y canónicos* (2022) 271 pp. ISBN: 978-84-17561-42-0 [15 €]

5 G. Paolo Montini, *Los recursos jerárquicos (cc. 1732-1739)* (2021) 200 pp. ISBN: 978-84-17561-37-6 [15 €]

4 Joaquín Alberto Nieva García, *«Conciencia de la nulidad matrimonial» y «nulidad de conciencia»* (2018) 323 pp. ISBN: 978-84-16639-78-6 [20 €]

3 Joaquín Alberto Nieva García, *Reforma del proceso canónico para la declaración de nulidad del matrimonio y pastoral de los fieles divorciados vueltos a casar* (2015) 123 pp. ISBN: 978-84-15027-76-8 [disponible form. electr.]

2 Piero Amenta, *Procedimientos canónicos de disolución del matrimonio* (2011) 261 pp. ISBN: 978-84-15027-01-0 [disponible form. electr.]

1 Ricardo Quintana Bescós (ed.), *Procesos de canonización. Comentarios a la instrucción* Sanctorum Mater (2010) 205 pp. ISBN: 978-84-96318-96-0 [15 €]